加賀藩救恤考

——非人小屋の成立と限界

加賀藩救恤考

目次

跋

凡　例

各種史料集略称

文中に引用した各種の史料集については、それぞれ次の如く略記した。

・『集成』＝田中喜男編『定本加賀藩被差別部落関係史料集成』明石書店、一九九五。

・『史料』＝前田家編輯部『加賀藩史料』各編は、「第四編＝（四）」のごとく示した。

・『藩政』＝田中喜男校訂『加賀藩政救恤史料』高科書店、一九八八。

・近藤『松雲公』＝近藤磐雄『加賀松雲公』羽野友顕、一九〇八。

・『市史』＝金沢市史編さん委員会『金沢市史』二〇〇五、金沢市。各巻名については、「通史編二＝通史二」のごとく示した。

・『金澤藩』＝藩法研究会編『藩法集』四「金澤藩」（一九六三、創文社）。

金沢市立近世史料館の架蔵史料の引用について

・文中において文庫名と標題のみを表記した史料は、近世史料館の所蔵史料である。

・また、同文庫架蔵史料からの引用の翻刻は筆者による。翻刻にあたっては、以下の方針に即して行った。

①句読点を付し、旧字・合字・異体字は人名の場合を除き、原則として現行字体に置き換える。

②原文では小字となっているカナ・助字も、漢字部分と同じポイント数で表記する。

③文中の改行は解読の便をはかり、追い込みとする。

④行論上のポイントを明らかにするため、適宜〇数字等の記号や傍線を付す加工を行った。

⑤虫損等による読解不能の文字は□で示し、敬意を表するための闕字はツメとした。

導入　救恤研究の意義をどこに見出すか？

1．はじめに

貧困・天災・伝染病・飢饉。これらの不幸は古今東西、いかなる社会においても存在し、統治者には常にそれらへの対応が求められてきた。その際に、慈悲深く配慮に富んだ対処が称賛の的となり、そうではない場合には非難と怨嗟の元凶となったことは、論ずるまでもない。

災害への事前の備えは「防災」、事後の対応――特に被災者への手当ては「社会保障」と、現代の日本においては総称される。対して、前近代においては前者に相当する特別な言葉はなく、後者は「恤救」「救恤」「御救」「御助」などと呼ばれてきた。いずれも現代においては耳にすることが少ない語であるので意味を確認すると、「御救」は名詞の「すくい」に接頭語の「御」がついた形であり、為政者や富裕層、寺社などが実施主体となった困窮者への扶助一般を指し、「おたすけ」とも読む。江戸時代に使われた困窮者扶助を示す用語の中で、最も広い概念である。災害に起因する困窮者のみならず、鰥寡孤独――妻を失った男性、夫を失った女性、親のいない子ども、一人暮らしの老人――と総称される、もともと生活基盤が脆弱な人々への定例的な助成もこの対象に含まれる。「御救」の語がつく制度の例を挙げると、飢饉や災害の被災者の雇用を確保するための公共事業である「御救普請」や、年に数回生活資金を支給する各種の「御救」（加賀藩の例には「定御救」

「暮御救」などがある）、困窮者を収容する「御救小屋」、飢饉に際して特別に平常時の禁を解除して樹木の伐採を許す「御救山」などがある。次に、「恤救」・「救恤」は同義で「すくいあわれむこと」を意味する。ここから、大規模な災害や、それを発端とする飢饉といった非常事態に際して行われた貧困対策や復興事業をもこのように称した。この用法からもわかるとおり、臨時になされる対応を指すことが多い。但し、前近代においては、現代のような厳密な用語の定義や使い分けはされない。用法・語義が錯綜している場合がある点に留意が必要である。実際に、「御救普請」「御救山」は救恤の一種でもあり、また、「御救小屋」は災害や飢饉の被災者を収容するために建てられる場合がある。両者は重複、あるいは交差する部分のある概念である。なお、この語を冠した近代の法令に「恤救規則」がある。日本史上最初の「全国統一的な救貧行政」であり日本の社会保障の出発点として意義を認められる法令である。[1] 一方で、その非近代性が現代の社会保障法研究者による批判の的ともなっている。[2] その「非近代性」が名称にも表れているといえよう。

「救恤」や「御救」の内容を具体的に確認すると、租税の減免に代表される「負担の免除」と、生活資金や物資の支援のような「必要物の支給」に大別できる。前者の実施主体は、その内容からして当然であるが、幕府や藩に限定されるが、後者のそれは富裕層や各種宗教団体などの場合も少なくない。

このように全体を俯瞰すれば、「困窮者への扶助」という行為の内容は現在と変わる所はない。そして、扶助の副作用として生じる各種の問題にもまた、共通する点があるように思われる。勿論、社会保障の根拠が権利であるのに対し、救恤・御救のそれは哀れみや社会秩序の維持にあり、両者がその出発点を全く異にする点には留意せねばならないが、社会保障の実施をめぐる問題を検討していくうえで、先人の足跡を確認することも有用な視角となろう。

「救恤」や「御救」に対しては、あとで触れるとおり多面的なアプローチが可能である。また、近代以降に生じた福祉および社会保障法制をめぐるそれと共通する問題点が江戸時代に既に確認できることから、これを追究することにより現代・未来の福祉・社会保障法制をよりよく構築・運営するための示唆を得られる可能性がある。

この章では、本書全体の導入として、藩政期に金沢近郊で運用されていた困窮者扶助システムの運用実態について事例を交えて紹介する。特にその中心的役割を果たした「非人小屋」に焦点を絞り、それを通して本研究の意義について明らかにする。より広範な内容については、続く本書の第1部、第2部を参照されたい。

2. 加賀藩の困窮者扶助施設——非人小屋

加賀藩が領内において困窮者対策を実施するに当たっては、「非人小屋」と呼ばれた施設が大きな役割を果たした。一六七〇（寛文一〇）年、第五代藩主前田綱紀が笠舞に創設した困窮者の収容・加療施設である。(3)

注（1）柴田嘉彦『日本の社会保障』（新日本出版社、一九九八）一一三～一一四頁。

（2）同前一一三頁。また、稲葉光彦は恤救規則と、これに先立つ同年六月一七日附内務省伺中の「恤救規則按」、および恤救規則公布後に内務省が太政官に提出した修正案までを通観した上で「結局は国庫負担の増大と惰民形成への警戒を理由として、公的扶助が地縁的・血縁的共同体内の相互扶助を補完するものに過ぎないことを披瀝した」と結論付ける（『窮民救助制度の研究　帝国議会開設以前史』慶応通信、一九九二、一四七～一五五頁）。西村健一郎『社会保障法入門　補訂版』（有斐閣、二〇一一）二三一頁、加藤智章・菊池馨実・倉田聡・前田雅子『社会保障法　第四版』（有斐閣、二〇〇九）では、救恤規則についての言及は法令名の紹介程度に留まり、日本の社会保障制度の実質的な嚆矢は昭和四（一九二九）年の救護法に置いている。

一方、百瀬孝は『日本社会福祉制度史―古代から現代まで―』（ミネルヴァ書房、一九九七）において、「それまでは一時的な救済でしかなかったものを、明確な公的扶助として提供」しようとした法令であり、「廃藩置県後、財政困難のなかで……中央政府として何かをしなければならなかった当時として一定の意味はあった」と、当時の背景を踏まえて限定的ながらプラスの評価をしている（一九頁）。

（3）特に飢饉下における非人小屋および先行研究については、本書第1部参照。

これは困窮者への対処が十村や町役人の手に余る場合に申請によって利用された外、担当の足軽が城下を見廻って発見した困窮者を収容することも行われた。小屋への入所の契機には、疾病に代表される個人的要因に基づくものと、各種災害の被災や飢饉のような集団的に発生するものとがある。なお、困窮者を収容する施設を設置すること自体は、江戸時代を通観すると、さほど珍しいものではない。各藩や幕府がそれぞれの支配地内に設置し、「御小屋」「御救小屋」「非人小屋」「施行小屋」などの名称で呼んでいた(4)。それらと加賀藩非人小屋との大きな違いは対象者と設置時期、そして稼働期間である。前者が、飢饉によって食い詰め都市部に流入する「飢人」、つまり一時的かつ集団的に大量発生する困窮者のために置かれ、発生のピークを過ぎれば廃止されていたのに対し、後者は常設の施設として、時勢に応じて個人的要因に基づく困窮者と集団的に発生する困窮者の双方を受け入れて明治の廃藩まで存続していた(5)。但し、非人小屋の成立の契機自体は寛文の飢饉(一六六九〜七〇)にあり(6)、寛文一〇(一六七〇)年という設置年代は全国的にも他に類例を見ない早いものである。

この加賀藩非人小屋での困窮者の回復のサイクルは概して次のようなものであった。

様々な事情や災害によって困窮し、生産現場からの離脱せざるをえなくなった場合――端的な例として、飢饉に際して居住地の農村を離れ、仕事や食料を求めて都市部に人が流入していく行動が挙げられる(7)――彼らへのケアを怠れば、都市の治安や衛生状態の悪化、それを起点とした騒擾や疫病の発生など、連鎖的に悪影響が拡大していくことになるのがセオリーである。そこで、為政者は都市に流入した者や、農村部に残っていても、現地での扶養が困難な者たちを非人小屋に収容した。小屋においては衣食住や必要な医療を提供し、自立して生活できるだけの体力を回復させる。本人が再び就労できる状態になった後、希望者の元に派遣して就職させたり、見つかった親戚の元で生活するように引き取らせたりしていた。このようにして、城下を浮浪する困窮者が定住先を見つけ、生産活動に回帰すれば、藩としても税収が安定し、困窮者扶助のための予算も圧縮

注（4）秋田藩が元禄飢饉（一六九一〜九五）に際して設けた施行小屋、同じく天保飢饉（一八三三〜三九）対策の御救小屋、幕府の天保飢饉対策の四宿御救小屋などの事例がある。但し、秋田藩の施行小屋の活用実態は救済・加療施設ではなく単なる収容施設であり、「餓死小屋」との評すらある（菊池勇夫『飢饉から読む近世社会』校倉書房、二〇〇三、三〇六頁）。用語と同じく、施設もまた同名であっても内実は多様である。

（5）飢饉年以外での非人小屋の運用状況については、加越能文庫「九拾歳者御扶持方・笠舞非人御小屋方・蔵宿方・津出方」、「非人小屋御救方御用方留帳」、「非人小屋先格品々帳」、「新川郡御小屋入御救人帳」（「非人小屋御救方御用方留帳」以下三点とも『集成』所収）などの史料が残っている。筆者は二〇一三年四月の比較都市史研究会第四二二回例会において「加賀藩中期における困窮者対策施設の一側面――史料紹介「笠舞非人御小屋方」――」と題して冒頭に挙げた「九拾歳者御扶持方・笠舞非人御小屋方・蔵宿方・津出方」中「笠舞非人御小屋方」を素材とした報告を行った。『比較都市史研究』第三二巻二号に掲載された報告と同名の一文は、当報告の要旨である（二〇一三、一二〜一三頁）。

また、加賀藩非人小屋が常設という特徴を有していたことは、既に述べたとおりであるが、そのためか、他藩・幕府の施設には見出しがたい特色がもう一点ある。それは、精神病者、史料の用語に従えば「乱心者」の収容である。前出の「町格」からは、そのための手続きや申請書の書式が定められ、各町に周知されていたことが読み取れる。これによると、非人小屋の一角に、乱心者の収容用の囲い（縮所）が設けられていたと記録されている。正確な位置や具体的な設備に関しては現時点では不明であるが、少なくとも平時において、困窮者と乱心者とがある程度類似した扱いをされていた可能性はなしとしない。但し、当時は、乱心であれ、経済的困難であれ、病気であれ、何らかのハンディキャップを背負った者は、当人の最も身近なコミュニティが扶助することを原則としている。具体的には、家族や親戚、近隣の住民がそれにあたる。公権力が登場するのは、一般にそれらのコミュニティが負担に耐えられなかったときである。乱心者の監護でいえば、患者の住む家の中に家族の責任・負担で設けた囲い――より直截的な表現では、「檻」とも称する――の中に収容し、自傷・他害の危険を回避しつつ回復を待つ。仮に病状が治まらず患者が何らかの罪を犯した場合には、その罪状により、健常者よりは減軽した、何らかの刑に服する場合があった（詳しくは拙稿「江戸期日本の乱心者と清代中国の瘋病者――その刑事責任に関する比較研究を中心として――」（上）『北陸史学』第五九巻、二〇一二、四三〜六三頁、（下）同六〇巻、二〇一三、七五〜一〇五頁参照）。このように乱心者と困窮者の位置づけには相似形を示す部分とそうではない部分とがあり、非人小屋における両者の扱いの住み分けに留意して検討する必要がある。

（6）寛文八・九年に連続して発生した風水害を直接の引き金とする飢饉。両年とも、加賀一帯で河川の氾濫による人的・物的被害があったことが記録されている（加越能文庫「御領国水損風損之覚」、同「飢饉記二種」所収「寛文元禄加越能三州凶作ニ付飢饉之記」。前者の被害を集計した箇所については、一部が『史料』（四）にも採録されている。詳細は本書第1部参照。

（7）寛文九年、藩は金沢に流入した乞食の出身地の調査を行うとして、新川・射水・砺波・羽咋・鹿島・珠洲・鳳至・石川・河北・能美の各郡および氷見庄の十村（他領の大庄屋に相当する、複数の村を支配するまとめ役）に対し、「自然郡方より出申者有之候へ者（中略）、こう者成手代共」を派遣するよう通知を出している（『史料』（四）、二六五〜二六六頁「改作所旧記」）。

できるということになるのである。この図式は、現代のホームレス対策にも通ずるところがあろう。

小屋にいる期間中は衣食の給付を受けて生活するが、日用品の制作に代表される「稼ぎ」を行った。各人の体力や技術に応じて、できる作業に従事することが是とされている。[8] 藩の財政を司った役所である算用場の記録「御算用場格帳」には「非人小屋の予算として所作銀の必要費を配分した」という趣旨の記述があり、[9] 作業に対して日当のようなものが支給されていたと考えられる。小屋での生活を経て体力を回復し、退所を望む者は、多少の米を支給されて送り出される。[10] また、同様の回復者たちが藩の指示の元に新たな村を開墾した例が二例伝わっており、[11] これは、先述の、「藩の生産力維持機構としての非人小屋」の性格を表すものと言える。なお、これは未だ仮説の域を出ないが、入所中にも「労働とそれへの報酬の支給」という循環を維持していたことは、非人小屋入所者の勤労意欲を維持し、ひいては退所後の自立を心理的にも担保しようという意図の表れでもあったのではないだろうか。

いずれにしても、加賀藩ではシステマティックな貧困からの回復の経路を早期に確立していたこと、そしてそれが有効に機能していた——言い換えれば、収容対象者である民衆に受容されていたことがわかる。

しかし、この状況は恒久的なものではなかった。小屋の創設は一七世紀の後半であったが、時代を下り、一八世紀になると、収容対象者である庶民の中に非人小屋を忌避する傾向が生ずる。一八世紀末の寛政年間に成立したと推定できる「笠舞非人御小屋方」には小屋の収容経験者の就職難が記され、[12] 幕末に編纂されたと推定される「町格」には、天保年間（一八三〇～一八四五）に「非人小屋ではなく新設の御救小屋にいれてくれ」と主張する困窮者や、雇用主がいたことが残る。[13] この変化の原因として想定されるのが、身分意識の変化である。

3．非人小屋の運用と身分意識

「非人」という名辞から今日まず連想されるのは江戸時代の被差別身分ではないだろうか。しかし、一七世紀の加賀藩では、「非人」は困窮者一般、あるいは、飢饉で食い詰め、家を捨てて浮浪する飢人たちをも指した言葉だった。例えば、非人小屋の創設者である前田綱紀は、一七世紀の終盤におきた元禄の飢饉に際し、「御救普請を行えば金沢市中を浮浪する『非人』たちは生活の助けを得ていなくなるだろう」という趣旨の指

注（8）「非人之内職人有之、外より誂物等有之候得者、為致細工候」「非人共縄并すさ、苧かせ等所作仕」（『集成』四〇七～八頁「非人小屋先格品々帳」）。

（9）加越能文庫。当書冊は表紙に「文化」と年号を記載した貼紙があるものの、正確な成立年の記載はない。また、その内容は算用場の「先格」すなわち先例をトピックごとに分類し、編年体に整理したものであり、制度の詳しい内容は不明である。ただ、「御算用場ニ而相勤候格品々」の小題を付して小屋での必要経費の支出手順を記した項目の中に「当時ハ非人共江所作銀相渡申義無御座候」とあり、史料成立時には所作銀の支給があったと考えられる。詳しくは本書第2部序章参照。

（10）一六七〇（寛文一〇）年八月二二日、下辰巳村長兵衛と同人の倅ほうは「非人小屋より罷帰申度旨御断申上候ニ付、御米被下」たとある（前掲注6「飢饉記二種」）。また、『集成』四九二頁には「改作所旧記」から石川郡下安江村のせん、ひん親子に半年分として五斗三升一合の米を支給して退所を認めた事例が収録されている。

（11）一六七一年の長坂新村、一六七三（延宝一）年の潟端新村の両村。詳しくは、津田進「加賀藩の里子制度——刑罰の一種としての——」（『刑法雑誌』第七巻第二・三・四合併号、一九五七）、若林喜三郎「加賀藩の里子新開」（『日本歴史』第一六六号（四）、一九六二）、同「藩政期の河北潟縁開墾史料」津幡町史編纂委員会編『津幡町史』（一九七四、二九一～三一〇頁）、田中喜男「加賀藩非人小屋成立の事情について」（『日本歴史』第一八三号、一九六三）参照。

（12）前掲注5。詳しくは本書第3部参照。

（13）「非人小ヤニ指置」いていた親子が「今般町内ニ相建候、御救小ヤ江罷越度旨」願い出た事例、非人小屋に入居していた紺屋上絵職人を雇いたいが「御小ヤニ罷在候テハ相雇申義モ仕兼」るので「御救小屋へ御入被遊下被候」たいと願い出た紺屋の事例がある。これらはいずれも一八三八（天保九）年の事例であり、『集成』四四八頁・四五二頁「御救小屋留書」、および藩法研究会編『藩法集』四「金沢藩」（一九六三、創文社）一〇〇三頁二六三号、一〇〇六頁二七二号に収載されている。本書後掲史料五七。

示を下している。[14]「非人」が身分名称であるならば、飢饉対策に対応して増減することはありえない。また、非人小屋の入所者も「非人」と呼ばれた。加賀藩で製作を行った刀鍛冶に清光という一族があり、代々優れた技術を受け継いでいたと伝わるが、六代目長兵衛、七代長右衛門、八代長兵衛はいずれも困窮を理由として一家こぞって非人小屋に入り、そこで刀剣の製作を行っている。[15]六代長兵衛の小屋入所期間が貞享年間（一六八四～一六八七）のことである。彼らは「非人清光」と通称されているが、上述のとおり、身分上の非人ではない。この通称は「非人小屋に入っている清光」を意味している。清光一族のように歴史上に名を残した者は希少な例であるが、他にも入所者の名を「非人仁兵衛」と記した元禄年間（一六八八～一七〇三）の例や、[16]「笠舞御小屋ニ在之非人」との延宝二（一六七四）年の表現がある。[17]

このように、小屋創設当時の「非人」は必ずしも身分名称ではなかった。しかし、この語義は次第に変化を遂げる。身分名称の意味合いが比重を増し、「非人」は賤視の対象となっていく。そして、それに伴って「非人小屋」もまた利用者である庶民らには忌避すべきものと化していった。

身分意識に基づくスティグマによる小屋の機能不全が明確に確認できるのは、一八世紀の後半以降である。天保飢饉の際には、困窮者を収容・加療する施設が新規に作られ、これを「御救小屋」と称した。[18]先行して同種の施設が存在するにもかかわらず別の名称が付されたことは、差別の存在と無関係ではないであろう。

4．加賀藩の御救研究にまつわるアプローチと現代との対比

以上に見てきた事柄から、加賀藩の御救・救恤に関する法制の研究については、大きく次の四つの論点が浚いだせる。

a．平時の御救と非常事の救恤の相関
b．身分観の変容の契機
c．他藩・天領・他都市との比較
d．近代との接続

まず、課題a．「平時の御救と非常事の救恤の相関」について検討する。現時点までに確認した史料から、平時には「鰥寡孤独」として御救の対象になっていた者たちが、非常時には「飢人」として非人小屋に収容されたり、炊き出しを受けるなどの扶助を受けていたこと、そして、平時に整備された非人小屋の運営規則が非常時にも活用されていたことが確認できた。つまり、平時にも非常時にも、困窮者扶助の対象者とルールはある程度共通していたと言える。先行研究では、非常時にのみ特化したものが多く見受けられるが、平時・非常時を通観した視座が必要である。この現状は、「非常時の状況の方が記録されやすく後代に伝わりやすい」つ

注（14）「川除け等…（中略）…申付候ハヽ、余程之助ケニ成、非人過半ハ減少可仕候哉」（『藩政』三〇頁）。なお、「川除（け）」とは河川の浚渫作業を指す。近世においては、加賀藩に限らず雇用創出のための公共事業「御救普請」として飢饉や災害の復興事業として実施される例も多い（北原糸子編『日本災害史』吉川弘文館、二〇〇六、二一〇九頁）。

（15）彼らの小屋での製作に関しては、藩が特別の配慮を行っていた。入所者に支給される米の量は、通常、成人男性が一日二合半、女性が一日に一合八勺と定められているのだが（『集成』四〇六頁）、貞享四（一六八七）年には、長兵衛父子三人が「御細工仕候」ことを理由に飯米を一日につき七合五勺ずつ、その他妻子には男子が一日三合五勺、女子は二合五勺の支給の特例が認められている（同五〇〇頁）。

（16）『改作所旧記』中編（石川県図書館協会発行、一九六〇）二〇五頁。

（17）『集成』四九四頁「改作所旧記」。

（18）前掲注13。非人小屋と御救小屋の別について、詳細は本書第3部参照。

まり史料の作成・残存状況の差という、現代の史家には外しようのない制約が影響しているところが大きい。要は、「やり易いところから手をつけた」結果の現状であり、今後改善を図るべき点である。「御救」「救恤」「災異」といった判りやすい標題に引きずられることなく、まずは既知の史料を丁寧に見直す地道な作業が必要となろう。

次に、b.「身分観の変容の契機」については、従来、ケガレ意識や商品経済の普及がその原因に挙げられてきた。加えて、近年提唱された新たな視点が、木下光生氏の「勤労意識の変化と自己責任論の普及」である[19]。勤労意識の変化とは、「汗水たらさず利益を得る者や形のないものを売る者は、そうでない者よりも卑しい」とする見方が発生したことを指す。具体的には、百姓から牛馬の死骸をひきとって革製品に加工・販売して利益を得る革細工職人や、芸能民、村々を廻在する宗教者である。彼らはいずれも賤視を受けた。加賀藩の領内で言えば、革職人の皮多や、中世の幸若舞の系譜に連なると言われる舞々と呼ばれた芸能民が代表的な被差別民である。そして自己責任論とは、ここでは「没落し、困窮するのは本人の行いが悪く、努力が足りないためである」とする見方である。

これらの特色は、いずれも給付に頼って生きる困窮者と共通する。困窮者と賤民が同一視されることの契機ともなっているのではないだろうか。

三つめに、c.「他藩・天領・他都市との比較」がある。都市は、災害や飢饉などの非常時においては食い詰めた困窮者が流れ込む場所であった。自然、都市では、彼らに対応するためのシステムを構築する必要性が農村部でのそれよりも高くなる。飢饉時の御救普請や施行の実施の例が各都市に残っていることは先述のとおりである。それらの他都市の状況と金沢のそれとを比較し、加賀藩とは異なる賤民編成の地域では「非人」意識の差異はあるのか、また、その際に救恤はどう変わったか、あるいは変わらなかったのかを確認する必要が

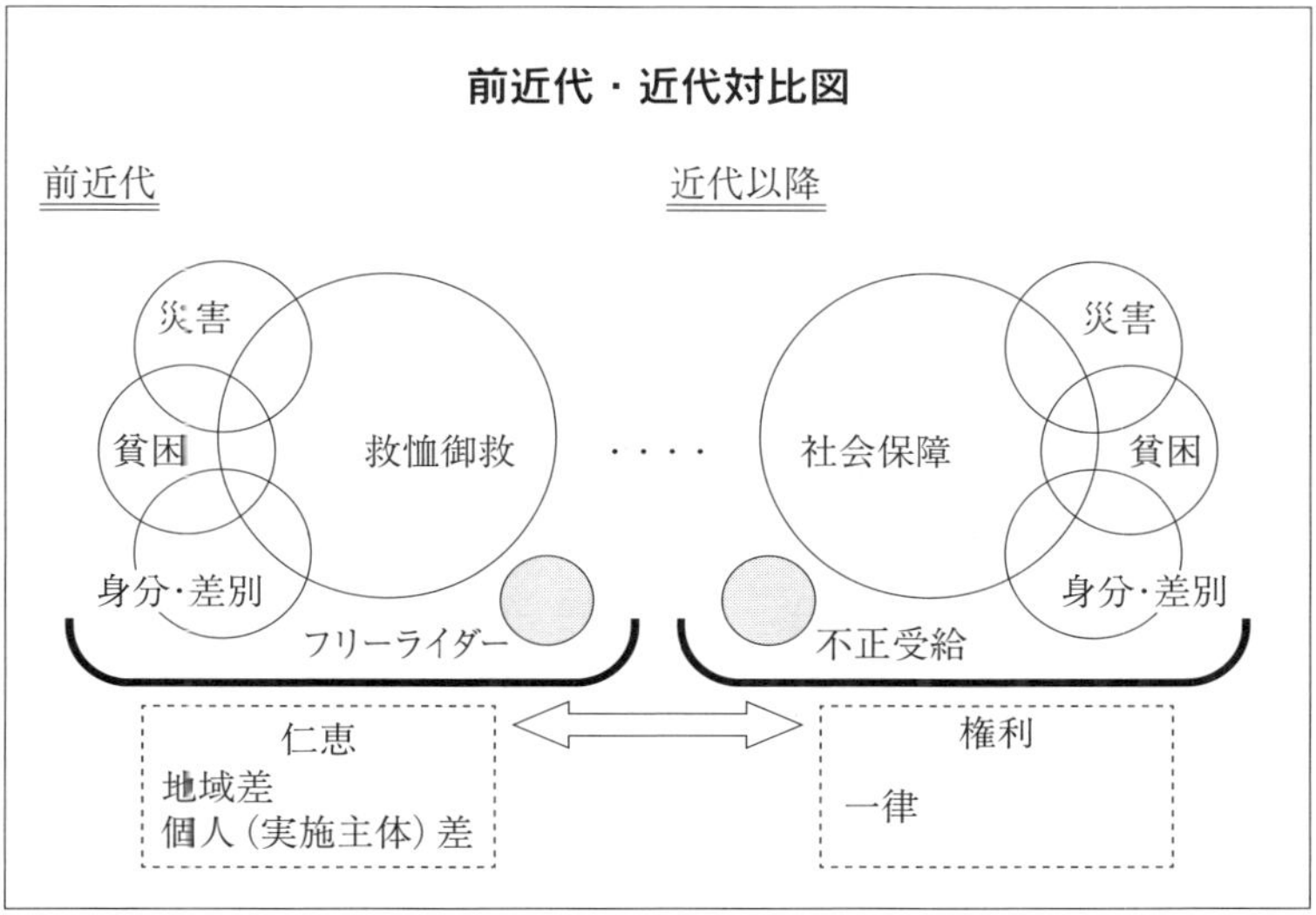

ある。加賀の救恤が特筆に足る恵まれたものであったことは既に述べたが、他との対比によってその基盤が明らかに出来よう。

最後のd.「近代との接続」が、現代の福祉法制を考えるには最も密接な関連を有している。日本で最初に布かれた全国的規模の困窮者保護法制は、明治七（一八七四）年の恤救規則である。権利ではなく恩恵的であること、給付内容が貧弱であること、地縁血縁に基づく互助を基本とすること、など、挙げられる特徴は近世の救恤のそれと共通している。日本の困窮者保護法制における実質的な「近世」は、いつまで続いたのか。この問に答えるには、便宜的な時代区分に囚われていてはならない。

以上を踏まえ、前近代の救恤・御救と現代の社会保障をめぐる諸問題や、関連する事柄を模式図にしたものが、「前近代・近代対比図」である。左側が前近代、右側が近代以降を示している。

前近代においては、救恤・御救は、災害／貧困／身

注（19）荒武賢一朗編『近世史研究と現代社会——歴史研究から現代社会を考える——』（清文堂、二〇一一）、一五三〜一八六頁。

分・差別と関連する事柄だった。この反作用として本来入所資格を欠いているにも関わらず小屋で居住する、いわばフリーライダーの存在が一八世紀には問題視されている。(20) 救恤や御救がよって立つ土台は仁恵にあり、これには地域や、実施主体による差があり、内容・規模は一定しない。実施主体を具体的に挙げれば、藩主、将軍、寺社、裕福な町人・商人などがある。突き詰めれば、個人の資質に依存したものであり、当然ながら、その実施者の近くでは支援は手厚く、遠ければ手薄になる。また、実施主体の経済力に応じて支援の程度や内容も変わる。したがって、給付を受ける側から見ても各人の居住地その他、諸条件により受けられる支援の内容には差があった。

これに対して、近代以降に行われているのは権利に基づく社会保障制度である。しかしながら、二〇一一年の東日本震災以降の状況を、あるいは一九九五年の阪神大震災後の状況を想起すれば明らかなとおり、これもまた、貧困や災害、差別と深い関係を有し、不正受給という問題を胚胎している。

5. おわりに

以上、江戸時代の加賀藩で行われた救恤について、困窮者収容施設である非人小屋を中心に紹介した。非人小屋が、江戸時代においては全国的にも珍しい常設の困窮者収容施設であり、そして、それが胚胎する問題点が現代にも通じるものであったことは前述のとおりである。しかしながら、前近代の制度と現代のそれとを安易に併置し、同視することは厳に慎まねばならない。表層に現れる問題の外見がいかに似ていようとも、両者はその出発点が異なるからだ。前者は慈悲によって一部に下賜され、後者は権利に基づいて一律に獲得できる。

両者を対置して、いささかなりとも現代の我々が直面する問題の解決に資するところがあるとしたら、困窮者扶助に関わる人間の心性に関する部分であろう。他者からの扶助に頼って生活を維持するもの、「普通」の生活ではない生き方をするものに対する、そうではないものの眼差しに隔意や軽侮が含まれる。そのような差別の心性は醜く、冷淡である。しかし、その醜さを自覚しつつも、完全にそれから自由でいられるものは少数派であろう。この点において、江戸時代と現代に差異はない。これは困窮していないものの心性であるが、一方で困窮者のそれについても「名誉と生活の両立を望む」ことは時代が変わっても共通しているものであろう。

江戸時代の御救・救恤と現代の社会保障とは、全く異なる思想に立脚しながら、似通った姿に育ち、似通った地点で躓いていると言える。現代の社会保障にまつわる諸問題の解決策を見出すためには、先人の失敗を見直すことも必要ではないだろうか。このような視座を設定する限りにおいては、救恤・御救は過去で完結した現象ではなく、現代にまで底流するものとなる。前近代の状況を確認し、当時の対策を知ることで、現代の、そして未来の社会保障法制にまつわる問題解決に示唆を与えることも出来るのではないだろうか。救恤研究は過去を素材として、現在と未来を生かすために存在している。

注（20）加越能文庫「非人小屋主付仰出」（寛政二・一七九〇年）においては「松雲院様（綱紀の廟号：筆者注）非人小屋被仰付置候者鰥寡孤独窮民之為与思召候処、其以来漸々御主意与違当時ニ而者甚不埒之品共有之躰被及聞召候。依之御救方之儀段々御詮議可被成候間、昨年前主付被仰付候。一通り之儀者是迄之通り同役中并町奉行月々替々主付可相勤候。此段可申渡旨被仰出候事」と、「鰥寡孤独の窮民の為にと作った藩主の意図に反する『不埒』な行為がある」という程度の抽象的な表現に留まっているが、「笠舞非人御小屋方」には「親類在之者并高持百姓等ハ入不申格ニ候処、是迄右小屋江罷越候者之口上迄を以承届候事故、出生ノ所等相違之儀も在之。或親類在之候者も悉皆預、介抱ニ候を厭、無断其所を去、小屋江罷越候者も在之へく（後略）」と、「親類が居て入所資格を満たさない者が入所している事例がある」状況を明記し、かつその原因が事実確認手続の不備にあるという分析をあわせて記述している。

序　加賀藩の救恤制度俯瞰

日本の前近代において、人権思想は存在しない。否、明治七（一八七四）年、「近代」と称される時代に制定された恤救規則も、日本初の全国統一的救貧行政である点に一定の意義を見出されつつも、社会保障法としてはその内容のほぼ全てが批判の対象となっている。曰く、恩恵的である。曰く、私人間の慈善を基本においている。曰く、救済対象範囲が限定的で内容が貧弱である[1]——いずれも、現代に基準点をおく限り、至極的を射た指摘である。しかしながら、それを近世に移せば、上記の内容は幕府や各藩が実施した困窮者救済事業＝救恤の最大公約数となる。

ここから確認できるように、今日、人権思想に立脚して実施される社会保障制度に類似した制度は各藩や幕府が実施主体となって、ある程度普遍的に存在していた[2]。とはいえ、外形上の類似であり、実施を裏付ける理論的根拠が異なるのは無論のことである。

本書では、それら諸制度のうち、加賀藩がその領内に実施した政策を検討対象とする。中でも、全国的にも

注（1）柴田嘉彦『日本の社会保障』（新日本出版社、一九九八）、西村健一郎『社会保障法入門　補訂版』（有斐閣、二〇一一）二三一頁、加藤智章・菊池馨実・倉田聡・前田雅子『社会保障法　第四版』（有斐閣、二〇〇九）等。詳しくは前掲導入注1参照。

（2）江戸時代における飢饉対策としての救恤については、菊池勇夫「徳川日本の飢饉対策」（『飢饉から読む近世社会』所収、校倉書房、二〇〇三、四二三〜四三八頁）が全体をコンパクトに紹介している。

早い時期に成立を見た「非人小屋」に主眼を据える。

加賀藩の歴史は、天正九（一五八一）年の藩祖前田利家の能登入府以来、明治四（一八七一）年の廃藩置県に至るまで二九〇年の長きに亘る。その中で蓄積されてきた膨大な文書は、今も各所の資料館・文書館・博物館等に豊富に収蔵されている。それらに依って年表を作成することは、無論可能である。しかしながら、歴史の大河の濫觴から河口までをただ追跡したところで、得られる魚は限られよう。

救恤――当時一般的に使われた言葉を用うれば「御救」――制度が画期を迎えるのは、それが喫緊の課題となったとき、換言すれば大規模な飢饉や災害の発生時に絞られる。よって、本稿では、藩政初期～中期の寛文・元禄、後期の天保の各飢饉をとりあげる。

近世の救恤の実施までには、大きく二つのルートがあった。一つには為政者が自然・社会状況を勘案して政策を打ち出す場合、二つには困窮した庶民の申請や要請を受けて為政者が対策を講じる場合である。前者は「上から下への施政」、後者は「下から上への主張」と言い換えることができよう。加賀藩を扱った先行研究には前者の検討に力点を置くものが多いが、天領・他藩においては、後者に属する視角を設定し、既に古典の地位を得ているものが存在する。被支配階級から支配階級へ、という身分を跨いだ「下から上」を描き出したのが深谷克己氏の「百姓成立」論であり、(3)武士という同一身分内でのそれを扱ったのが笠谷和比古氏の「主君押込」論である。(4)本稿が取り上げる加賀藩の飢饉対策には両者いずれも含まれるが、従来の研究では十分に焦点が当てられていない、「下から上」の契機に特に注意しつつ検討を進めたい。

それらの危機を乗り越えることで培われた加賀藩の救恤政策は全国的に見ても早期、且つ大規模に実施されたものだった。(5)「政治は一加賀、二土佐」という評価は現代においてもしばしば引用される名キャッチコピーであり、加賀藩が藩政の理想像と目されていたことを過不足なく示す。その理由の一つに、荻生徂徠や松浦静山が賛嘆する充実した救恤政策が存在したことは論を俟たない。近世に著述された加賀藩や藩主の記録の中に、鰥寡孤独の困窮者を収容した小屋の存在を特筆するものは多い(6)。無論、同様の施設の例が他にないわけではない。具体例を挙げるなら、幕府の人足寄場、盛岡藩が宝暦飢饉の際に困窮者を収容し、非収容者をも合わせた施粥の場とした「御小屋」(7)、弘前藩が天明飢饉による困窮者の収容施設として設けた「施行小屋」(8)、秋田藩が天保飢饉時において、農村からの流入者への食料支給の場とした「御救小屋」(9)など、「困窮者の扶助」を目的として置かれた施設は、江戸時代を通じて、各地に事例がある。これらの事例を俯瞰してまず読み取れるのは、この種の収容施設が必要とされたのは藩や幕府といった社会が大規模な飢饉や災害に直面し、困窮者の動

注（3）『深谷克己近世史論集』第一巻（校倉書房、二〇〇九）、『百姓一揆の歴史的構造』（校倉書房、一九七九）。
（4）『主君「押込」の構造　近世大名と家臣団』（講談社学術文庫、二〇〇六）。また、近年吉川弘文館から刊行された『〈江戸〉の人と身分』シリーズにも同一身分内における「下から上への主張」に関する言及が随処で成されている。例えば、宇佐美英機「商家奉公人の「立身」と「出世」」（宇佐美英機・藪田貫編第一巻『都市の身分願望』三三～五八頁）では、商家において経営能力の欠如した主人を強制的に隠居させる慣行があったことが語られ、大藤修「百姓身分と家」（白川部達夫・山本英二編第二巻『村の身分と由緒』一〇～三九頁）では、百姓の家を存続させるにあたって能力・行状が家長に相応しからぬものが強制的に排除（勘当、離縁、隠居など）されたことが示されている。
（5）全国を対象とした救恤制度通史としては、稲葉光彦『窮民救助制度の研究　帝国議会開設以前史』（慶応通信、一九九二）が網羅的であるが、第四章「近世」で紹介されている組織的な救恤の実施例は、多くが天明飢饉以降のものである。
（6）これらの評価は、近藤『松雲公』中巻六八五～六九〇頁の抄録が参照に便である。筆者近藤磐雄は元加賀藩士であり、廃藩後には公爵前田家編修として史書の編纂に従事した経歴を持つ。
（7）前掲注2・菊池二九六～三一二頁。
（8）但し、長谷川成一「近世後期の白神山地——山林統制と天明飢饉を中心に——」（『白神研究』第三巻、二〇〇六、三七～四四頁）によると、弘前藩による飢饉対策の特色は、平時は民衆の伐採を禁じている山域での杣取を期限付きで認める「御救山」の実施にあった。
（9）庄司拓也「天保の大飢饉と久保田（秋田）町における御救小屋——近世後期における都市住民のセーフティネット——」（『東北社会福祉史研究』第二一巻、二〇〇三、一～一〇頁）。

的な大量発生が見られたときである、ということである。この点、加賀藩でも相違はない。よって、本書では、加賀藩領内における大規模飢饉への対応策に焦点を据える。具体的には、藩政前期の事例として、一七世紀末の寛文・元禄両飢饉を、後期の例として、一九世紀の天保飢饉を取り上げる。いずれも、藩政史上に残るカタストロフであった。飢渇に直面した加賀藩の庶民は、為政者にいかなる主張を行い、どんな選択を成したのであろうか。

これらへの対策の根幹は、藩政の初期の時点である程度の確立をみ、それを連綿と継承・改善して運用され続けていた。とはいえ、永遠に機能し続けることはあたわず、次第に綻びを呈し、経年変化を遂げることとはなるが、完全な破綻に至ることはなく、慶応二（一八六六）年設置の撫育処へと繋がっていく。

加賀藩に付された一番大名の称は単に大規模な外様大名の意ではない。高い家格と将軍家との濃い血縁・影響力を有した加賀には、近世社会の明暗が強いコントラストで浮かび上がる。それは、半ばは必然であろう。加賀藩の制度を検討することによって、近世社会の縮図を展開し、研究の進展に資すると信ずるものである。

以下、本書は三部構成をとり、次のように叙述を進める。まず、第1部「非人小屋の成立――寛文・元禄飢饉における役割」では、藩営の困窮者収容施設、すなわち非人小屋が発足し、活用された藩政前期の状況を確認する。当該期において、救恤の要となった施設の草創から活用期、と表現してもよいだろう。次いで、第2部「非人小屋と御救小屋――藩政中期から後期における救恤」として、非人小屋が社会状況の変化から万全の機能を果たし得なくなり、その役割を補完する「御救小屋」が登場するに至った藩政後期の状況を明らかにする。最後に、第3部「非人小屋の意義と限界」として、非人小屋が加賀藩の救恤政策に関して果たした役割と、その限界について考察する。

なお、文中では身分等に関する卑称・賤称およびそれに類する語句を用いる場合があるが、歴史的用語として使用するものであり、差別を認容する意図では決してないことを、ここでお断りしておく。

第1部　非人小屋の成立

――寛文・元禄飢饉における役割

序章　先行研究と史料

第1部で検討対象にする寛文・元禄飢饉は、藩政史に記録の残るいくつもの飢饉の中でも、特に大規模なものの一つであり、藩政初期の大規模飢饉である(1)。

当代を取り上げた関連分野の先行研究の切り口は、大きく農政と救恤に分けられる。前者に属するものとしては、若林喜三郎『加賀藩農政史の研究』(上)(2)、及び「加賀藩の里子新開」(3)が挙げられる。また、救恤を重視する論者としては、田中喜男「加賀藩非人小屋制成立の事情について」(4)が代表的である。なお、成立当時の非

注（1）発生時期のより古い飢饉に、寛永の飢饉（寛永一七～一八、一六四〇～四一）がある。この様子は、『史料』（三）五五～五六頁に「改作雑集録」「新山田畔書」「三壷記（正式名称は「三壷聞書」であるが、ここでは『史料』の表記に従う）」を引いて記録されている。この両年は不作であったため、小松では二五～三〇パーセントに及ぶ年貢未進があった。食料は不足し、「江戸より至京洛、北國筋の海道は、人馬の餓死路次に間もなく臥た」る惨状であった。当然ながら米価は高騰し、金沢では一九年夏こ五斗につき三二匁の高値となったが、同年の豊作に救われ、暮れには九匁程度に落ち着いた。当時の藩主・四代光高は、貸米や貸銀による困窮者の救済を図っている。また、『市史』通史二「近世」は「万跡書帳」から貸米の元手は利常の隠居領から、貸銀は上方からの借入によって賄ったと紹介している（四二頁）。しかしながら、これ以上の内容を記す記録は、現在のところ未見である。

（2）吉川弘文館、一九七〇。以下「若林『農政史』(上)」と略記。

（3）『日本歴史』第一六六号、一九六二、二～一一頁。

（4）初出は『日本歴史』第一八三号、一九六三、四五～六七頁。後に原田伴彦・田中喜男編『東北・北越被差別部落史研究』（明石書店、一九八一）三三一～三四七頁所収。

人小屋の概況については、吉田久一『新・日本社会事業の歴史』[5]でも紹介されている。これらの先行研究に共通するのは、対象とする時代が寛文期（一六六一～一六七二）を中心とする藩政初期にほぼ限定されていること、藩側の視点から制度を解釈していることの二点である。巨視的に総括すれば、「農政の加賀」の一般的理解を強調・補強する論考である、といえよう。

加賀藩において、代々農政に重きをおく藩政運営が行われたことに関しては、筆者もまた異を唱えるものではない。北陸という稲の単作地域において、長期的な財源として確実なのは農産物である。加賀の倉谷・当利、能登の宝達、越中の松倉、虎谷等、長い歴史を持つ鉱山を領内に抱え、財政は富裕を誇ったとはいえ、その採掘量も時代とともに漸減傾向が現れていた[6]。財政を支える主要産業として農業が重視されること、従って、藩運営の方針が農政に軸足を置くこと、いずれも道理である。これに対して、本書は、「農政の加賀」を前提として、新たなパースペクティブの導入を提案せんとするものである。すなわち、都市での救恤を農村の保持基盤ととらえること――言葉を補えば、「非常時に機能するセーフティネットとしての都市があることによって農村が成り立つ」という視点である。

ここで、文献について確認する。現代の学術論文でも史料集でもないものに江戸から明治にかけて書かれた前田綱紀の伝記や言行録、地誌の類がある。具体的には、文化二（一八〇五）年に成立した加賀藩士富田景周の『越登賀三州志』[7]、元禄三（一六九〇）年に幕府が編んだとされる大名の評判記である『土芥寇讎記』[8]、綱紀にも仕えた中村典膳の『松雲公御夜話』[9]、明治の郷土史家・森田平次（柿園）の『金沢古蹟志』[10]、近藤磐雄『加賀松雲公』[11]、それをベースにした藤岡作太郎『松雲公小伝』[12]などである。『土芥寇讎記』は別として、その他の著者は、いずれも郷土や藩、藩主と縁のある人物である。彼らの著述には、多彩な業績を藩史に刻んだ藩主への強い敬慕と尊崇の念が随処に滲み出ている。この英主への深い思い入れは、近世後期には既に認められる傾向で

注（5）勁草書房、二〇〇四、一一二頁。
（6）加賀藩領内の鉱山は、多くが越中新川郡に位置していた。長期的な採掘が行われたものだけを挙げても、虎谷・松倉・池原・下田・亀谷・吉野・長棟・河原波と、八か所に上る。史料上確認出来るものとして松倉を例とせば、採掘開始は応永年間（一三九四〜一四二七）半ば、慶長年間（一五九六〜一六一四）に最盛期を迎えるものの、万治年間（一六五八〜一六六〇）には運上が減少に転じたことから、採掘量の減少が確認できる。文化八（一八一一）年には一時は隆盛を極めた鉱山町も衰退が著しく、生業を失った山師は多くが百姓や杣などに転じていったという（梅原隆章「加賀藩の越中鉱山経営」『富山大学紀要経済学部論集』第二号、一九五三、七七〜八四頁）。
（7）日置謙校訂、石川県図書館協会、一九七五。
（8）金井圓校註、人物往来社、一九六七。
（9）堀田璋左右・川上多助編、小滝淳、一九一六。成立年は明記されていないが、享保一一（一七二六）年と推定できる。根拠は、本文末尾に享保八（一七二三・癸卯）年の記事があり、筆者奥付の日付が「丙午正月十五日」であること、著者・中村典膳は隠居後の延享四（一七四七・丁卯）年に八代重熙から綱紀の政治についての諮問を受けていること（『史料』（七）四九二頁）である。また、同書には近藤磐雄編纂版（温故会、一九〇五）も存在する。双方で記述の異同があることが窺われ、テキストの成立や写本の系統に関する考察も興味深い課題ではあるが、詳細の検討は他日に譲る。
（10）日置謙校訂、金沢文化協会、一九三三。加越能文庫には「非人頭並非人小屋抜書」と題する史料が架蔵されている。これは、森田が原史料を抄録し、解説を付したものであり、一部が『金沢古蹟志』に収録されている。
（11）羽野友顕、一九〇八。
（12）高木亥三郎、一九〇九。

ある。従って、これらの文献にある政策・人物への評価は、バイアスに留意した慎重な史料批判に基づく解釈が必須となる。(13)しかしながら、書中の引用史料には現在入手や確認が困難なものもあり、史料的価値は決して低くない。

注（13）具体例を挙げれば、『松雲公』は、里子百姓による潟端新村の新開を紹介する際に、「新開の業期年にして成る。里子等皆鼓腹撃壌せざるはなく。相議して松雲公の生祠を建て感恩の意を表したり」（中巻六七二～六七三頁）と綱紀の生祠のために創建された神社があるがごとく表現する。直後の頁に掲載する図版にも「松雲公の生祠」とのキャプションを付して、社名を出さないままに潟端新村におかれた神社を紹介しており、あたかもそれが綱紀を生祠して始まった社であるかのように読ましめる構成をとる。しかしながら、実際には潟端新村の守護神として置かれた社は健御名方命・八坂刀売命を祀る諏訪神社であり、近藤の記述は、無格社であった諏訪神社を県社に昇格せしめんがための便法の一面があったのではないか、との指摘が既になされている（小倉学「津幡町の神社」津幡町史編集委員会編『津幡町史』能登印刷株式会社、一九七四、四〇五～四七〇頁）。『松雲公』は前田綱紀の伝記として、最も網羅的な文献であり、藤岡『松雲公小伝』や若林喜三郎『前田綱紀』（第一版は吉川弘文館、一九六一、新装版は同一九八六）では、いわば「底本」として扱われているが、同書の引用にあたっては慎重な姿勢を堅持すべきである。

第一章　非人小屋の創設――寛文の飢饉～元禄飢饉前夜

一　寛文の飢饉

1）時代背景

1. 藩主

当該期を通して加賀藩主の地位にあったのは、利家の曾孫にあたる五代藩主・綱紀である[1]。父は四代藩主光高、母は三代将軍家光の養女であり水戸頼房の息女である大姫、水戸光圀の甥に当たる。さらに血縁を辿れば、父方の祖母が徳川秀忠の息女珠姫。後に妻に迎えるのは秀忠の孫であり保科正之の娘である摩須姫であ

注（1）厳密には初名は綱利であるが、煩瑣であるので本書では最も広く知られた名である「綱紀」を一貫して呼称とする。また、他の人名についても同様の扱いとする。

る。利常以降三代にわたって徳川家との姻媾を重ねているのであり、縁戚関係によって政治的関係を安定させようとする両家の意図の合致が看取できる。前田家は、藩祖利家・二代利長はともに織田・豊臣に仕え、利長は信長の息女永姫を娶っているという、徳川政権下においては緊張を強いられる立場であった。徳川側からしても、前田家は端倪すべからざる存在であったろう。(2)

さて、襲封当時の綱紀は僅かに三歳、当然ながら親政はできなかった。代わって後見として藩政を取り仕切ったのは祖父利常である。光高に家督を譲った隠居から五年後、利常は五三歳であった。加賀藩農政の基本たる改作法は、この利常の後見期間中に枢要の多くが実施されており、一度は隠居したとはいえ、利常が未だ藩政への関心・意欲を持ち続けていたことが読み取れる。なお、「改作」は「開作」とも書き、元は「耕作」の意であった。しかし、加賀藩関連の文書には、「御改作の始」「御改作の御法」などという言い回しが散見される。このような文脈においては、「御改作」とは「改作法」を指している。農政をハブとして俸禄・土地・租税・救民・郷村など、多様な内容を含む制度改革を行ったことから、一連の政策をかく総称するのである。

改作法は、慶安四（一六五一）年の石川郡山の内の三一か村を対象とした試験運用を皮切りに明暦三（一六五七）年の年貢皆済を以て完成したとするのが通説であるが、改革の規模を鑑みるに、試験運用以前から何らかの事前準備は必須であったろう。制度創設に先立つ検地を改作法の準備と看做し、実際に機能し始めるのを寛文期と想定する見解もある。(3) 上記の期間は、あくまでも「主要な政策が集中的に実施された期間」と見るのが妥当な想定であるように思われる。(4)

改作法は加賀藩政史研究における一大テーマであり、古来、論考は数多い。(5) 本稿においては、関連のある救

注（2）但し、両者の関係性は時間と共に遷移していった。例えば、四代光高は徳川への傾斜が深く、寛永一七（一六三八）年一一月に東照大権現の金沢勧進を願い出た。その行動に対し、利常は後世に政治体制が変われば処遇に窮する類の施設になる可能性を指摘

し、事前に熟慮するよう諭したと伝えられている（『市史』通史二、四一頁）。また、光高は、幕府がキリスト教徒の国内潜入を警戒し、寛永二〇年に諸藩に沿岸警戒体制の強化を命じた際にも、六名の宗門改奉行を任命して徹底した宗門改を実施している。この徳川との融和傾向は、綱紀の代になって更に加速したともいえる。父光高の急死を受けて綱紀が襲封したのは正保二（一六四五）年、寛永二〇年生まれの綱紀は僅か三歳であった。父の影響を受けるには幼すぎたであろうが、長じて後、綱吉に「中庸」を進講し、吉宗から室鳩巣を通して下された諮問に答えるなど、良好な関係を築いている。その様子は『士芥寇讎記』にも現れている。この巻五の綱紀の評伝は、「文武両道トモニ志シ学ビ、礼儀ヲ正シ、奢ズ貪ラズ、智慮深ク、民ヲ憐ミ、士ヲ愛スル事、匹夫ニ及ブ。……誠ニ有道ノ将ト世以褒美ス」と綱紀を絶賛し、家臣は「風俗優良」、領国の情勢は「民間安穏ニ住」する「産物繁多ニシテ豊饒」な土地柄で「城下繁昌」、と賞賛の言葉を惜しまない。近年の綱紀は「昔之心ヲ忘レ、利勘利徳ニ心付ケル程ニ、諸事卑劣ノ事多」くなったと辛口の評も下しつつ、末尾には「元禄二年」（元禄三年の誤りか）の大火に際し、綱紀の下命を待たず「庫倉ヲ開キ、金銀ヲ悉ク取リ出シ」て被災者への貸し付けを行って城下を復興せしめた家老前田孝貞を「大ヒニ褒美」して「世人甚ダ之ヲ感ズ」というエピソードを記し、「上ニ似タル下タル事知ンヌベシ」と、賛美して締めくくる。現在未詳の編者が記述の公平性を保とうと努力しつつも、綱紀を高く評価していたことが読み取れる（原文は擬漢文体、一部を読み下して引用した）。

（3）坂井誠一『加賀藩改作法の研究』（清文堂、一九七八、以下「坂井『改作法』」と略記）第二章「加賀藩の改作法法について」等。また、近年の研究では「慶安四年（一六五一）から開始され、明暦二年（一六五六）に一応の終結をみた」（中野節子『加賀藩の流通経済と城下町金沢』二〇一二、能登印刷出版部、一一三頁）のように、通説に則って紹介はするが留保を付す形もみられる。

（4）『市史』通史二、四四～四七頁の改作法の解説によると、その意図は「年貢の皆済に努める、領主に従順な百姓の創出であり」、これによって年貢収入を安定化せしめ、ひいては「給人財政の安定化をもたらし、給人の藩主への求心性も促進」することにあった。実施期間については、「利常は、隠居する以前から改作法の構想を抱いていたようである」が、実行は「慶安四年以降」、明暦三年四月の年貢皆済をもって「改作法の『成就』として幕府に報告した」。但し、「利常の改革構想はまだ続いて」おり、それは農財政改革に留まらぬものだったとも附言する。すなわち、幼主綱紀が家中を掌握できるよう、家中の風俗や心得を正す「家中御仕置」を含む「自分死後の綱紀の藩政をも見据えた」長期的な構想だったが、その後の光高夫人清泰院の死、元禄の江戸大火、綱紀の婚礼など、多事多端のうちに具体化されぬままに終わったもの、と全体を把握している。また、若林喜三郎は寛文～元禄が「攻作体勢の完戎・整備」期であると見ており（『農政史』（上）二三三頁）、坂井誠一もまた「この改革においてとりあげられた実質的内容については、その創始をこのような通説（改作法の実施を慶安から明暦とすることを指す、筆者注）よりもはるかに遡らせ、その終期も寛文期まで下げねばならない」（坂井『改作法』二二一頁）とする。

（5）若林、坂井等先に引用した現代の研究論文のほか、高沢忠順「改作枢要記録」「老婆鮒の煮物」、富田景周『越登賀三州志』（日置謙校訂版、石川県図書館協会、一九七三、三二四頁）など、加賀藩士による評論も残っている。改作法に関する研究史については、坂井『改作法』一～三〇頁および若林『農政史』（上）一～六頁に詳しい。

（6）若林『農政史』（上）二一五頁以降参照。

民政策についてのみ、先行研究の知見——特に、若林氏の分析を骨子としつつ、以下に略述する。[6]

改作法施行以前から、寛永の飢饉（一六四一～四二）[7]によるダメージの回復も進まず、加賀藩内の百姓の経営は行き詰まりを見せていた。彼らへの助成は時宜に応じて行われており、必ずしも上述の改作法開始時期とは一致しない場合もある。しかしながら、その内容は改作法に受け継がれているため、以下に併せて解説する。

a．従来の債務の整理

未進米・敷貸米・給人未進米の免除のほか、利息の軽減や免除が行われた。具体例をあげるならば、寛永一三（一六三六）年には、前年および当年の債務については無利息とし、翌年以降は二割と定める対応が取られている。

b．耕作入用銀米の貸与

藩による耕作に必要な資金・米穀の貸付である。二割の利息が附加された。作食米は、その名のとおり貸し付けた米を収穫までの食糧とするもの、銀は耕作にあたる下人・下女の給銀や農具・肥料の購入に当てた例があるという。なお、この貸付は貧農に手厚い貸付方式であった。改作法の根底には、領主に忠実な百姓、いわゆるりちぎ百姓の創出という政策意図がある。突出した少数の富農と走り百姓となるやもしれない零細の貧農とが混在するよりは、中小の百姓が安定して並び立つほうが、租税収入は全体として安定することは自明である。この貸付方式の実質的平等もまた、改作法成就のための利常の戦略だったのであろう。

c．脇借の禁止

ここでいう「脇」とは、「藩以外」の意である。aとも関連する事柄であるが、当時、困窮した百姓が百姓間、あるいは給人からの借り入れを行った結果、厳格な取立てによって疲弊する、という事例が発生していた。それを回避するために、藩以外からの借入を禁じたのである。

『市史』によると、加越能三か国の合計で、免除額は敷貸本米が七万二七九〇石余、未進米銀は米三七一四三石、銀一六貫七六一匁余、貸付は改作入費が六九五貫目、作食米が九万七九一一石余に達したと言われている。(8)

以上、改作法中の農民助成策は「農民に現住地で農業を続けさせること」を目的としているものである、と総括することができる。

かくして、利常は領国経営の基盤たる農政を整備し、体制を整えた。改作法の一応の完成を見たのちも、万治元（一六五八）年まで綱紀の後見を続ける。これは彼の死によって終幕を迎えたが、それは綱紀の独立と同義ではなかった。利常は死の前に、綱紀と保科正之の息女摩須姫との婚儀を整えており、利常の死後は、会津藩主として既に令名の高かった保科正之が綱紀を補佐したのである。綱紀は未だ一六歳の少年であり、俊英の岳父に学ぶところは多かったであろう。綱紀が正之の支援を受けながら裁決した事件に、白山争論や浦野事件があるが（後述）、前者は領地、後者は領内の統制に関わる問題であり、対策を誤ればその後の藩政に悪影響を残したと思われる重大事件であった。寛文元（一六六一）年の初入国を経て、綱紀が親政を始めたのは寛文九年、二八歳のときである。正之の隠居にともなう独立であった。

綱紀は、その後、七九歳の高齢に達するまで藩主として藩政の一線に立ち続け、嗣子吉徳に家督を譲って、

注（7）西日本では旱魃と虫害、東日本では冷害による全国的な凶作を原因とする飢饉。一六三〇年代以降に認められる農民の慢性的な疲弊と重なった結果、全国で五～一〇万人が死亡した。これを契機として、本百姓の保護政策がとられ、近世的農政が確立していくこととなった。加賀藩領内においては、貸米・貸銀といった定番の飢饉対策の外に町域での武家奉公に関する制限を緩和し、雇用を創出する対策を取った（『市史』通史二、四二頁。『史料』三、五五～五六頁「改作雑集録」「新山田畔書」「三壺記」。吉田正志「加賀藩前期雇用関係法の性格」（一）『Artes Liberales』第二三巻、一九七八、一八五頁）。

（8）『市史』通史二、四五頁以降、及び『市史』資料三「近世一」五二頁、資料六「近世四」七七頁史料七七。

八二歳で没する。死に臨んで吉徳に遺訓を伝え、重臣を引見し、端然と旅立った[9]。その生涯を総括するに、為政者として他に類を見ないほどの長寿を得、しかもその施政は総じて高く評価されている。その治世の後期から晩期には、交渉に当たって狷介な一面を露わにもし[10]、また、彼の治世は藩財政が慢性赤字に転落していくターニングポイントでもある。

寛文~元禄、一七世紀の末は、青年綱紀が一番大名として独立し、自ら藩政に采配を揮い始める時期であった。

2. 寛文年間の主な出来事

寛文年間に発生した、藩政に関わる大事件として通史等で取り上げられるものには、概ね「白山争論」「浦野事件」の二つがある。加えて、綱紀の初政期の象徴として、職制改革の開始、この三つの事件・事案を通して、以下では近世前期の加賀藩の状況を描き出したい。浦野事件は、先述の改作法の施行完了の鍵ともなった事件であり、間接的ながら、農政にも影響を及ぼしたものである。

ここでいう「白山争論」とは、慶長一二(一六〇七)年、加賀の川原山村と越前領二口の村民とが白山山域の独活平での杣取を争って生じた騒動を発端とする、加賀・福井両藩間の争いである。冒頭の騒動により、死傷者が出る惨事となったため、翌年、両藩ともに領民の独活平への立ち入りを禁じる措置をとった。紛争の緩衝地帯を設け、事態の沈静化を図ったのである。時間による解決を望んでいたのかもしれない。対話による境界線の策定など、積極的かつ抜本的な解決策は、両者いずれによってもとられぬままであった。

約五〇年を経た明暦元(一六五五)年、壊れた白山山頂の祠を修理すべく加賀領尾添村の村民が材木を切り出したところ、福井領牛首・風嵐両村の村民らが社殿の管理権が自らにあることを主張し、対立は再燃した。各村はそれぞれが藩に訴え、事ここに至って、事態は加賀藩対福井藩の領地争いの様相を呈す。両藩は更に幕府に問題を報告し、指示を待つこととなった。この間、加賀では自らの主張の正当性を立証すべく、尾添村の白山禅頂での杣取を認めた天文一三（一五四四）年の綸旨等の史料を探し出していた。おそらく、福井においても、同等の労力が費やされていたことであろう。結局のところ、白山は両者のいずれでもなく、加賀藩領尾添・荒谷二か村一七一石および福井藩領一六か村二三〇石をともに収公、代官所とする――という決着を見る。寛文八（一六六八）年八月のことである。加賀藩領については、六年一二月に保科正之の仲介を経て綱紀が老中に返還を上申しており、替地の支給があったことが記録されている。(11)

次に、「浦野事件」は、寛文七年に生じた能登の国人、長家の当主連頼と、その嫡子を担いだ重臣、浦野孫右衛門が争った御家騒動である。綱紀は前田家の能登入国以前から一帯を支配し、独立性の強い家臣であった長家内で検地に対する方針の相違から生じた両者の対立に介入し、紛争を解決するとともに、長家の知行地である鹿島半郡への藩の関与を定め、最終的には改作法を施行、直轄支配を確立したものである。(12)

最後に、寛文九年の職制改革である。綱紀はその長い藩主生活の中で大小さまざまな変革を行っている。そのひとつが、職制の改革である。この改革の主眼は、より合理的な藩政運営を行うべく、職階の統廃合・新設等によって組織を整理し、藩主親政に便宜な体制を形作ることにあった。綱紀による職制改革は寛文・貞享の二期に亘って実施されており、前者は、具体的には寛文九年の若年寄の設置である。

注（9）『史料』（六）三七九～三八一頁、「政隣記」、「浚新秘策」。
（10）近藤『松雲公』上巻、五一三～五二三頁「福島関門過書に関するの抗議」。
（11）『史料』（四）二二三頁「徳川実記」。
（12）長家内部での軋轢は『石川県史』（石川県、一九二七）、前田家と長家の関係性については原昭午『加賀藩にみる幕藩制国家成立史論』（東京大学出版会、一九八一）参照。

加賀藩に置かれた若年寄は、江戸幕府のそれとは異なる。『市史』によるまとめを借用すれば、担当した勤め方は「先立、馬方、鷹方、表納戸方、三十人方、茶方、能方、書物方、細工方」であり、それらの役職の実態には不明な点もあるが、総じて、「藩主の身の回りに関することや文化関係、私的な意味の強いもの」の統括が加賀藩若年寄の役目であった。[13]つまりは、藩主の秘書的ポジションであり、幕府若年寄の、いわば縮小コピーである。寛文九年に任じられた初代は横山正房と奥村時成（一六四四～一六九二）、両者とも一〇〇〇石以上の禄を食む大身家臣たる「人持組」に属する。特に、奥村時成は元禄三（一六九〇）年の「加賀八家」創設時には、奥村本家の当主としてその一翼を担うことになる。「八家」とは、綱紀が人持組の中から選抜した、要職にあって藩政運営に直接携わる八家族の総称であり、最高の家格と俸禄を帯びる家臣である。[14]後の格付けこそ異なるが、両名が綱紀の信任を得ていたことについては、相違あるまい。

綱紀による職制改革の内容を確認すると、より広汎な改変を行っているのは、後半である貞享元年の改革である。役職の新設や統廃合、名称変更等を行って広く支配機構を整理し、幕末まで維持される藩の機構の根幹を形成している。それに比べると、寛文の職制改革はいかにもつつましやかな印象を受けるものではあるが、幼主として襲封し、長らく父祖の後見の下にあった綱紀が、藩主として自立するスタート地点の意味合いを帯びるものではある。

3. 小括

斯様に、寛文年間は藩政を大きく揺るがす事件が立て続けに発生した時期であった。また、家中には困窮する者が多く、藩士への貸銀が繰り返された。天候不順による凶作が続いたことがその一因である。この凶作は給人の財政を傾けるとともに、当然庶民にも影響を及ぼした。本節でとりあげる寛文の飢饉発生以前から、領内には困窮の果てに居住地を離れて浮浪する者達が出ていた。藩が走百姓の密告を奨励し、隠匿者も処罰するとの方針を公にしたのは寛文六年のことであり[15]、この頃から、既に都市へ流入する困窮者数は、相当なものだったと考えてよいであろう。先述したとおり、改作法は農民を対象とした各種助成策を設けているが、それは最終的に藩の財政基盤を確立・強化するための、いわば先行投資である。何らかの事情により困窮に陥った百姓には相応の助成をなすが、その上でなお年貢皆済を果たせない「かじけ百姓」は村から追放し、あるいは打ち殺し、「りちぎ者」をしてその空席を埋めしめる――百姓の経営に関連して、改作法が斯様な大方針を立てていることは、古くは藩政中期〜後期の農政史料[16]にしるされ、現代の史家も指摘するところである[17]。つまり、実数は不明であるが、追放され、あるいは「走り百姓」となって農村を離れた百姓は相当数いたと考えられる。寛文の禁令の対象となった者は、不作に端を発する食料不足に苦しむ困窮者と改作法によって農村から篩い落とされた百姓の入り混じった集団であったことだろう。住居と生活手段を持たない集団が一定数以上に増えれば、強請・たかりや窃盗、売春等の不法行為が横行し、領内の治安は悪化の一途を辿ることとなる。その集団が生業や富裕層・権力者による施しを求めて領内の中心都市たる金沢を目指すこともまた自明であり、

注
(13)『市史』通史二、三四九〜三五〇頁。
(14) 八家のひとつに横山家も存する。正房の生まれた横山家とは祖を同じくする血縁ではあるが、両家は別の一家である。
(15)『史料』(四) 一四七頁「改作所旧記」。
(16) 同前 (三) 三六二〜三六四頁「理塵集」、「高沢草稿集」。前者は享保年間 (一七一六〜一七三五) の成立と推測される。史料解説は若林『農政史』(上) 一五〜一七頁、坂井『改作法』二一九〜二二一等。後者は高沢平次右衛門忠順著。高沢 (一七五七〜一七九九) は馬廻組に属した中級藩士である。能州郡奉行を始め、改作奉行等を歴任した。一度は財政に関する建議をなした廉で閉門を命じられるものの (天明五年・一七八五)、翌年御免、寛政五 (一七九三) 年加州郡奉行となった。「改作所旧記」「改作枢要記録」等、農事や改作法に関する著作を残した農政家である。
(17) 若林『農政史』(上) 第二編、坂井『改作法』第二章、等。

対策は不可欠であった。

その反面、幕府との関係は良好に保たれ、改作法の完成や職制改革の開始など、文治の時代の大藩加賀を支える背骨が形作られる、中興の時代でもあった。

この「青年期」の藩を治めた綱紀の独立は、順風満帆に恵まれたものではなかった。が、逆風を受けつつもチームワークと技術でそれを宥め、むしろ逆風を利用して着実な航行を続けていた、といっていいであろう。

2）寛文の飢饉の発生とその対策――非人小屋の創設

逆風の大なるものが寛文飢饉である。寛文八（一六六八）・九年に加賀・越中で連続した大規模な風水害を引き金に、九年から一〇年にかけて困窮し、日々の食事にも事欠く飢人が城下を徘徊する飢饉となった。両年を合算した被災状況は、加越能三州で死者八八人、被災家屋三二一軒に達する。八年の被災石高は「御領国水損風損之覚」には「田地方所々水押之押高、唯今知不申候」とするものの、続けて「修理仕候者指而損亡在之間敷躰」との見込みを記しており、深刻な影響は回避できた可能性がある。しかし、一方で仮に六万石強の被害のあった九年と同程度とすると、合計は一一万石を超えることになる。

金沢は、犀川・浅野川の両河川に挟まれた小立野台地の突端に位置する金沢城を中心に形成された城下町である。戦国の世にあっては、川を天然の巨大な水濠として防衛機能に組み込んだ難攻の町であるが、城下が拡大するに従って水際にまで家屋が進出した結果、水害に弱い都市になっていたことは否めない。二度とも、加賀では犀川・浅野川が氾濫した結果、被害は金沢市中の両河川流域に集中することになった。[18] 藩の中枢を飲み込む大規模災害だったのである。

これが故に、元々余裕のない状況だった食料生産、及び既に金沢が中心になっていた物資の流通が大きな打撃を受け[19]、寛文の飢饉に到った。

これを受けて、藩は、次の如き対策を打ち出した。「在方・町方それぞれの地域内の困窮者は地域内で回復させる」「在方から町へ流入した困窮者は回復させて在方に帰す」を大方針に、金沢に流入した乞食への対応として玉泉寺・東西末寺での粥施行[20]、乞食には至らぬまでも、貧困に直面した領民の収入を確保せんがための各種藁製品の買上や在方からの年季奉公解禁などの対応策をとったのである[21]。しかしながら、困窮者の生活を完全に支えることはできず、村方から都市部への飢人の流入・浮浪は止まなかった。のみならず、寛文一〇年二月には下層民とはいえぬ都市住民らも物乞いで日々の糧を求める惨状に至った[22]。この状況を改善するために

注（18）以上、水害被害については加越能文庫「御領国水損風損之覚」および『市史』資料6「近世四　町政と城下」第四章「災害と諸事件」による。

（19）当時の加賀藩における物資の流通は藩による統制が強化されつつあり、それにともなって金沢が流通拠点として力をつけ始めていた。藩政初期の流通と経済に関して、詳しくは前掲注3・中野第三章参照。

（20）なお、施行と平行して乞食の出身地調査が行われた。複数の村にまたがって支配を行う有力百姓である「十村」に検分役の派遣を指示する寛文九年九月三〇日付文書が『史料』（四）二六五～二六六頁「改作所旧記」に残っている。この際に作成された身元台帳が、史料一として次に引く寛文一〇年覚書で言及される「非人共人数帳面」であろう。

（21）『史料』（四）二七四～二七七頁「改作所旧記」。なお、飢饉対策としての雇用の規制緩和について、詳細は前掲注7吉田（一九七八）。

（22）寛文一〇年二月二六日付けで町年寄が連名で町奉行所へ提出した報告には、「本町地子方より乞食に罷出申者有之候哉、肝煎共心得に見聞申様にとの被為仰渡候に付、此頃気をつけ見申処に、御器をも持不申、よろしきなりにて袖乞の者共余多御座候。其身之処にては乞食不申候へ共、末々にて乞食申体に相見へ申候。只今は乞食としれ申も殊外の義に御座候。地子方之者共一日過の者は皆一円米はたへ可申様無御座、こぬか或ふかすせうふ水と申者を買たへ申体余多御座候御事」（近藤『松雲公』中巻六五五頁「金沢町会所留書」）と町方の困窮ぶりが語られる。冒頭の「本町地子方」とは金沢城下の町人町の格付けである。本町とは家柄町人などが住まう最高格の町、地子町はそれに次ぐ位置にある高位の町であり、余裕のある生活を営む富裕層の町、と考えて支障ない。富裕層すら物乞いで生命をつながねばならぬ飢饉下において、貧困層の生存は極めて困難であったに違いない。

設置されたのが、非人小屋である。この経緯は、史料には次のように記録されている。

史料一　非人小屋設置の経緯（算用場・金沢町奉行→笠舞非人小屋裁許奉行　覚書　寛文一〇年八月一四日）(23)

一、寛文十年庚戌六月十五日迄、野田於御施行所非人共飯米被相渡、同十六日より四人之与力、非人共人数帳面請取、同日御施行所江非人共集相改、笠舞小屋出来不仕内者、五月切飯米相渡、小屋出来次第追々入候様被仰出、同六月二十二日より追々相改入、同年七月十六日人数改帳面記上之申様人高千七百五十三人に而御座候。飯米之義者町方揚屋人より請取、同年七月十四日朝迄釜所に而粥を為煮給させ申候処、飯給さ（セ脱カ）候様被仰出、同日夕食より飯に而為給申候。

当史料は、非人小屋創設直後に記されたその概要である。創設に至るまでの経過を時系列に従って整理すると、次のような手順を踏んで小屋が設置され、稼動に至ったことがわかる。

①（六月一五日まで）野田寺町での粥の炊き出し（平行して非人の人数・身元調査）。
②（一六～二一日）非人らへの四人の与力による今後の救恤政策についての告知。
③（二二日～）非人小屋完成後、非人らを収容。
④（七月一六日）入所者の人数確認、運用実態の報告・記録。

当時の運営体制・規模・収容者の待遇は、巻末に付した【表1・成立時非人小屋一覧】を参照されたい。非人小屋は藩が用地を割き、建設資金を用意して作られたこと、完成の暁には藩の人員を配置して運営し、施設の維持費および入所者への給付にかかる費用の多くを藩が負担していたことが読み取れる。場所は小立野台地の上、等高線のない絵図からははっきりしないが、周辺の寺社等を手がかりにみれば、犀川を見下ろす小高い場所にあったことは明白である。運営体制に関して附言せば、享保一七（一七三二）年の史料には収容者から責任者を選出し、小屋の運営の一助とならしめたことが記されている[24]。

運営費については、非人小屋の入所者が草履や縄などの日用品の製造を行い、それを城下で販売した収益の一部を当人の退所・自立に備えて積み立て、残りを充てたといわれているが[25]、果してそれで必要費全てが賄えたものであろうか。支給品は衣類と食料、および調理に必要な燃料類であり、冬場には暖房分が、病者には薬代としての加算がある。

これが、寛文飢饉に直面した加賀藩による最大の対策であった。他藩や天領においても同種の施設は見られるが、一般に、その設置は一八世紀に入ってからのことであり[26]、加賀藩の早さは突出している。

さて、ここで一つ、留意すべきことがある。それは、非人小屋の収容対象者が身分上の「非人」ではなかっ

注（23）『集成』四九〇頁8号。
（24）同前四〇六～四〇九頁「非人小屋先格品々帳」。末尾の二条に「（割場足軽の配属数が減らされたので）非人之内書算茂仕者有之ニ付、見計役義申付候」「（小遣小者が配属されなくなったので）非人之内ニ而相勤申候」とある。
（25）同前四〇八頁。
（26）盛岡藩が宝暦飢饉（一七五三～五七）に際して設けた「御小屋」、弘前藩の天明飢饉時（一七八二～八七）の「施行小屋」、秋田藩の天保飢饉時（一八三三～三九）の「御救小屋」（別名「施行小屋」）や幕府の四宿御救小屋など。

たことである。先に言及した史料一にも再三「非人」の語が登場するが、これはいずれも金沢に滞留する乞食、つまりは困窮した農民・町人を指している。非人小屋に入所することで「非人」と称されるが、非人身分出身者ではない(27)。史料二として、寛文一〇年八月一〇日付の加州郡奉行指示書を挙げる。これは、農村部で発生した飢人への対処を、各地の十村に指示したものである。

史料二　加州郡奉行→能美・石川・河北御扶持人・十村、寛文一〇年八月一〇日

（略）

一、頭振若及飢にものは、笠舞御小屋江罷越、御救を請候様に可申付候。万一御小屋江難罷越躰之者候はば、其十村見届吟味仕、先飢不申候様に仕置、早速委細及案内、御米借請相渡可申候。（略、傍線筆者、以下同）

頭振(28)、すなわち他藩・天領における「水呑み百姓」に相当する無高の農民が飢えに及んだ場合には、笠舞非人小屋へ行って扶助を要請するように伝えよ。万が一、小屋まで出向くことも困難な様子であれば、その者の居住地支配の十村が確認の上、応急措置として食料の面倒をみ、速やかにその旨を連絡して米を借り受けて交付すること――ここで非人小屋の収容対象者に想定されているのが農民であることは明らかである。少なくとも、近世初期の加賀藩において、非人小屋の「非人」とは「貧民」の謂いであった。この貧民である非人を収容・加療し、生産の現場に回帰せしめることが非人小屋の役割だったのである(29)。

この役割を最も端的に析出する事例が、小屋収容者から有能・有用な者を選出した里子百姓による村の新開である。寛文一一年（一六七一）の長坂新村、延宝元年（一六七三）の潟端新村の二例がある。これらの事業に当っ

ては、藩が住居・食料・開墾道具等、必要物資を支給した上で里子百姓をして作業に従事せしめ、村の成立後はそこに百姓として定住させたものである。

3）特色ある制度――里子

里子とは、一般に、生まれた子どもを生家以外の家で養育すること、あるいはその子どもを指す語である。(30)

注（27）加賀藩の賤民制に関しては一九六二年に発表された成沢栄寿「加賀藩賤民制の成立過程」（『部落問題研究』第一二輯、四〇～八一頁）をはじめ、田中喜男・高澤裕一氏等の研究蓄積があるものの、非人のみをとりあげたものは少なく、多くは藤内・皮多を中心に据えた考察である。加賀藩特有の「藤内」が城のキヨメに関わる出自を持つらしいこと、皮多が慶長一四（一六〇九）年に軍用皮革製品の良質化・増産を自給的に果たすために藩が上方から招致した由来を持つこと、などが明らかにされている。非人については、賤民身分に属する「藤内頭の支配下にある出生地不明の乞食」と賤民ではない「非人小屋に収容されたもの」に二分されることを説く高澤裕一氏による部落問題研究者全国集会報告（『部落問題研究』八三号・一九八五、五三～六九頁）が簡にして要を得ている。つまり、本論との関連で付言せば、この時点での非人小屋に収容されていたのは、後者の「非人」であるのである。なお、加賀藩の「非人」概念については、本書第三部で改めて言及する。

（28）この語は、近現代に編まれた各種文献においては一般に「あたまふり」との読みが定着しており、また「飢饉記二種」などの文献でもかなで「あたまふり」と記されているが、『全国民事慣例類集』においては「カシラブリ」のルビが付されている（司法省編、青史社、一九七六、三二一頁）。

（29）天和二（一六八二）年四月二二日には、加州郡奉行林十左衛門・木梨助三郎の連名で「乞食非人共徘徊いたし、在々宿々押乞なと仕相通用ニ候条、拼乞等仕者於有之ハ、其村中申断捕可及注進候事」一脇指なとさし罷越乞食候ハヽ、縦拼乞不仕共拼可及案内事」（『史料』（四）六七〇頁「改作所旧記」。なお、『集成』四九九頁にも同文が収録されている）と、治安悪化を理由にした非人乞食の取り締りが指示されている。寛文年間にも同様の所業がなされていたとすれば、非人小屋には設立当初から治安維持機能が期待されていたといえよう。しかしながら、寛文以前の乞食の行状について詳細を語る史料には未だ管見が及ばない。

（30）『日本国語大辞典』（小学館）は、第一版（一九七六）・二版（二〇〇一）ともに「他人に預けて養育してもらう子」とし、『国史大辞典』（吉川弘文館、一九八五）は「他家に乳児を預けて養育させる習俗」で、「はじめは縁故に頼ったが、のちに費用をつけた」行為名称であり、預けた子もまた「里子」と呼ばれた、と説明している。

しかし、加賀藩においては農村に労働力を供給する諸制度の名称として使われる場合がある。この用語法も含めて他藩に類例を見ないものであり、また、初期の非人小屋とも浅からぬ関連があるため、ここでやや詳しく紹介する。

この「里子」制度をキーワードとしてなされた研究は一九五七年を皮切りに、六〇年代に当時の加賀藩研究者が次々と世に送り出した。七〇年代の終わりに吉田正志氏が加賀藩前期の雇用法を論じる中で補論的に取り上げて以降、目立った成果はない。以下、これらの論考を発表の順に簡単に紹介する。

最初の論考は、津田進氏の「加賀藩の里子制度――刑罰の一種としての――」[31]である。里子制度を初めて広く紹介したという当論文の意義を軽からしめるものでは決してないが、続く各論考では批判も少なくない。その要点は、一つには、里子の全てを徒刑的刑罰の受刑者と想定し、時代による概念の変遷――任意の契約に基づく農村奉公人や人足の呼称から、里子刑の受刑者や、非人小屋収容者から選抜した開拓者たる里子百姓に変化する――を見落としている点、二つには里子百姓による新開の事例から長坂新村が脱落しており、また、里子百姓の制度創設を綱紀の創意としている点があげられる。前者については以降に紹介する田中・吉田両氏が[32]、後者については若林喜三郎氏が批判し、利常が藩運営の実権を有していた慶安期（一六四八～一六五一）の里子新開の事例を史料上確認している[33]。

次いで上梓されたのが、若林喜三郎氏の『前田綱紀』である[34]。綱紀の事績の一つとして、非人小屋およびそれを前提とした里子百姓に言及している。福祉・授産制度的側面も認めつつ、改作法の施行による追い出し百姓の増加が零落農の発生源になっていたことに目を留め、長期的視野に立って非人小屋の人的資源の再生場としての性格を指摘し[35]、再生の成果が里子百姓であったとみる。この指摘は次の「加賀藩の里子新開」[36]にも繋がるものである。

「加賀藩の里子新開」は、農業労働力としての里子百姓に焦点をあてる。特に中心に据えられているのが、長坂新村の開発である。先祖が代々石川郡押野村在住の十村を務めた、金沢市の後藤為次家文書によって、村の一応の成立から一村扱いとなるまでの経過を追跡し、この事例を通して「改作法の浸透→徒百姓の農村からの追放→追い出し百姓の乞食化→乞食の非人小屋収容→体力回復を経て里子百姓として農村に回帰」という農民の転落と回復の軌跡を示し、里子百姓制度の政策的意図を指摘している。当論考については、翌年に発表された田中喜男氏「加賀藩非人小屋制成立の事情について」および吉田正志氏「加賀藩前期雇用関係法の性格」（三）において、里子がその性質によって分類できることを指摘しながら、行論中でそれらを混同している、という批判がなされている。(37)

この田中氏「加賀藩非人小屋制成立の事情について」は、寛文期の状況を中心に、非人小屋は藩の生産力を確保・維持するための施設であり、仁恵的救貧制度の一環としてのみ理解することはできず、里子は、小

注
（31）『刑法雑誌』第七巻第二・三・四合併号（一九五七）二三三～二四二頁。
（32）田中「里子刑について――加賀藩御預遊女の処罰をめぐって――」（『地方史研究』第一四巻四号、一九六四）六三頁、および前掲注7吉田「加賀藩前期雇傭関係法の性格」（三）（一九七九）一五九頁。
（33）若林「加賀藩の里子新開」『日本歴史』第一六六号（一九六二）五～六頁。
（34）吉川弘文館、一九六一旧版第一刷、一九八六新版第一刷。
（35）本書の終章は、高沢忠順の著作の分析を通した綱紀の事績の評価に充てられている。非人小屋という対症療法ではなく非人を出さないための根本治療が必要だと説く忠順の説を紹介し、それを「綱紀の政策の問題点を忌憚なく指摘」したものと総括している（新版・旧版ともに二二一～二二三頁）。
（36）前掲注33。
（37）前者は『日本歴史』第一八三号（一九六三）特に四八～五〇頁、後者は前掲注7、第25巻（一九七九）一五九～一六一頁。

屋での療養を経て回復された生産力の一形態であると説く。結論には概ね首肯できるが、天保年間（一八三〇～一八四三）の史料を根拠に寛文一〇（一六七〇）年創設の非人小屋の収容者の全貌を語るなど、時代を超越した史料の利用があり、(38)論証の過程が粗雑な印象が拭えない。

同氏が、高崎事件に関わった遊女に対する処罰を分析し、それが里子刑類似の刑罰であったと結論するのが、一九六四年の「里子刑について――加賀藩御預遊女の処置をめぐって――」(39)である。高崎事件とは、元禄三（一六九〇）年に困窮した藩士らが遊女を抱えて禁制の出会茶屋を営んだ事件である。氏の論拠は、

i．使用者が給銀を負担する（支給には藩を通す）
ii．面会不可、監視がついている
iii．死亡時の届け出が必要
iv．預け先付近に同宗の寺院がない場合、宗門の変更をともなう
v．無期刑
vi．百姓との婚姻の事例がある
vii．管理責任を負い、監視にあたる預人が存在している
viii．預人の選定が必須

以上の八点に要約できる。論証過程においては、地方文書から丁寧に処罰の傾向が析出されてはいるが、結論には同意できない。なぜならば、論拠のうち、明確に里子刑との共通点であると断言できるのはｉの給銀の支給のみであるからである。そのほかはvii、viiiに預人が必要とされた点に「請人を用意することが望ましい」(40)

里子との類似性を見て取れるに過ぎない。iiは労務先への自宅からの通いが認められるなど、ある程度束縛されずに行動できた里子よりは、寧ろ流刑との相似を示す。iiiやivは里子でなくとも必要な手続きであろう。vに至っては概ね二〜五年程度の刑期が存在した里子刑との明確な相違点である。viは現時点において、里子刑の受刑者と受け入れ先の農民との婚姻を語る史料に管見が及ばない（また、田中氏も根拠史料の引用はしていない）ため判断材料として適切ではない。以上、氏が論拠とされた事柄のうち、里子との相似が看取できるのは一ないし三点に過ぎず、「里子刑類似」との氏の断言は根拠が薄弱であるといわざるを得ない。

以上を氏の所説を批判する消極的な根拠とせば、積極的な根拠もまたある。文化元（一八〇四）年、一二代藩主斉広の時代に編纂された「公事場御刑法之品々」[41]がそれである。この史料の性質は、公事場で科した刑罰の便覧と称するのが適当であろう。編纂当時既に廃止されていた刑種一〇種と現に適用しているもの三一種、計四一種について、名称と適用事例をまとめたものである。この中で「在郷」刑についての解説が「右（流刑対象を指す、筆者注）他ノ御広式御附之役人、御屋形等も不顧御附之頭と及口論候者、并先年神主之内不筋を相巧候者在郷被仰付、其外遊女共を能州奥郡え遣置候様ニ被仰出候義御座候」とされている。この文章からは執行の内容は詳らかならざるも、流刑相当よりも身分・罪状ともに軽いものが在郷の対象であった、と理解して差し支えあるまい。つまり、流刑に類して一段軽いものが在郷であったのである。史料冒頭に設けられた見出しが

注（38）なお、氏の史料の引用にかかる非実証的な姿勢については高澤裕一氏も一九八五年の部落問題研究者全国集会報告（前掲注27、五五頁）において批判を投げかけている。
（39）『地方史研究』第一四巻四号（一九六四）六三〜七三頁。
（40）前掲注31、二三六頁。
（41）服藤弘司『刑事法と民事法　幕藩体制国家の法と権力Ⅳ』（一九八三、創文社）所収、五二五〜五四八頁。以下の引用は五四三頁および五四六頁参照。

「流刑并在郷」とされていることもこの理解を裏付ける。そして、本文にある「遊女」は、正に田中氏の取り上げた高崎事件関与の遊女らであると考えられ、少なくと文化前後の時期において彼女等への科刑が流刑類似のものであったと認識されていたと理解できる。同史料では廃止された刑種の一つに里子が挙げられており、廃れた刑として検討の素材から排除された、という可能性はない。田中論文ではなぜか全く言及されていないが、若林『前田綱紀』では当該処分を「奥能登への流刑」としている。[42]流刑と在郷とは同一ではないが、以上で述べたとおり、同類ではある。その限りにおいて、若林氏の見解の方が妥当である。

若林喜三郎氏「藩政期の河北潟潟縁開墾史料」[43]は、潟端新村の開墾をテーマとする。潟端新村は、元禄以降の傾いた藩財政を再建するべく推進された新田開発の重要地域である河北潟に位置する。この潟端新村を開いた里子百姓を題材に、「藩の公営社会施設たる非人小屋に収容された避難民（中略）を使役して開墾に従事させたのは、一つの社会政策としての意味があ」るものではあったが、「もともとこのような窮民を生んだのは、藩の搾取強化が原因であった」[44]と主張するものである。

吉田正志氏「加賀藩前期雇用関係法の性格」[45]が、里子に関連する最新の成果である。藩政初期の雇用関係法制の整備が、最大の外様藩として課される膨大な軍役の遂行と貢租負担農民の維持・掌握とを背景に、領民の武家奉公を統制する形で行われたが、彼らの反発を藩秩序と整合する枠内で解決するため、領内の労働力人口を統一的に配置する原則を定立するとともに、出替り日規制や担保制度などを整備した。――以上が吉田論文の骨子である。この流れの中で、農村への労働力供給策の一環として里子への言及がある。農村労働力の供給源としては里子（罪科者、後に消滅）よりも非人（幕末まで継続）が重視されていたことを指摘し、藩内の労働力需要と関連付けた里子・非人の意味が明らかにされている。

上記の先行研究は、里子に関する検討視角を基準に次のように大別できる。まず、政策内容からは、

a　刑事政策…津田・田中（一九六四）
b　農政…若林・吉田（特に（三）一五六頁以下）
c　社会保障…田中（一九六三）・吉田（特に（一）一六八頁、（二）八五頁などに飢饉対策としての雇用規制緩和措置に言及がある）

次に検討対象によって分類すれば、

a　制度そのもの…津田・田中（一九六三）・吉田
b　制度の適用を受けた人間…若林・田中（一九六四）

となり、総じて、各種制度・政策を主眼にした研究とその客体である人を対象にした研究がバランスよくなされてきた、と言える。以上の各研究で明らかにされてきた内容を総合すると、里子制度の沿革および里子の分類については、以下の如く紹介するのが最も妥当であろう。

――慶安年間（一六四八～一六五一、綱紀五～八歳、利常の藩政主導期）には「里子」による新開の記録が残るが、明確な創始期や「里子」の語源は未詳である。

注
(42) 新版・旧版ともに七七頁。
(43) 前掲序章注11『津幡町史』（一九七四）二九一～三二〇頁。
(44) 同前三〇四頁。
(45)（一）～（三・完）、『Artes Liberales』第二三巻（一九七八）～第二五巻（一九七九）。

里子と呼ばれたのは、当初は農村奉公人・人足であったが、時代を下るに従って拡大・変容し、農村に対象者を派遣して労働せしむ刑罰の名称として用いられるようになる。また、それと平行して、村の新開に従事するように命じられた非人小屋収容者をも指すようになった。これは、里子刑の受刑者の一部が非人小屋に収容されていたこと、および、非人小屋に収容されて体力を回復した飢人が、農村からの求めに応じて引き取られ、農業に携わるようになるケースが散見されたことによる混用であろう。その大規模な例が里子百姓による村の新開であるのは贅言を要さないが、これは長坂・潟端の二例があるのみである。

刑罰としての里子は寛延年間（一七四八～五一・八代重熈）に廃止され、以後は禁牢を以て替えられるようになる。寛政六（一七九四・一一代治脩）年に復活するが、復活以後の詳しい制度実態はよくわからない。斯様に「里子」の内容は変転を経るが、非人小屋は幕末まで加賀藩の貧民対策施設としての役割を担い続け、労働に耐えうる体力を回復した飢人を生産現場に回帰させるという、労働力再生の場として機能し続けた。

一方、「里子」の分類は、田中（一九六三）・吉田（一九七九）に準じて次の三種とするのが妥当であろう。

a．任意の雇用契約に基づく農村奉公人・藩営土木工事人足

b．刑罰としての里子刑受刑者の農村奉公人・藩営土木工事人足

c．非人小屋収容者から徴用され新田開発に従事した者（＝里子百姓）

里子刑廃止後に、同種の犯罪者には禁牢を課したことを根拠に、吉田氏は農業労働力の補助的供給源が、里子から再生した非人へ重心を移していったことを指摘する。里子刑の廃止は一八世紀半ばの六代藩主吉徳の統治期であり、これは藩政が各所で綻び、矛盾を露呈し始める時期でもある。本稿との関連で具体例を挙げれ

ば、財政難による年貢増徴策の強行と施政の混乱から農村が物心ともに荒廃、農民が乞食化するに至り、治安維持的業務の比重が増した結果、盗賊改方－藤内頭と郡方・公事場との治安維持・地方支配に関する職掌が抵触してさらに混乱を招く、という負のスパイラルの発端にあたる。このタイミングで里子刑を廃止したのは、農地の荒廃と農民の疲弊という連鎖を断ち切るために、期限付きの派遣労働者である里子よりも、農作業の素地のある者を非人小屋収容者から選抜し、農村で安定的に奉公させるほうが生産力回復のためには効率的であると判断されたからではあるまいか。

とはいい条、現時点で上記の推測を裏付けるに足る史料には、未だ管見が及ばない。農村で職を得た元非人小屋収容者および彼らを取り巻く農村部の環境の実態を確認できれば、財政難に喘ぐ中で打ち出された政策の効果の程を生産の基盤から見直せる可能性はあろう。

二　延宝～元禄初期の状況――非人小屋の設置から元禄飢饉前夜まで

非人小屋の設置以後も、加賀藩では災害と凶作が続いた。『加賀藩史料』の延宝～元禄初期の頁には、ほぼ例年に亘って凶作・不作によって収納米の基準を緩和した旨の記録が残されている。ここでいう「災害」は、ひとり風水害に留まらない。放火や失火による火災もまた多かった。繰り返される被災と凶作が引き金となって困窮者を生み出し、救恤と治安維持の要請は高まりこそすれ、低まりはしなかったであろう。また、加賀藩の救恤制度――特に非人小屋の存在は幕府・他藩にも知られ、仁政の表れとして高く評価されていたものであるから、財政の悪化を自覚しつつある元禄期にあっても、救恤水準の引き下げは更に困難であったろう。

『史料』から災害に関連する記述を採録していくと、延宝〜天和期（一六七三〜一六八三）は風害と少雨による農作物被害が散見される。中でも、延宝三（一六七五）年一月には、幕府に元年の天候不順による損亡を届け出ており、特に被害が大きかったことがうかがわれる。この時は、初夏から夏にかけて、つまり植物の成長期に少雨と低温が続いたのち、八月の強風で作物に被害が出た。結果、「諸国餓死多し[46]」と記録が残る。

金沢城下での火災の記録は三件、うち二件は木之新保を火元に一〇〇〇軒余が焼失した。これを受けてか、この時期には、二度にわたって火事への対応に関する定めが改訂・増補されている[47]。これは、火災時に藩主の家族をどこに避難させるか、藩士はどの組の者がどこに集まり、どんな作業を行うか、近在の百姓・町人はどう行動するべきか——といった内容が規定されている、いわば火災対応マニュアルである。改変は、いずれも旧暦二月〜三月の早春に行われた。背後に飛騨山脈や白山連峰を擁する北陸の春には、しばしばフェーン現象が発生し、一度火災となれば、大火に成長する可能性が高い。後述の元禄大火においても「西南の大風烈敷吹て忽遂所へ焼広がり……飛散て五町十町か外へ飛て焼立[48]」ったと強風によって被害が拡大したことが記されている。春の火災が大規模な災害に成長しやすい危険性を身近に感じていたことによる、現代の用語によれば「減災」のための改訂だったのであろう。

その後、元禄三（一六九〇）年三月には藩史に残る大規模火災が発生する。元禄の大火である。一六日に金沢城南側の竪町・図書橋を火元に約九〇〇〇軒、翌一七日には城北西の左近橋から北東の大樋町まで延焼し、約七〇〇〇軒の家屋・堂宇が灰燼に帰した。加えて、焦土も冷めやらぬ同月二四日、今度は城の東側の吹屋町から浅野川西岸の一帯が焼け、三一三軒焼失、死者一名の被害を出した（詳細は、巻末【表2　災害・救恤年表（寛文〜元禄）】参照）。加賀藩には、火災の被災者に家屋の再建資材を給付する制度が存したため[49]、これらの大規模火災は藩財政に多大な影響を及ぼしたであろう。

かく容赦なく続く災害は、飢饉とまではゆかずとも、民衆・藩士の生活に大きな影を落としたと考えられる。「御領国の農商共に御貸米あり。是を御助米と云、十年を限て償はしむ[50]」、「及飢者…於有之は、十村方より宜裁許可仕候。山方など深雪故、里方江も不罷出、十村又は在所百姓介抱無之故、是非及難儀者有之は、猶後日相聞候共、急度可遂吟味候[51]」と、庶民の生活の逼迫を浮き彫りにする覚も残っている。同時に、これらの史料は、庶民の救恤制度への依存を警戒し、十村による裁許・現場指揮と相互扶助を強調することで牽制を図る藩の姿勢をもの語るものでもある[52]。

注

(46)『史料』(四) 四四三～四四四頁「田平氏雑記」。

(47) 同前四六四・六六六頁。火事対応については「寛永以前御定書」(金沢文化協会『加賀藩御定書』一九三六、明治印刷株式会社、一～六八頁) にも三か条が見え、藩政初期からの懸案事項であったことが読み取れる。

(48) 加越能文庫「自他変異記」元禄三年。また、強風が続いていたことは「政隣記」(『市史』資料六、四二九頁) にも記されている。

(49) 実施例として、『史料』の記録を二件引く。一つは、延宝七年正月には前年に火災被災者に対して支給した建築資材等の実績の平均値を記録してその後の標準とすることを記録し (『史料』(四) 五六五～五六六頁)、元禄元年七月六日には、支給内容を見直すとともに支給手続きを改めている (『史料』(四) 九六〇～九六一頁)。

(50) 延宝三 (一六七五) 年、『史料』(四) 四六三頁「改作雑集録」。

(51) 延宝八年一二月八日、算用場覚、『史料』(四) 六二六頁「改作所旧記」。

(52) 延宝八年一二月、算用場は「頃《(ママ。頃日カ)》大雪降申候条、御支配御郡中組切に、十村せがれ歟手代、跡々之通致村廻、幼少人・年寄・後家・やもめすぎ候躰之者家之儀、村中より雪除とらせ、致介抱候之様に急度可申付候」との文言を残している (『史料』(四) 六二六頁「改作所旧記」)。また、延宝三年に改作奉行が十村・御扶持人に宛てた文書には「介抱之儀は、当秋之作成善悪によつて、其支配之十村・廻り口御扶持人情を出候善悪しれ申事ニ候条、其心得専一に候、水損・風損に而も無之、作毛出来劣候村於有之に者、勿論御郡中みせしめ之為、急度被仰付候」(同前四六〇頁「司農典」) と十村の責任が強い言葉で明示されている。

第二章　元禄の飢饉

元禄の飢饉は、世に言う「近世三大飢饉」には数えられない。鳥瞰的な視野をもって判断を下した場合に、より広範囲に、かつ甚大な惨禍をもたらした飢饉が三件以上あるからである。享保一七（一七三二）年に畿内以西を襲った享保の飢饉。一七八一～八八、八年間の天明年間をほぼ通じて広範囲で冷害を中心とした天候不順が続き、貢租負担に疲弊していた農村——特に東北諸藩の——に壊滅的な被害を与えた天明飢饉。天保四年から七年（一八三三～三六）を中心に、全国的に水害・冷害による凶作が連続し、大塩平八郎や生田万の乱のきっかけともなった天保飢饉。以上が、いわゆる「三大飢饉」である(1)。

斯様に、元禄の飢饉は、一般に日本史上の「大飢饉」にはカウントされない。しかし、加賀藩にとっては、藩史上二回目の大規模飢饉であった。藩内での被害は、後の天保飢饉に匹敵すると看做す文献もある(2)。元禄九（一六九六）年九月二一日付けの算用場の記録では、飢人の人数は総計六万一二三〇人、支給した御救米は約八一六〇石にも達する(3)。飢饉の直接の引き金となったのは、八年の風水害とそれによる凶作、加えて食料の流通不全であった。

この被災のために領内七七二か村で一〇万石を超える損亡があり(4)、不作となったにも関わらず、投機目的の売り惜しみや買占めが横行して米価は高騰した。藩はその統制を試みたものの成功せず、庶民に食料が行き渡らなくなった結果、翌九年に飢饉というカタストロフに至ったのである(5)。以下では、この経緯と対策について、具体的に確認していく。

一　被災状況と困窮の進行

元禄八年一〇月二九日。加賀藩御算用場は、加賀・能登各郡の代官に宛てて、収納米の基準を緩和するよう、指示を下した(6)。その理由は、不作により、収納米の例年通りの質の維持が見込めなくなったことである。つまり、例年以下の質の米でも許容せねば、収納額を維持できないと判断したのである。

この収納米基準の緩和措置は、時代・地域を問わず、凶作の年に普遍的にみられる。同種の対策をとった記

注（1）ただし、視座の設定によっては異なる見解がありうる。司法省刑事局編『日本の飢饉資料』（原書房、一九七七）や『国史大辞典』の想定は本文のとおりだが、東北に視座を据えれば、寛延飢饉（一七四九～五〇）や宝暦飢饉（一七五五～五六）の影響も大きい（菊池勇夫『飢饉から読む近世社会』校倉書房、二〇〇三、同『東北から考える近世史――環境・災害・食料、そして東北史像――』清文堂、二〇一二）。また、江戸時代初期の寛永飢饉（一六四二）を加えて、「江戸四大飢饉」と総称する場合もある。

（2）加越能文庫「飢饉記二種」は、前半に「寛文元禄加越能三州凶作ニ付キ飢饉之記」、後半に「前後日記」を置く二部構成をとっているが、前半の内容の一部に明治に活躍した郷土史家、森田柿園の言説の引用を含むことから、近代に編まれた二次資料と推定できるものであるが、寛文・元禄飢饉と大塩平八郎の乱を招いた天保飢饉とを併置して「平時にあって非常の災禍を忘れることがないようにこの書を編んだ」（三好延秋によるあとがき）と編纂の意図を語る。藩内における元禄飢饉の影響の深刻さが窺われる。

（3）『藩政』九五頁「飢人御救之義ニ付被仰出之趣御留帳」。

（4）同前一四頁「御領国困窮之儀ニ付被仰出之趣等」。

（5）この経過は、『松雲公』（上）三八七頁「御近習向留帳抜粋」に詳細に記録されている。また、各種史料には金沢に集積すべき米を中途で買い取った藩士らの存在が記されており（『市史』資料六、四四四頁「政隣記」、および『藩政』一〇七頁「当秋飯米手撲申刻、年寄中申渡品覚帳」等）、天災と人災が複合して発生した元禄飢饉の構造が明瞭に示されている。

（6）『史料』（五）三三五頁「司農典」。

録は古代からあり、[7] 基本的な凶作対策の一種と言って良い。『史料』上に確認できる古い事例としては、寛永飢饉対策として一四年（一六三七）二月一九日に実施された例が残っている。[8]

元禄八（一六九五）年の不作の原因となった災害の詳細は、現時点では史料上の制約から不明である。しかし、元禄年間が、太陽活動が長期にわたって低下したマウンダー極小期（正保二・一六四五〜正徳五・一七一五）に含まれ、日本の気候が湿潤傾向にあったことは歴史天文学の知見からも明らかにされているところであり、[9] おそらくは多雨や冷害がトリガーとなっていたと思われる。ただ、その被害、つまり損毛高については、次のように記録されている。[10]

史料三　風水害損毛高（算用場奉行→年寄、元禄八年一二月九日）

一、十万二千四百二十一石　七百七十二ヶ村

内

八千四百三十石　　　　　　　永荒

九万三千九百九十一石　　　　風損・水損当荒

右当年御領国風損・水損、一作引免物成を以平均高、且又、検地永引両様損亡高、公儀江御書上可被成と奉存、書立上之申候。

ここからは人やインフラへの被害は読み取れないが、近い過去に同様の対処を取った例として、貞享三年（一六八六）、同四年、元禄四年等がある。[11] それぞれ史料上の制約から被害の全貌は不明であるが、元禄八年と同じく収納米の基準緩和措置を取った貞享四年九月九日の暴風による影響は、能美・石川・加賀三郡で家屋の倒

壊・損傷が約二〇〇〇軒、人的被害が死者四名、負傷者六名、ほか、倒木が多数あったと記録されている。この災害については、元禄八年とは逆に損毛高が不明であるのだが、延宝元（一六七三）年～元禄六年にかけて綱紀に仕えた葛巻昌興は、その日記に被災後約一月を経過した一〇月五日の段階でも「田畑損亡之事未詳」と記しており、農作物への甚大な被害が伺われる。[12]

しかしながら、かく凶作の影響を認める一方で、国許における飢饉対策の最前線であるはずの算用場は、年内の詰米の準備よりも大坂・江戸への廻米を重んじた。[13] 元禄九年二月七日、農村の実情を最前線で知る十村ら

注（7）前掲イントロダクション注2稲葉『窮民救助制度の研究　帝国議会開設以前史』第一章参照。

（8）『史料』（二）八一三頁「万治以前定書」。また、この対策は「例年之通米吟味仕候而は、百姓共難儀仕、収納米滞可申に付」行うものとされている（『史料』（四）七八〇頁「改作所旧記」貞享元年一一月八日）。

（9）山口保彦・横山祐典・宮原ひろ子「無黒点太陽の磁場が気候を変えた――樹木年輪から解明した一七～一八世紀の急激な太陽地球環境変動――」（二〇一〇、東京大学大気海洋研究所公式サイトhttp://www.aori.u-tokyo.ac.jp/research/news/2010/20101109.html　二〇一六年三月一八日閲覧）および宮原ひろ子「過去一二〇〇年間における太陽活動および宇宙線変動と気候変動との関わり」（『地学雑誌』一一九巻三号、二〇一〇）。

（10）『藩政』一四頁「御領国困窮之儀ニ付被仰出之趣等」。文書の宛所である「年寄」とは、加賀藩藩政運営に関与する執政役の職名である。加賀八家の当主が代々世襲で務めた。年寄は月交代で藩政を主催する「月番（御用番）」と、藩政に関する審議に参加し、月番が起草した文書に署名する「加判」に分かれた。他に対幕関係を司どる「公儀御用」、金沢城を管理する「御城方御用」（城代）、財政の総責任者たる「勝手方御用」（勝手方主附）等の要職を兼任した。八家のうち、半数は従五位下の官位を有し、国守号を帯び、朝散大夫を称した。

（11）『史料』（四）八五一、八五四頁、同九二四頁、同（五）一四九頁。

（12）『史料』（四）九〇三頁。

（13）元禄八年一二月二八日付算用場奉行書付「当年不作、米も高直ニ御座候故、御郡中・町方共ニ難儀仕躰ニ御座候。就夫、来年御詰米員数も可有御座儀と奉存候へ共、今年引物成多、御収納米残高減申処、御詰米を増申様ニ図候而ハ、弥大坂・江戸廻米少分ニ罷成候ニ付、只今了簡難仕御座候」（『藩政』一八頁「御領国困窮之儀ニ付被仰出之趣等」）。

は窮状を訴える上申を行い[14]、併せて石川郡の十村九人が連名で、加州郡奉行に宛てて郡内困窮者数の調査報告書を提出している。次に掲げる史料四がそれである。

史料四　石川郡十村→加州郡奉行、覚、元禄九年二月一〇日[15]

八百五十八人之内
一、五百六十人　福富組
千百三十四人之内
一、四百八十人　村井組
千二十人之内
一、五百四十五人　渕上組
五百九十六人之内
一、二百七十七人　釼組
三百四十七人ノ内
一、二百四人　吉野組
六百六十五人ノ内
一、五百三十人　釼吉野組
三百九十五人ノ内
一、二百三十八人　田井組
千八十一人ノ内

一、二百三十七人　　野々市組
七百二十三人ノ内
一、四百九十二人　　中林組
千五百六十二人ノ内
一、九百二十四人　　押野組
惣人数八千三百八十一人
〆四千四百八十七人
右石川郡頭振・孀住者共之内、飢申者書上申候、以上。

頭振、やもめといった、元々生活基盤が脆弱な者らの、実に半数以上が飢えに直面しているというのである。石川郡は、概ね、現在の金沢市の南半分から白山市の北半分にあたり、加賀国のほぼ中央部に位置していた。つまりは金沢城下の近接地域である。山間地は木材や石材といった各種資材、平野部は米を始めとする各種農作物を産出し、金沢城下の需要を充たす役割をになっていた。当然ながら、農産物の集積地でもあり、また、北陸街道の宿駅として駅馬を置く交通の要衝でもある。この、金沢の不可欠の「土台」である石川郡から上がった悲鳴が、史料四だったのである。

事ここに至って、藩は、ようやくさらなる対策を講じた。一二日には穀物の売り惜しみを禁じ、合わせて一八日には領外への米穀の移出に制限をかけている。いずれも領内の穀物の流通、およびその量を確保するた

注⒁　同前二〇頁の年寄らの書面には、「御貸米被仰付候様、十村共奉願」、「所々町方等之者共も、困窮仕」る情勢が記される。
⒂　『市史』資料一〇、六七六頁、史料一〇一二。

めの策である。しかし、それも万全の効果を出したとは言い難い。飢饉の進行はやまなかった。飢饉を「災害と人為的作為または不作為が複合して生じる大規模災害」と定義する視座に立てば[16]、加賀藩元禄飢饉は、正にその典型例といえる。九（一六九六）年一一月六日付で公事場奉行山崎源五左衛門らが年寄衆に宛てた文書には、越中筋から移送してきた米を「町端へ侍中より人ヲ出置、理不尽ニ押取」ることがないように申し渡さねばならぬ[17]、との文言があり、裏を返せば、そのような士分による押し取り行為が相当数行われていたと考えられる。同様の内容は、一二月一〇日に算用場奉行ら、同日に佐々木左門、西尾忠三郎が年寄衆に宛てて送った文書などにも見られ[18]、不届き者は少なからずいたことが推察される。これらの史料が如実に示すように、天災によるダメージが人為によって増幅された結果の飢饉であった。やや時系列が前後するが、藩主綱紀が九年八月に帰国してのち、算用場奉行の職にあった小寺平左衛門・和田小右衛門の両名を罷免したのは食料政策の失策の責任を問うてのことであり[19]、当時においても飢饉が純粋な天災ではなく、「人為によって状況の軽減を図れるもの」と思念されていたことがわかる。

元禄九年四月には「大分乞食等多、困窮至極[20]」「とかく早々相達、少も早う御助成可然[21]」と、国元と江戸との間で切迫したやり取りが交わされている。非人小屋の担当足軽を増員し、収容棟を増設する決定が下されたのは同月の一六日のことである[22]。七月初旬には、金沢市中への米の供給を滞らざらしむために、批屋《へぎや》（米商人）の売り惜しみや値のつり上げを防ぐべく警戒を怠らぬようにせよ、との指示もなされている[23]。

しかし、同月一三日、能登半島の先端部にあたる珠洲郡・鳳至郡が降雹に見舞われた。被害は珠洲に多く、穂が出たところだった中稲は「秋之実入も悪敷可御座有」、「菜・大根・たはこ・そば、所ニより不残損申」、稗・大豆等は「半痛」の被害がでた。晩稲は「当分痛相見不申」、人家・牛馬にも「少も相替儀無御座」きことは不幸中の幸いだったとしても[24]、米不足の改善は、さらに遠のくことになった。八月二日付の家老から年寄に宛てて状況を報告した文書の文言は、「御領国中日々困窮、町人・百姓ハ勿論、侍中之内ニもひしと及難儀候もの多有之」、「急速相救不申候ハて不叶」「日数経申候程次第ニ困窮可仕」と、悲鳴に近い。(25) それに対し、綱紀は領国での対応が後手に回ったことを指摘し、叱責を加えつつ、以下のごとき対処を指示している。まず、領内各所に残った米のうち、それぞれの食用に充てる分以外を集積して金沢の町人らが購入できるようにし、足軽以下の者へは別途貸米を行って競合を防ぐように、併せて他国から米を買い入れて流通量を確保するように、というものである。(26) その後間もない八月一一日に藩主綱紀は帰国し、トップダウンで諸政策を立案・

注(16)この定義による歴史学の論考としては、菊池勇夫『飢饉から読む近世史』(二〇〇三、校倉書房)、経済学の発信にはアマルティア・セン、黒崎卓・山崎幸治訳『貧困と飢饉』(二〇〇〇、岩波書店)が著名であろう。

(17)『藩政』一〇一頁「元禄九年秋買米払底之節、申渡候品々覚書」。

(18)同前一〇三頁「当夏米之儀ニ付被仰渡之趣、并所々御奉行中江申遣候品扣帳」、一〇五頁「当秋町中買米払底之砌、申渡候品々覚書」。

(19)「政隣記」には、元禄九年八月一四日付で「郡方飢饉之処支配不宜候。且於御前御尋之処不致迷惑、不届千万被思召候」ことが両名の処罰の理由として挙げられている(『史料』(五)三五九頁)。『史料』には以下「聞書」「松雲公御夜話追加」が引かれているが、いずれも趣旨は同様である。

(20)『藩政』一二一頁「御領國困窮之儀ニ付被仰出之趣等」。以下注26まで史料タイトル同。

(21)同前一二三頁。

(22)同前一二四頁。「去年冬中より当春ニ至乞食共数多御座候故、餓死候者等有之候而ハ如何敷候間、早速非人小屋へ入可然旨、御算用場奉行等致詮議、只今迄之御小屋ニ而せはく御座候ニ付、四筋仮小屋懸させ申候、同所足軽方々相廻、乞食等為致見分候も人数すくなき由、非人小屋才許与力中及断候ニ付相増、右与力江申渡足軽共為吟味、段々御小屋へ入申候、然共壱人も不残御小屋へ入申儀も難成御座候故…、足軽共毎日無油断方々相廻吟味いたし、御小屋へ入可申躰之者ハ、今以段々入置申候」と経過・意図・以後の方針がまとめられている。

(23)同前五七頁。

(24)同前六四～六五頁。

(25)同前六九頁。

(26)同前六九～七一頁。

実施していくことになる。[27] 対策方針の大綱にあたる「荒政の九法[28]」や各種実施細則から看取できる基本原則は、

a. 困窮・消耗した農民は農村内で回復させる
b. 都市に流入した農民は（都市で回復後）農村に帰す
c. 困窮した都市住民は都市内で回復させる

という三点に集約できる。以下、その原則がどのように具体化されたかを確認する。

二　具体的対応

上記の基本原則に則って取られる具体的対応策は、状況の変化に応じて、食料流通量の確保・流通促進を図る第一段階と、食料等の物資や金銭の支給・非人小屋の活用を併用し始める第二段階とに大きく二分できる。[29] 状況が切迫の度を増すに連れて、前者から後者にシフトしていくのである。これらは、更に実施対象によって農村部と都市部とに分かれる。

1）農村部

農村部で実施された救恤は、食料・金銭の支給・貸与が基本である。加えて、破損した家屋の補修なども行

われた。支給された食料、特に米を「御救米」、金銭を「御救銀」、貸与された食料を「夫食御貸米（作食米・貸米）」と呼んだ。対策の順序としては、夫食御貸米が前二者に優先し、御救米・銀はその補助手段と位置づけられる。公共事業を起こして雇用、ひいては収入を創出する御救普請は町方・在方ともに実施された。綱紀は、川除普請を行うように指示を行っている。就業支援としては、十村等、農村部の有力者による職業の斡旋も行われた。食料の支給に関しては、高・住居の有無と性別によって支給量と日数が規定されている（巻末【表3　元禄飢饉対策と実績】・【表4　元禄飢饉時給付実施細則】参照）。但し、決して教条的な区分ではない。「仮令家に付罷在候共、不依百姓頭振給物無之、介抱仕者も無之、及渇命者は遂吟味、早々金沢へ召連罷越、此方へ案内可仕候。承届、非人御小屋江入可申候」[30]と、農村部に住居を有するものでも、必要に応じて金沢の非人小屋への送致・引き取りを認めている。現状に即した柔軟な対応が是とされていたことに留意が必要であろう。

また、それらの対策が真実適正に実施され効果を上げているのか、あるいは他に必要とされる政策がないか、といった実情を探り政策に反映させることを目的として、農村に与力が派遣された。彼らは二人組で郡部

注

（27）加越能文庫「飢饉記二種」。

（28）当史料について、藤岡『松雲公小伝』は、次のような要約を掲載している。「作毛の欠乏せる時は、第一に一村の組中うちよりて助け合ひ、なほ事済みがたき時は、第二に五村、第三に十村、第四に五十村互に助く。かくても方便立ちがたき時は、第五に備荒儲蓄米を出して救済に充つ。いはゆる義倉にして、民間にて豊作の節収穫の一部を割いて凶歉に備へ、以て有無を通ずるものなり。これもまた不足する時は、第六に官より貸米を乞うて補給す。第七には貢租の免除なり。第八には郡代に備へたる金銀を下し、富有の家より米を購ひて窮民を救ふ。第九は四海の凶荒、ただ賑恤の善政あるべきのみ。これを荒政の九法とす」。

（29）一般に災害発生後の救済の手順は、①「貧困層あるいは日常的に窮民と観念されている階層へ当座の食料、避難小屋などの応急の救済措置」、②「一般の被災者に対して、低廉な価格でお救い米を放出するなどの応急の食料手当て」、③「救済事業としての仕事の創出と復興事業としての土木事業を抱き合わせた、より長期の救済策」である（北原糸子編『日本災害史』二〇〇七、吉川弘文館、一九六頁）。加賀藩の事例にすり合わせるなら、①・②が本文にあげた第一段階、③が第二段階に概ね相当しよう。

（30）『史料』（五）三五八頁「改作所旧記」。

をめぐり、逐一見聞した状況を記録し、報告を行った。更に、これとは別に郡部の現状確認を任とする御救奉行が派遣されている。「救恤使」と呼称された与力らが書き記した報告書類は、「飢人御救之儀ニ付郡方江被遣候与力共書付」と標題を付した書冊の形で、現代に伝えられている。(31) 組ごと、村ごとに記録されたそれらを郡単位でまとめた部分が次に掲げる史料である。

史料五　石川・能美・加賀御救規則　今井嘉平太　元禄九年一一月三日

石川郡飢人御救之分者　四歳より以上、男者一日四合宛、女者一日二合宛。不高持者日数五十日、高持罷あり候者、日数三拾日分御救入申候。但、三歳より以下之飢人者、其子之母御救入申候。

能美郡飢人御救之分者　三歳より以上、男者一日四合充、女者一日二合充、高持不申者、日数五十日、高持罷有人者、日数三十日分御救入申候。但二歳之者、当御郡一人御救御座候。

加賀郡御救之飢人之分　四歳より以上九歳迄の男子ハ、女なミニ一日二合充、十四歳より上之男ハ、一日四合充。女者一日二合充。不高持者、日数五十日、高持之者日数三十日分御救入申候。但二歳之者、当御郡一人御救御座候。

右三通御救之様子御座候。御郡ニハ、八月十六日ニ御改作御奉行より触状を以、御救奉行ニ罷出筈ニ候条、右御奉行所江相廻迄ハ段々吟味之間、其内ニ急餓死仕躰之者之在候者、先十村肝煎介抱仕置候様被申渡由、十村共申聞候。同月十七日御救奉行より御郡々江触状を以自分其々江相廻候迄ハ吟味之間茂之在間、急飢申者於在々者、先十村肝煎等介抱仕置、為致飢餓死申間敷旨被申渡由、右同人聞候。此外相替品承出不申候、以上。

報告者、今井嘉平太は、現時点で確認できる救恤使・御救奉行の名簿には氏名の記載がない。当時の能州郡奉行に今井源六郎、新川郡郡奉行に今井源五兵衛がおり、算用場に管轄地飢饉状況の報告を行っているが、[32]彼らとの関係も不明である。三郡を総括する報告を行っていることからして、あるいは算用場に籍をおく与力ででもあったかもしれぬ。

まず、郡によって支援の内容が少しずつ異なっていたことが読み取れる。ただ、それも「少し」であって、米の支給量を性別と年齢で区分すること、支給期間を高の有無で分けることなど、支援の根幹部分は一致している。文末にあるのは、今後の御救の実施方針と実施予定の通知である。加えて、傍線部に見るごとく、御救奉行の検分まで、餓死者を出さぬように配慮し、支配する村で飢人が出れば保護せよ、との十村・肝煎への指示が繰り返されている。十村や肝煎は藩の支配機構の末端として機能している。

彼ら在方の村役人層はまた、飢人が救済を求める、最初の窓口でもあった。先に紹介した「飢人御救之儀ニ付郡方江被遣候与力共書付」には、十村・肝煎が各人の支配する村内からの申請や嘆願の受け皿となっている実例が読み取れる。具体的な例を挙げるなら、第一冊の前半、「飢人御救ニ付加州御郡方江被遣候与力共書付写」の内、武貞右衛門が記した書付がある。これは松村肝煎の久左衛門が、村内の小助方に引き取られているおばのふくが「御すくい為成候者ニ御座候得共」甥の庇護で生活している現状について「気遣ニ御座候間、少

注(31) 加越能文庫。引用箇所は、二分冊の書冊の内、一巻の「飢人御救之儀ニ付加州御郡方江被遣候与力共書付写」と章題を付された部分の末尾に当たる。なお、引用中の「加賀郡」とは、「河北郡」を指す。綱紀が、室町以前の古名に、寛文一一（一六七一）年～元禄一三（一七〇〇）年の二九年間に限って復旧せしめたものである。

(32)『藩政』五三一～五四四頁。

し小屋」に入りたいと嘆願しているが、別段「ふかいなる仕方」があるわけではないので十村方までで面倒をみたい、と情報と意見を補足しつつ、報告を行っているものである。また、砺波郡を担当した斎藤市右衛門は、小屋村肝煎の助三郎を通した御救の要請を受けて、一帯を管轄する砺波郡大西村十村の善六に、物資が末端まで行き渡るよう心配りをするようにと言い渡してもいる。百姓の他、上新川郡大坪新村では、大宝院なる山伏からの嘆願も肝煎が聞き取り、斎藤に報告を上げている。同様の、村役人による嘆願の受付・報告例は同書に採録されているものだけでも枚挙に暇がない。藩と一般庶民との結節点として十村・肝煎層は、有効に機能していたと言える。

以上は村役人を通して行われた嘆願とそれへの対処の例であるが、困窮者からの嘆願は、救恤使の廻村の機会を捉えて直接行われた形跡もある。同書冊の後半、「越中御郡方江被遣候与力共書付写」のうち、射水郡の現状視察を担当した楢葉善太夫が書き留めた、二通の記録がその一例である。ひとつは「乍恐広野村清兵衛口上書付を以御なけき申上候」、今ひとつは「乍恐口上書上を以御歎申上候」と題する田中村与助からの嘆願である。いずれも、現時点の支給品・内容では身過ぎが立ち行かぬ特段の事情があることを申し述べ、更なる手当を要請している。射水郡では、他に高藤市右衛門も「女やもめ」二人からの肝煎を経由した窮状の訴えがあったことを記録している。

同史料第一冊前半の「飢人御救之儀ニ付加州御郡方江被遣候与力共書付写」の冒頭部分は元禄九年八月下旬以降に石川・能美・加賀の各郡内の村々を廻った救恤使の報告書であるが、いずこについても「御救ニ洩申飢人無御座」「御救ニ入間敷者之躰茂相見不申」のいずれか、あるいは両方の表現が現れる。定形句が決められてでもいたかのように繰り返される「総て問題なし」の報告は、逆にその内容の信憑性に疑念を生ぜしめる。越中射水郡からの嘆願と対比すれば更にその不自然さが際立つ。藩主の膝下である金沢を擁する加賀国内の方が地理的に非人小屋に近く、移送も容易な道理である。その条件が有利に働いたのであろうか。『藩政』に採録された「元禄季間国民困窮之留」[33]第一冊「御領国困窮之儀ニ付被仰出之趣」には、これよりも前、元禄九年六月時点で行われた各地の町奉行・遠所奉行に管轄地域内での餓死者数を照会した結果が記されているが、ここにもまた、各地の奉行が「餓死者無之候」と回答する中で、唯一、越中国新川郡郡奉行の今井源五兵衛・神子田孫七郎が猟師と頭振の二家族一五人が餓死したことを報告している。[34]

これらの事例はこれより約二か月前、五月二日付で新川郡の見立てを行った改作奉行、堀孫左衛門が「新川郡之儀ハ常々も難渋仕所ニ、去暮別而悪作ニ付、百姓共事外困申躰ニ御座候」「十村御扶持人共申候者、…百姓共之内飢人茂可有御座候間、今少御貸米も被仰付候様奉願度旨申候」[35]と厳しい現状把握を行っていることと併せみて興味深い。ただ、前者の各地からの報告中、魚津町奉行からのそれにも特に悲観的な内容はない。しかしながら、魚津は、新川郡内に位置する町であり、ひとり凶作の影響から逃れられたとは思いがたい。「決まり文句」の存在や、前述の備荒貯蓄よりも廻米を重視する楽観的な姿勢、これらを総合的に考えるとき、やはり、根底には藩首脳部の危機意識の乏しさがあり、一部にはそれに迎合する各地の役人らがいたのではないかと考えられる。

先に、元禄の飢饉には人災の側面があることを紹介した。飢饉を悪化・促進させた人為として、一部による米の買い占めとともに、この種の不作為もまた看過できない影響を及ぼしたといえよう。そもそも最初に飢えを訴えた石川郡の民衆には、その後どのような対処を受け、生活はどうなったのか、越中からの嘆願がより目

注（33）加越能文庫の原史料標題は「元禄中救恤留」。『藩政』のタイトルは内扉の記載から取られている。
（34）『藩政』五〇～五四頁「御領國困窮之儀ニ付被仰出之趣等」。
（35）同前三五～三六頁。史料名同前。

立つのにはいかなる理由があるのか、追及すべき課題は多いが、現時点ではひとまず以上の指摘をしておくに留める。

農村部での救恤の実施にあたって行われた「高の有無」による選別は、次に述べる都市部の救恤においては「家の有無」による選別に置き換えられている。高を持たぬもの、住居を持たぬもの、つまりは「より生き延びにくいもの」を、優先して救恤の対象とするという統一された方針がここには存在するのである。

そして、十村に代表される在方有力者の扶助も及ばなくなった場合に、在方の飢人らは「御郡中在々村々、向後道路に臥居申者有之候者、様子御尋、病気に候はば跡々之通為養生介抱可仕事。非人袖乞に而及渇命申者は吟味仕、非人御小屋へ入申筈に候間、遠方に候はば、あをだ或は馬に為乗、金沢江其方共町宿へ引越、此方へ可及案内候」(36)と加州郡奉行が申し渡しているごとく、非人小屋へ身柄を移送され、収容・加療されることとなったのである。

2）都市部

都市部の救恤政策は、先述のとおり住居の有無によって対応を分けられていた。住居を有する困窮者への支援には農村部へのそれと共通する内容が多い。つまりは、御救米・銀の支給、御救普請の実施であり、現住所に継続して居住し、生活しながら状況の改善を待つための対策であるといえよう。

それに対して、住居を持たない者への対策は、別に三つの段階が想定されていた。これは、次の史料から読み取れる。

史料六　金沢市中に流入した飢人への対処　元禄九年六月一四日　金沢町奉行→年寄(37)

金沢町中餓死人有之候哉書上可申旨被仰渡奉得其意候、a及渇命候者ハ、組合中介抱仕候様ニ申付置候、b介抱難仕者之内吟味仕非人いたさせ、c不行歩者ハ非人御小屋へ入置候、其上御貸米就被仰付候、去秋より只今迄、私共支配之内、餓死仕者無御座候

金沢の町中で餓死するものがいないか報告せよ、との命令に込められた意図のもと、

a.「渇命」段階のものは組合内部で互助する。
b.(組合内で)扶助できないものは、町奉行の判断を経て「非人」をさせる。
c.歩行に困難をきたすほど衰弱した者については非人小屋に収容する。

という区分である。このとき、a→b→cの順で当人の困窮の度合いが増し、餓死の危険水域に近付いていることは瞭然である。非人小屋の活用に焦点を据えて、以下、更に細かく運用実態の読み取れる史料を掲げる。

史料七　足軽による困窮者の非人小屋収容　元禄九年四月十六日　算用場奉行→年寄(38)

注(36)『史料』(五)三五八頁「改作所旧記」。
(37)『藩政』五〇頁「御領国困窮之儀ニ付被仰出之趣等」。
(38)同前二一六頁。史料名同前。

（略）足軽金沢中小路々々迄廻、飢臥申者ハ御小屋へ入申候。

史料八　寺社奉行経由の非人小屋入所　元禄九年一一月二九日　寺社奉行→年寄(39)

（略）

一、御当地浅野山王社人隠岐門前之者、御救米ニて難取続老病之者并妻・娘、以上三人、当九月非人小屋へ入申度旨、奉願ニ付、則入置申候。

史料九　非人小屋入所者の再就職　元禄九年九月四日　改作奉行→能登郡十村・御扶持人(40)

（略）

一、非人小屋ニ之有候者共之内、男女不限其方共之儀は不及申ニ、百姓分下人ニ申請度者之有候ハヽ、無遠慮可申断候。望之者ハ自分之勝手、又ハ御小屋ニ有之者有附申事ニ付、旁々宜敷儀と存候、以上

史料七は金沢市中において足軽が見回りを行い、発見した困窮者を小屋に収容する業務を行っていたことを語る。「御小屋」とは、非人小屋の別名である。史料八は、非人小屋収容の実施例である。非人小屋は算用場奉行支配の施設であり、業務を担当する与力らも算用場に所属しているが、この事案は寺社奉行が小屋への入所を決定している。災害・飢饉時における寺社による施行は、古今に普遍的な活動であり、そこに支援を求めるものは少なからずいたであろう。にもかかわらず寺社奉行を通した入所申請の事例が少ないのは、一般の困窮者については史料七に見られるがごとき担当足軽による誘導・収容がなされ、例外的に寺社奉行支配の身分の者が入所を希望した場合には別ルートが開かれていたことによるものと考えられる。史料九は、非人小屋に

収容され、加療を受けた後の進路の例である。

なお、非人小屋からの退所に関しては、時代を遡るが、寛文に下辰巳村の長兵衛とその息子が退所を希望し、米の支給を受けて退去した例があり、(41)また、下安江村のせん母娘が十村による申請が容れられた結果、半年分の米を支給されて同村に帰った例がある。(42)非人小屋の運営内規に相当する史料としては、享保一七（一七三二）年に成立した「非人小屋前より格ニ相立候品々帳」、天明三（一七八三）年の「非人小屋裁許勤方帳」、寛政四（一七九二）年「非人小屋御救方御用方留帳」等が伝わっているが、(43)それらには退所時の取り扱いへの言及が乏しい。寛政七年〜八年「笠舞非人御小屋方」は、退所者の再就職支援や再入所希望者への対応を規定しているものであるが、やはり上記の申請にいたる手続きや、米の支給量の算出根拠等は不明である。ただ、小屋と困窮者の結節点に、町役人・十村層が位置していたことは、確かであるように思われる。上に挙げた書冊のうちで最も古い「非人小屋前より格ニ相立候品々帳」には、小屋の収容者の吟味について、春ごとに郡方は「十村江申付」、町方は「町会所ニ而吟味」と定められており、彼らの役割の低からぬことが看取できる。元禄期においても、「本人の希望または町役人・十村層の申請によって退所・入所」という大枠は維持されたものと考えられる。

小屋の収容対象は、都市内で生命の危機に瀕した困窮者とする大原則を掲げつつも、農村内での救済が困難な重度の困窮者は、能動的に非人小屋に受け入れる方針が採られていた。基準は決して硬直したものではな

注(39)同前一〇〇頁「元禄九年秋賣米拂底之節申渡候品々覚書」。
(40)『金澤藩』所収「司農典」、五四九頁、七〇号。
(41)寛文一〇年八月二二日、加越能文庫「飢饉記二種」。
(42)寛文一一年四月二一日、『集成』四九二頁11号「改作所旧記」。
(43)いずれも『集成』四〇六〜四一九頁所収。なお、両史料については本書第2部序章で改めて言及する。

く、弾力的な運用が図られていたのである。また同時に、「衣食住を支給して困窮者の体力の回復を図り、帰農・再就職を促進する、ひいては藩の生産力を回復・維持する」という非人小屋の基本的機能は寛文飢饉時と同様であることがわかる。但し、元禄飢饉はより深刻な惨禍をもたらしたために収容者数は寛文時の約二倍に上り、そのうちのおおよそ一〇~二五%が小屋内で死亡している（巻末【表5　非人小屋収容者数及び収容中死者数】参照）。データを取った期間に齟齬があるためもとより正確な統計とはいい得ないが、この数字の背景には、非人小屋が重度の困窮に直面した者を収容対象としていたことがあろう。寛文飢饉時における同種のデータは、現時点では未見である。従って、「死亡率一〇~二五%」という数字の高低についての判断は留保せざるを得ない。しかし、仮に、寛文飢饉時の死者が「記録の必要を認めないほど少なかった」とすれば、元禄飢饉に際してこのデータが残っている事実そのものが、藩が被ったダメージの大きさを語るものであると言えよう(44)。

以上、ここまでに明らかにした事実を総括して次章の検討に備えよう。まず、元禄飢饉時の非人小屋収容者は、町・在の、困窮・飢餓の度合いの最も深刻な飢人だった。入所には、複数のルートがあり、十村や町役人を通した申請に加えて、非人小屋担当足軽の市中見回り・収容が主なものとしてあった。在方で困窮した庶民には、都市に流入・滞留すること自体が藩への「支援申請」に相当したといえよう。従って、非人小屋、ひいてはそれが置かれた都市は、在方が生き残るための最後の砦であった。もし、非人小屋が存在しなかったならば、村は養いきれない飢えた村人を抱え、共倒れになった可能性も無しとしない。生産現場である農村が倒れれば、当然、都市もまた生き延びることはできぬ道理である。

ただ、ここに、一つ興味深い史料がある。

史料一〇　書面　元禄九年四月二六日　家老→年寄(45)

（略）

一、右之通（飢饉下の金沢市中での、足軽による困窮者・行き倒れの発見・収容を指す、筆者注）足軽毎日無油断方々相廻、餓死申者無之様ニ吟味候而、段々御小屋へ入申候、然共乞食仕有之候へハ、先々ニ而給物等も有之候、御小屋へ入候而ハ給物当り之分ニ而ハ給足なと（不申ヌケか）と申、御小屋江ハ入不申者大勢有之由申候、其故、方々乞食多相見へ候由之事

ここで語られるのは、非人小屋への収容を拒む飢人の存在である。勿論、都市に滞留する困窮者が減らないことへの言い訳としてなされた担当者の作話、或いは針小棒大の記述である可能性は排除できない。しかし、これが事実であるならば、非人小屋入所と路傍での物乞いのいずれが自己に有利なのか、戦略的かつ主体的に利益を考量して決断し、行動する――その行動には権力の指導を断ることすらも含まれる――、自らの生を全うすべく極限の判断を下す庶民が、相当数いたといえよう。この判断の根拠は、果してこの「食べ足りない」という言葉だけに尽きるのであろうか。以下、第３部「非人小屋の意義と限界」を検討する中で、この史料一〇については改めて見直したい。

注（44）なお、前掲注16・菊池によると、宝暦飢饉対策として盛岡藩がもうけた施行小屋における死者は八割に達し、「実態は餓死小屋」（三〇六頁）であったという。これと比すれば、元禄飢饉当時の加賀藩非人小屋の死亡率は決して高くはない。
（45）『藩政』二九頁「御領国困窮之儀ニ付被仰出之趣等」。

終章　藩政初期の非人小屋

以上、一七世紀中期から末期の非人小屋の概況を確認した。この時期における非人小屋の機能を簡潔にまとめて、第2部への階梯としよう。

加賀藩非人小屋は、寛文一〇（一六七〇）年に飢饉対策の一環として、現在の金沢市笠舞の一角を開墾して創設された。設置者は第五代藩主、前田綱紀である。当初の想定値で二〇〇〇人――設立二六年後に藩を見舞った元禄飢饉時の収容者は三五〇〇人を数え、倍に近いが――の飢人を収容して衣食住を保障すると同時に、必要な医療を提供し、「飢人」を「生産者」として、回復せしむための施設である。これは、ひとり困窮者の生活の扶助・再建を目指すのみならず、藩の生産力を保持するための政策的意図を帯びた施設でもあった。体力を回復した収容者を、「里子」として農村の開拓に従事せしめたことは、小屋が担ったこの使命を端的に語るものである。回復した収容者は、里子でなくとも小屋を出て何らかの形で自活するのが原則であった。具体的には、親戚の扶助を受けながら旧来の居住地での生活を再開するものの例や、農村奉公人（下人）としての受け入れ希望を募る文書の存在が当時の史料から読み取れる。また、特段の事情が認められる場合は、小屋に長期にわたり居住して生計を立てる場合もあった。

その一方、非人小屋の収容対象となる各地の飢人の現状調査に関しては、枠組みが先行して実施が追いついていない、いわば「仏作って魂入れず」とでも言うべき状況が現出している。実地調査を担当した与力らの報告書があまりに画一的に「運用に全て問題なし」を主張しており、報告の事実性が疑われるのである。金沢市中での米の供給政策の失敗については、綱紀の帰国後、その責任を問われた金沢町奉行両名が閉門の処分を受けているが、作為を疑わせる報告を上げた与力らについての処分を語る史料には、未だ行きあわない。「藩の政策は、全て何の問題もなく順調に機能している」という、阿諛とも取れる報告の数々を、綱紀は如何に受け止めたのであろう。

良きにつけ悪しきにつけ、第一部で取り上げた当時、つまり、藩政初期における非人小屋は、総じて、為政者側の意図したレールに沿って運営されていたと総括出来る。

第2部　非人小屋と御救小屋

――藩政中期～後期における救恤

序章　非人小屋での生活

非人小屋は、寛文一〇（一六七〇）年に設置された、藩営の困窮者対策施設である。設置の目的は、寛文八年から九年にかけて藩を襲った風水害に端を発する、寛文の飢饉によって生活に窮した飢人を収容・加療し、体力を回復させた後に生活を再建させることにあった。ひいては、藩の生産力の維持機構であることは、夙に先学の指摘するところである。(1) 飢饉の収束後も維持され、継続的に利用された。慶応三（一八六七）年に「非人小屋」から「撫育所」と名を変え、明治四（一八七一）年の廃藩置県と共に閉鎖される。その歴史は約二〇〇年に及ぶ。

非人小屋に関しては、その運用実態を語る史料が何点か残されている。「非人小屋」を表題に含むまとまった書冊の形態のもののほか、一紙、他の表題のものに含まれる記述を集成すれば、それは膨大な量に達する。無論、それらは通時代的に遍在している訳ではなく、時代的・内容的な偏頗が大きい。大掴みな傾向としては、時代的には藩政中期から後期にかけて作られた史料が多く、内容的には、藩、つまり、運営者側の視点から書かれたものが多い。したがって、自ずと限界はあるものの、一八世紀以降の小屋の運営状況はある程度の

注（1）若林喜三郎『加賀藩農政史の研究』（上）（吉川弘文館、一九七〇）、同「加賀藩の里子新開」（『日本歴史』第一六六巻四号、一九六二）、田中喜男「加賀藩非人小屋成立の事情について」（『日本歴史』第一八三巻八号、一九六三。後に原田伴彦・田中喜男編『東北・北越被差別部落史研究』明石書店、一九八一、三三一～三四七頁に再掲）、等。

理解・分析が可能である。また、各地の十村等、藩政の末端に連なった村役人らの手になる申請書類からは、利用者の側からみた非人小屋の一端が読み取れる。

以下では、非人小屋に関する主たる書冊史料を紹介した上で、必要に応じて一紙や、他の書冊史料の一部に非人小屋への言及があるものなども参照しつつ、小屋において実施された困窮者扶助の実態を再構成し、以下第2部の主題である藩政中期〜後期の救恤を立体視する一助とする。(2)

一　主要な典拠とその成立年代

「非人小屋前より格ニ相立候品々帳(3)」

享保一七（一七三二）年六月二六日の奥付があり、非人小屋裁許与力の小田伝大夫他四名の連署で、横山兵庫（御預地方御用）、奥村弾正（御算用場奉行）、小松左兵衛（町奉行）、稲垣与三右衛門（同前）に宛てて作成した文書が大元である。全体としては、これに更に、稲垣他四名が「右非人小屋裁許与力中、格ニ相立勤申品如斯御座候」との添え書きを付し、連署した報告書の形をとる。最終的な提出先は、宛名が記載されていないため不明であるが、内容と差出人から判断して、年寄衆が有力である。内容は、全三〇項目からなり、入所または収容とその取り消しの手順（第一、二、一四、一五、一七、一八条）、小屋の規模や設備（第三、四条）、入所者への支給品内容（第五〜一〇、二一条）、入所者の就職（第一二条）、病人の扱い（第一三、二七条）、小屋内での生活規則（第一六、一九、二〇条）、運営経費・備品・人員配置（第一〇、二二〜二六、二九、三〇条）……と、多岐に亘る。概ね、前半は入所（収容）基準や入所後の生活など、入所者に関する規則、後半は会計・管理など運営に関わる規則や現状を報告する二段構成である。

作成に至る経緯は記載されていないが、享保一七年という作成時期から推して、現場の状況を確認し、運営の冗費を節約しようとした可能性がある。運営にあたる人員数について、「割場足軽、先年は三拾人請取、夫々役儀申付候得共、近年者二人にて相勤申候、非人之内書算も仕者有之ニ付、見計役儀申付候事」（第二九条）、「小遣小者、先年は七人請取、夫々召仕候得共、近年は一人も請取不申、非人之内ニて相勤申候事」（第三〇条）と、発足時よりも削減され、業務の一端を入所者に行わせるようになっている実態が読み取れる。「近年」が具体的にいつを指すのかは不明であるが、藩内で疫病が流行した享保の初期には(4)、小屋の運営体制を縮小できる状況であったとは考えにくい。また、当時の藩主は、非人小屋の創設者でもある五代綱紀であ

注（2）「非人小屋」「非人」をキーワードとして、各種史料を「串刺し検索」した文献にこれまでも度々引いた田中『集成』がある。本書も史料検索にあたっては多くを同書に依っているが、二世紀半の歴史を有する非人小屋の記録は多種多様な文献に含まれており、同書が全てとは言い難い。また、既に別稿（「加賀藩救恤考——非人小屋の意義と限界——」（一）京都大学法学論叢第一七四巻六号、二〇一四、（二・完）同第一七五巻一号、二〇一四、改稿して本書第1部および第3部に所収）で指摘した通り、同書の翻刻には若干の疑問が残る場合もある。よって、本書においては、出来る限り原史料や、石川県図書館協会が昭和三〇年代に復刻・出版した『加賀藩農政経済史料』などの原文が確認できる史料を参照した。

（3）『集成』四〇六〜四〇九頁。収載タイトルは、「非人小屋先格品々帳」。各箇条の番号は筆者が付した。以下で紹介する他の史料についても、同様の処置を施している。

（4）『史料』（六）七二頁「参議公年表」には元年に鳳至郡での、同一三八頁「加州郡方旧記」には三年に加賀国内諸郡での疫病の流行が記されている。

る。彼の治世は長く、歴代の将軍にも信任を寄せる者がいた。[5] 藩の内外に残る評価は、その多くが「文武に優れた名君」と総括できるものである。[6] その高い評価の根拠の一つに、他藩に比して充実した困窮者対策制度がある以上、あからさまな矮小化は困難だったのではあるまいか。また、六代藩主吉徳は、享保八（一七二三）年五月に襲封し、その翌年、六月一八日・八月二一日の二度にわたって賑恤をおこなっている。六月は「十八日男、十九日女也」[7] 八月は「御入国御祝儀、座頭・盲女へ青銅二十五貫文被下之」[8] とあることから、六月は困窮者一般、八月は盲人に対象を絞ったものと考えられる。こうした、「祝儀」をおこなった直後のタイミングで困窮者扶助事業を縮小するとは、やはり考えにくい。従って、この条文の「先年」は享保の中期以降と想定できる。なお、一七世紀末から一八世紀には、藩の財政状況は悪化が顕在化し、各種の対策が打たれ始めている時期である。近い時期の具体例を挙げるならば、享保九年一〇月三〇日の売却価格の下落を防ぐための収納米の品質管理の厳格化、[9] 翌月一五日の支出削減のための江戸での贈答停止、[10] などがある。支出削減の必要に迫られていた藩の現状は明らかである。困窮者救済事業についても、見直しの対象とされたことであろう。当史料は、その準備のための基礎資料として作られた可能性がある。

なお、文中の「非人」は、「非人小屋収容者」を指している。他の例を挙げれば、入所者の小屋からの外出手続きを記した一九条では「非人共小屋之門出入之儀」、担当者の職務を記した二八条では「毎度小屋々々相廻、非人数相改…」と記述しており、いずれも「非人＝入所者」と想定されている。

当史料の成立は、先述のとおり享保一七年であるが、会計規則の変遷を記した第二二条・二四条には「延宝九年」（天和元年、一六八一）、「元禄十三年」（一七〇〇）の状況に言及されていることからして、小屋の成立直後から一七三二年現在までを扱っていると考えられる。つまり、小屋の初期の約六〇年間の様子を、運営実務の担当者が、過去の経緯を確認しつつ解説したものであり、古い時期の非人小屋の現況を確認できる史料として貴重である。

「非人小屋裁許勤方帳」(11)

「天明三年三月」と記載があり、表紙および文末には、斎田九郎大夫・原勘大夫・富永五郎左衛門・佐久間平助の四名が連署している。全五一条の一つ書きから成り、内容は「非人小屋運営担当者向けのマニュアル」

注（5）綱紀と将軍との関係性が良好であったことの例としてしばしば引かれるのは、五代綱吉と八代吉宗である。綱吉に対しては、綱紀による論語の進講や、綱吉自身の講説の聴講（加越能文庫「政隣記」元禄七年七月三日条等）、能（『史料』（四）六八三頁「袖裏雑記」天和二年一一月二日等）といった両者の直接的な交流の他、加賀の儒臣であった木下順庵が侍講として仕えているように、人を媒体とした学術交流もある。吉宗については、室鳩巣を介した学術交流や諮問への答申がなされたことが伝わっている（『史料』（六）二八四頁「兼山麗澤秘策」享保七年五月二六日）。

（6）江戸時代に記された綱紀への好評価は、近藤磐雄『加賀松雲公』参照。但し、同書は、「世に知られざる郷里の名君の顕彰」を意図して執筆されたものであり、収載史料を選択するにあたり、その意図に合致するものが特に抽出された可能性なしとしない。綱紀に対する同時代の総合評価を判断する材料としては、同書はいささか適正を欠くものであり、利用には慎重を期すべきである。なお、綱紀に関する「客畜」との悪評を記す同時代史料として、「土芥寇讎記」がある。同書は、幕府が大名の「評価書」として編んだものと想定されており、それを前提とすれば、公平性・客観的正確性を期した記述と判断できる。ここで描かれた綱紀像は、「客畜・愛書家との評価もあるが、よく領国の統制をとっており、評判が高い」というものである。

（7）『史料』（六）四六二頁「政隣記」。

（8）同前四七四頁「政隣記」。

（9）同前四八七頁「司農典」、算用場↓諸郡御扶持人・十村・山廻代官「惣而御蔵入代官納米近年悪敷、於大坂に御払米直段過分下直に罷成」っているのは、「石砂入升目不足之悪米為致蔵納」たり、「米吟味麁相いた」すことが原因であると指摘し、年貢米収納の過程での品質管理に関する不正行為を防ぐため、「其村々百姓米持参いたさせ為納可申」、また、「俵拵悪敷候得ば、御米こぼれ損、其上於大坂等に見分悪敷候に付……、近年殊之外御米下直に罷成」っているので、「縄・俵尤米拵有体に吟味いた」すように、という趣旨の指示である。

（10）『史料』（六）四九五頁「政隣記」。

（11）『集成』四一〇～四一六頁。

と表現するのが相当である。四人の与力は、二人ずつの二組に別れ、一方は朝から夕方まで非人小屋役所に詰め、もう一人が在宅で待機すること（第一条）――のような細かな執務規則から、小屋内の入所者の生活秩序維持（第三条～五条）、入所資格（第一一条、一三条～一六条）や入所者の生活規則（第五条、二一条～二五条等）、小屋の設備（第三六条）といった小屋の日常的な管理運営のためのルール、火事に代表される非常時の対応（第三三条・三四条）、といった、幅広い内容を含む。また、それらが逐一具体的に書き上げられていることが、当史料の特色である。編纂の目的は記されていないが、内容から推して、同役中で職務の共通理解を得るため、または、後任者や上長など、非人小屋の現場担当ではない人物に小屋での職責を理解させるために作成されたものではないだろうか。

　この内容、および「私共同役四人之内」との第一条の書き出しから、筆者らは非人小屋裁許与力であると考えられる。つまりは、小屋運営にかかる現場責任者らが一八世紀後期における小屋の実態を記した、いわば「公式記録」である。

「非人小屋御救方御用方留帳[12]」

　表紙に「寛政四年一一月」の日付と、成瀬左近の名がある。本文は、冒頭に日付と成瀬左近の名があり、「御手前義非人小屋御救方御用主附被仰付候、勤方等者先達而永原大学江被仰渡候通可被《原文ママ》得　相心得候事」との一文で始まる。この成瀬左近は、文書日付からして、寛政四（一七九二）年九月一日に御算用場奉行に就任した成瀬左近種徳（？～文化一（一八〇四））であろう。また、文中の「先達而永原大学江被仰渡候」内容とは、次に引用する一紙であると想定される。

史料一一　非人小屋主附仰付達書(13)

永原大学

松雲院様非人小屋被仰付置候者、鰥寡孤独窮民之為与思召候処、其以来漸々御主意与違、当時ニ而者甚不埒之品共有之躰被及聞召候。依之御救方之儀段々御詮議可被成候間、御手前主附被仰付候。一通り之儀者是迄之通り同役中并町奉行月々替々主付可相勤候。此段可申渡旨被仰出候事。

端裏には「寛政二戌七月五日御用番山城殿此後□□《（ムシ）》題紙之写」の一文に添えて、ブルーのインクで「非人小屋主付仰出」と書き付けられている。永原大学とは、文書の日付と「町奉行とともに『御救』業務に携わる」という職務から、寛政元年から四年まで算用場奉行を勤めていた永原大学孝房と推定できる。また、永原は、算用場配属中には能登の天領の管理を司る「御預地方御用」を勤め、その任を寛政四年九月朔日に成瀬に引き継いでいる。この職務上の関連性から、成瀬が永原に交付された文書の内容を踏まえて記述したと思われる。

先に紹介した二種の文書との大きな違いは、作成者の立場である。成瀬は、文書冒頭の記述から明確なとおり、「非人小屋主附」の職にあり、これは、前二者の作成者である非人小屋裁許与力たちの上司にあたる。したがって、文書の内容は、現場の実務のまとめと言わんよりは、現場を取り仕切り差配するための行政文書の控えや覚えと表現したほうが正確である。具体的には、小屋の現場担当者である与力・足軽・医師や出入りの

注(12) 加越能文庫。『集成』四一六～四一九頁にも収録されているが、本書では加越能文庫の原文を参照した。翻刻は筆者が行い、適宜句読点を付したほか、敬意を表する欠字や改行は追い込みとする等、解読の便を図るための加工を行った。以下、原史料の使用にあたっては同様。

(13) 加越能文庫。『集成』五四二頁史料六四にも「非人小屋支配役の任命」との標題で収録されているが、本章執筆には原史料を利用した。

業者の名簿、小屋の利用者数統計が紙幅の多くを占めている。ただ、文書末尾には、付け足しのように小屋に収容していた乱心者の処遇にかかる覚書が添えられている[14]。ここだけがそれまでの文書の構成にはそぐわないのであるが、当覚書が「十二月」に作成されており、寺社に関連する内容であることからして、成瀬が別部署との調整が必要な処理未了案件として、特にここに記しておいたものと考えられる。「右覚書、北庄亦助（非人小屋裁許与力の一人、筆者注）持参、尚吏逢候而様子相尋置申候事」と書き添えてあることも、この推測を裏付ける。

「九拾歳者御扶持方／笠舞非人御小屋方／藏宿方／津出方[15]」

横帳の表紙には、四行に分けて表題が記されている。作成者の名はない。成立年も記載されていないが、文中に出てくる文書の作成者や宛所の人名と役職名、文書に付された干支が「乙卯」「辰」であることから、寛政七年から八年（一七九五〜九六）の内容であることが判明する。

内容は、表題に準じる四部構成をとる。本稿に関わるのは、九〇歳以上の高齢者に扶持を支給した「養老の制」の申請や制度趣旨、運用を解説した第一部と第二部、特に、非人小屋の創設趣旨と寛政年間前後と思われる「近年」の現状を説明し、状況の変化に対応するための運用規則の改正を定めた部分である。本章では、さしあたりこの第二部を取り上げる。

さて、史料の該当箇所は、大きく分けて、二通の書面と、新規則の運用に際して用いるべき申請書の様式、以上三つに分類できる。差出人や宛所は、算用場奉行・金沢町奉行・能州郡奉行・能州十村・非人小屋裁許与力である。特に能州十村を宛所とする文書が記録されていることから考えると、作成者は能州郡奉行のどちらかであった可能性もあろうが、確言することはあたわない。

「御算用場格帳」(16)「御算用場ニ而相勤申候格品々」(17)

算用場とは、藩の財政を司る役所である。国許の年寄の元、三名（二名の場合もある）の奉行が改作・検地・各地の町奉行や代官を統率していた。「財政を司る」と一口にいっても、税収の確保や予算の管理に加え、各地の統制も業務に含まれる。下部組織として、御預地方御用、改作奉行、定検地奉行等の幅広い役所が配置されていることからもそれが読み取れる。この算用場を統括する算用場奉行が、金沢町奉行とともに、非人小屋の運営もまた担当していた。

両史料は、いずれもその算用場の業務遂行に伴うさまざまな規定や運用規則をまとめた書冊史料である。前者は、表紙に「文化」と記入した紙片が添付されている。罫紙を用いて書かれ、冒頭に「目録」として目次を備えている。内容は、それぞれの項目ごとに一つ書きで記されており、整理された印象がある。末尾に、文化元（一八〇四）年一一月付で、算用場奉行遠田誠摩・水野次郎太夫・杉野善三郎の連名で、「元禄十六年、松平内匠・奥村市右衛門書上候帳面如斯御座候。延享三年・安永元年・天明四年迄三度指上候節、増減或は前格与違候儀者一段下ニ而相調来ニ而左書仕申候。右以後、享和三年迄相違之趣者朱ニ而相調申候。且又、先達而調上候帳面与者類々集候故、ヶ条前後仕義も御座候。尤、相違無之分、当時本文之通ニ御座候」と、ほぼ一世紀

注（14）『集成』では四一九頁。乱心を理由に非人小屋縮所に収容されていたそのの病状が回復し、かつ、母親のりよが「円教寺同居人」となって生活が安定したので（父親については言及がない）、そのを円教寺に引き取りたい、という届出である。

（15）河合文庫。なお、『集成』五四五～五四八頁史料六七「非人小屋入所規則の改正」および同五四九～五五一頁史料六九「非人小屋焼印札発給につき申渡し」が当史料の翻刻であるが、同書の翻刻には若干の疑義がある（拙稿、報告要旨「加賀藩中期における困窮者対策施設の一側面　――史料紹介「笠舞非人御小屋方」――」『比較都市史研究』第三二巻第二号、二〇一三参照）ため、本稿執筆には原史料を利用した。

（16）加越能文庫。

（17）同前。

にわたる藩の財政関連法規類の変化を分類した書物であることと簡単な凡例とが記されている。対して、後者は、一三の項目に分類して一つ書きを配置している。成立は文政七（一八二四）年、前者の二〇年後である。「古来御定之趣等元禄十六年書上申候帳面控を以、其以来書上」、それ以後の改正については段下がりで記してきたが、その後も更なる改正が加えられたため「甚相混」じってしまった。そこで、「此度悉改正仕」り、「古来御定之儀も不用之ヶ条を指省」いて、編纂当時に現用されている内容のみをまとめた――とは、算用場奉行、石野雅楽助・笠間源太左衛門・堀孫左衛門・山崎頼母の四名が連署した後書きに記された編纂動機である。算用場の規則を整理してまとめた点は前者と共通しているが、より新しい内容に特化しているといえる。

両者とも非人小屋に関連する記述だけで構成されているわけではないことは論を俟たないが、前者の、総則的な内容をまとめた「御算用場ニ而相勤申候格品々」や「買上物直段相極并為致入札候格品々」の項目、後者の冒頭の「御算用場ニ而相勤申候格品々」の項目には小屋の予算や備品の調達に関する規定が含まれており、非人小屋の財政のありかたを検討する素材になるものである。

「新川郡御小屋入御救人帳」[18]

富山藩領をはさんで、加賀藩領の飛び地になっている越中国新川郡の史料である。飛び地とはいえ、新川郡は多数の鉱山を抱えた地味も豊かな土地柄であり、藩にとっては重要な土地である。重要な土地であるからこそ、三藩分立以後も飛び地の形にしても本藩の支配地に残した、と表現するほうがより適切であろう。

当史料の表紙には「寛政七年歟」との記載があり、今回取り上げる史料の中では「非人小屋御救方御用方留帳」や「笠舞非人御小屋方」とほぼ同時代の史料である。寛政年間前後、加賀藩は、天明・天保の両飢饉に挟まれて比較的天災の少ない期間を過ごした。これは、換言すれば「非人小屋の利用実績が少なかった時期」であり、更に敷衍すれば「運営に余裕があった時期」である。寛政年間に小屋の運営方針や規則に言及する史料が複数残っているのは、担当の藩吏たちが余力のある時期に手間と時間のかかる体制の整理に取り組んだという事情もあるのかもしれぬ。

当史料は大きく分けて三部構成をとる。第一部は非人小屋の利用とそれに伴う在方において為すべき困窮者への対応、第二部は小屋の利用申請や入所者の報告などの各種手続きに利用する様式集、第三部は実際の申請・報告書の控えをまとめる。このうち、第一部・第二部の内容は「笠舞非人御小屋方」と細かな字句の相違はあるものの、骨子は共通する。能登各郡と越中新川郡、いずれも小屋の置かれた金沢から遠く離れた土地であるが、藩内で統一された方針が布かれ正確に伝達されていたことがわかる。

本章では、これらに基づいて、これまで目を向けられることの少なかった小屋に収容された「非人」たちの生活を再構成する。

なお、ここに挙げなかった非人小屋に関するまとまった記述のある史料として、森田柿園「非人小屋并非人小屋抜書」[19]がある。同書は、明治期の郷土史家森田が、『金沢古蹟志』[20]の執筆にあたって非人小屋に関連する史料をまとめて分析を加えたものであり、表紙には「明治五壬」の記載がある。二次史料であり、また史料の重複もあるため、本書での検討素材からは除外した。

注(18)「但御小屋入定書共」のサブタイトルが付されている。『集成』四二〇〜四二八頁。
(19) 加越能文庫。
(20) 日置謙校訂、金沢文化協会、一九三三。再刊は歴史図書社、一九七六年。

二　運営体制

1）予算

非人小屋を置くにあたっては、建設のための用地・資材から実際の運営まで、藩の責任で予算が組まれ、備品が用意され、人員が配置されている。そして、運用のための規則や各種届出に要する書面の様式が作られていた。

予算・備品に関しては、「御算用場格帳」に寛文一〇（一六七〇）年以来の措置として、次のような記述がある。

史料一二　非人小屋所作銀・備品・支給品1[21]

①一、非人小屋所作銀拾貫目余役銀奉行江御算用場印の紙面を以預ケ置、非人小屋所作入用之刻、才許之与力請取、切手ニ御算用場印を加貸渡、返上仕候砌切手之場印消申候事。

但寛文十年拾貫目所作銀小払銀を以御貸渡、延宝八年迄ニ年々所作之利分有之ニ付、右出銀拾貫目ハ返上仕候。只今之所作元拾貫目余ハ年々之利分之銀子ニ御座候。

当時ハ非人共江所作銀相渡申儀無御座候。天和元年以来、前々所作銀利足之内、古銀新銀引替造用并年々非人小屋諸入用ニ相渡候。残銀五貫三百目之内五貫目御算用場江受取御郡方貸渡置右利足を以て毎歳非人小屋入用ニ相渡、相残候分役銀奉行江預置申候。右非人小屋江相渡候分、才許与力より勘定為相懸申候。

②一、非人小屋入用之古手莚非人共小屋出入之札斤量等受取申渡由断之紙面才許与力中より書付出申ニ付、御算用場奥書之印を以夫々申渡為請取申候事。

当時、小屋出入之札ハ於非人小屋出来相渡申候。

（中略）

③元禄十四年御算用場ニ而相極申候

一、非人小屋御仕着之古手売上人之義、古手直段入札ニ申付、御横目據之落札之通町人申付候事。

延享年中調上候勤方帳之朱書

近年者御倹約奉行申談、大坂江申遣、下直ニ御座候へハ為調取寄相渡候義も御座候。

安永元年調申候勤方帳之朱書

当時ハ村井又兵衛申渡代銀ニ而相渡申候事。

天明四年調上候勤方帳之朱書

当時ハ此表町人江請負申付古手為売上相勤申候。

（中略）

④元禄十三年御算用場ニ而相極

一、非人小屋ニ而出来苧かせ之分不残買請候里人為役銀壱ヶ年ニ銀二十枚宛切手紙二十枚并非人ニ苧弐拾

注（21）①・②は「御算用場ニ而相勤申候格品々」の項に、③・④は「買上物直段相極并為致入札候格品々」の項に含まれる条項である。

貫目とらせ可申由願出付於御算用場詮議之上松任町人ニ申付候事。
　安永元年調上候勤方帳之朱書
　　右之ヶ条当時無御座候。

①は非人小屋で支出する所作銀に充てる予算の配分および支出に関する手続きと、それが必要となるに至る経緯の記録である。

非人小屋での所作銀として支出するための予算は、藩内部では算用場印付きの切手のやり取りで行なわれていたことがわかる。切手は通常役銀奉行に預けられており、執行の際に小屋才許与力が請け出し、使用後はまた役銀奉行に返却していた。但し書きの冒頭で示される「寛文十年」は、前述のとおり非人小屋が作られた年である。この年には一〇貫目の銀が貸与されているが、延宝八（一六八〇）年までの一〇年間で「所作之利分」即ち小屋での作業による利益から返済されている。その後の年々の利益はまとめて「只今之所作元拾貫目余」として使われている。この小屋での作業に対する報酬である所作銀は、小屋設立当時は支払われなかったが、天和元（一六八一）年以降は支給する所作銀と小屋の運用にかかる諸経費に「前々所作銀利足」を充てる処置が取られた。また、必要額を支出した余剰の一部は御算用場が収納したのち御郡方へ貸与し、その利息を非人小屋の運営経費に充当している。

一〇貫目の貸付を一〇年で返済しているのだから、利息を計算に入れない単純計算で返済額は平均で年に一貫目、利息を考えれば非人小屋の「所作之利分」は年間でそれ以上あったことになる。これは小屋での作業で作り出される製品が販売に耐える品質を有していたためと考えられる。

②・③は小屋の備品や仕着せの調達に関する定め、④は小屋で制作した苧かせを町人に売却する場合の対処

と対価を定めている。小屋で作られていた品目は、「非人小屋先格品々帳」を参考にすれば草履[22]・縄・すさ・苧かせ[23]などであった。但し、買取に関する明文規定は安永元（一七七二）年の調査時点で勤方帳からは記載が消えていたという。規定が不要となった理由は、現時点では詳らかでない。

また、「御算用場ニ而相勤申候格品々」では、書名と同じ標題を付した冒頭の一章で非人小屋関連の会計処理と入所者への支給品について言及する。史料一二との重複もあるが、該当箇所をまとめて引用する。

史料一三　非人小屋所作銀・備品・支給品２[24]

①一、非人小屋為所作銀寛文十年より小払銀拾貫目請取、御算用場印之紙面を以役銀奉行江預置、小屋人所作銀入用之刻裁許之与力切手ニ御算用場印押渡受取為貸渡返上之節右切手消印ニ指出来候砌、年々所作之利分有之故、延宝八年追々右拾貫目之元銀戻返上利足銀を元銀ニ相立置候処、天和元年以来古銀新銀より引替雑用并年々小屋諸入用ニ相渡残少ニ相成候ニ付、御算用場江引取り御郡方江貸付置。右利足を以年々小屋入用ニ相渡残銀有之候得者御算用場江指出預置。年切才許与力遂勘定申候。唯今所作銀ニ貸渡申儀無御座、小屋入用ニ相立申候。

②一、右御救人共江被下候古手等請負人申付置、請取申節才許与力切手ニ御算用場印押相渡為請取申候。

史料一三の①と史料一二の①とを対置すると、こまかな言葉遣いや文の構成を措けば、内容はほぼ同様であ

注（22）「近年者草履なと売ニ罷出候に付」（一九条、『集成』四〇八頁）。
（23）「非人共縄并すさ、苧かせ等所作仕」（二二条、『集成』四〇八頁）。
（24）「御算用場ニ而相勤申候格品々」。

る。また、この内容は「非人小屋先格品々帳」二二条にも記されている。一三の②は「御救人」つまり小屋の収容者に支給する「古手」の調達手続きの説明であり、史料一二の②、③と関連している。

これら小屋の財政関連史料からは、一つには小屋の収容者による作業で作られる品が一定の収益を継続的に生み出していたことが、二つには収容者への支給品や備品類の一部が中古品でまかなわれていたことが読み取れる。

2）人員配置と施設

次に、小屋を運営する人員の規模を確認する。寛文一〇（一六七〇）年の小屋創設時の小屋支配等に関しては、次のように記録されている。

史料一四　非人小屋支配体制(25)

一、岡島五兵衛、津田宇右衛門、于時両人共算用場支配
一、里見七兵衛門、岡田十右衛門、于時両人共町奉行
一、与力国府孫右衛門、外川七郎兵衛、臼井弥右衛門、杉井伝兵衛
一、町医師加藤玄益、藤田見庵、藤田玄仙、臼井宗庵

算用場奉行と町奉行に小屋の差配を兼任で行なわせ、与力を配置し、町医師に小屋入所者に医療を提供するように命じている。ここからは小屋に配属される足軽の存在は窺えないが、元禄飢饉下の史料を扱う『藩政』

には足軽による「金沢中小路々迄」の見回りと発見した「飢臥申者」の小屋への収容が語られている。[26]

現場での人員配置を詳しく記した史料としては、時代を下って「非人小屋御救方御用方留帳」が好適である。寛政四（一七九二）年十一月付の当史料は、主付に任ぜられた成瀬左近に「職務は永原大学と同様」と伝達する一文に続けて小屋の管理組織を記す。体制は、非人小屋裁許与力が五名、非人小屋御用定役足軽八名（うち三名は江戸在府）、非人小屋懸医師が五名、加えて「御用」の町人が四名である。町人の内訳は、御用聞町人が一名、搗屋御用二名、桑御用一名、古手御用一名となっている。加えて、横目足軽五名が配置されているということから、関係者は主付以下総計二七名ということになる。ここから江戸詰めの足軽三名を除けば、員数は二四名。更に、出入りの業者である御用町人を引けば、小屋の運営管理に直接携わる人員は二〇名に過ぎない。当史料はこの後に続けて十一月・十二月中の収容者数を記録しているが、最少で十一月二九日の一六八五名、最多が最多が十二月二三日の一八五五名である。頭割りで単純計算して、小屋関係者一人当たり八四～九二名の入所者を担当していたことになる。健常者のとりまとめならばさしたる問題にならない人数であろうが、そもそも入所者はなんらかの不具合を抱えて自活が困難だからこそ小屋に入っているのである。ほぼ同時期の史料である「笠舞非人御小屋方」からはその条件に合致していない者の入所が問題になっている実態が明らかであるが、入所者の全員が入所基準の縛りをすり抜けた「脱法者」で構成されていたわけはない。仮に実際に看護が必要な者が全体の半数だったとしても、運営にかかる負担に相当に大きかったであろう。小屋の運営に関する人手不足とそれへの対処の事例は、既に享保一七（一七三二）年の「非人小屋先格品々帳」の二九条、三〇条に記されている。

注（25）「加越能文庫」。翻刻は『史料』（四）二八三頁「政隣記」、『集成』四九一頁史料九。
（26）『集成』二六頁、二九頁。

史料一五　「非人小屋先格品々帳」二九条[27]

一、割場足軽、先年は三拾人請取、夫々役儀申付候得共、近年者弐人ニ而相勤申候。非人之内書算茂仕者有之ニ付、見計役儀申付候事。

史料一六　「非人小屋先格品々帳」三〇条[28]

一、小遣小者、先年者七人請取、夫々召仕候得共、近年者壱人茂請取不申、非人之内ニ而相勤申候事。

配置される人員が削減された分を、入所者の中から人材を選んで補っていたのである。「非人小屋御救方御用方留帳」には表立って記されていない小屋の「係」が居たのかもしれない。また、天明三（一七八三）年三月「非人小屋裁許勤方帳」には随所に「非人役人」なる職名が表れる。[29]その定義や職務内容は明記されていないが、本史料の文脈においては「非人小屋の収容者で形成された小団体をまとめる世話役」を、かく称している。また、似た構成の言葉である「町役人」「村役人」の性質と並べて考えても、「非人の中の主だった者・差配役」と解するのが妥当である。「非人小屋先格品々帳」で記された、足軽の代わりの「非人之内書算茂仕者」や小遣いとして「非人之内ニ而相勤申候」者をかく名づけたのではないだろうか。なお、当史料においては、「小屋の入所者」を指して「非人」と呼称している。「四拾壱人の非人役人」（三三条）が置かれ、「御小屋二十五筋、其外、役所・蔵・物置等」（三六条）の施設から成る当時の非人小屋の入所者の風紀の取り締まりや病人の看病などを行なっていた。単純計算で小屋一棟に一～二人の割合で配置されていたことになる。天明年間といえば、「天明の飢饉」が東北を中心に猛威をふるった時期である。一般に、被害のピークは天明三（一七八三）年、六年の二か年とされ、「非人小屋裁許与力勤方帳」が作成された時期と重なる。加賀藩領内の史料を見る限り、天明の飢饉を過去の飢饉と引き比べて惨禍を強調する筆致は見当たらないが[30]、天明元年には江戸での疫病の流行により藩邸からも一七〇名余りの死者が出[31]、二年には一、二ヶ月置きに強風による家屋の倒壊、火事、地震などの災害が発生している。或いは、当史料の作成それ自体が、収容者の増加を見据えた情報の整理と関係者間の共通理解の形成という対策だったのかもしれない。

当史料から読み取れる運営組織は、裁許与力と思われる筆者四名のほか、三条で「手先足軽」と表現される足軽、一ヶ月に三、四回実施する人数確認を記した四条但し書きに「御横目足軽相見仕候事」と引かれる横目足軽、そして四二条に塩の受け取りに宮腰に派遣される「裁量足軽」がある。しかし、それぞれの人数やその

注（27）『集成』四〇九頁。
（28）同前。
（29）七条（『集成』四一一頁）、二〇条（四一二頁）、三〇条（四一四頁）、三二条（同）、三六条（同）、四七条（四一五頁）。また、一六条には「非人町廻役人」（四一二頁）、三五条には「非人小屋頭」（四一四頁）の語が出てくる。「非人町廻役人」は、毎日城下と周辺を巡回して飢えや病気で行き倒れた者がいれば小屋に収容して看病を行ない、また他所で不法・不道徳を行なう収容者を発見した場合には身柄を確保することを役目としているものである。「非人小屋頭」は、夜間の燈火の使用を特に許可する趣旨の一文でしか出てこないため内実は更に不明であるが、いずれにしても小屋の収容者の中から選ばれ、収容者をまとめるリーダー役であろう。
（30）「去秋大凶作、三ヶ国及諸国一統凶作之由ニテ、米甚払底、（中略）公儀ヨリサマ〳〵御スクヒ是アリ、御コヤニハイリ候貧人、月八千人ホド申事ナリ」（『集成』五三九頁史料六一）の記録もあり、加賀藩領内に悪影響がなかったわけでは決してないが、寧ろ、寛文・元禄飢饉と天保飢饉を大きく扱う傾向が見て取れる。（本書第2部第一章参照）。これは、非人小屋という困窮者収容施設を新設した寛文飢饉、それを一種拡散させた御救小屋の運用を始めた天保飢饉と異なり、天明飢饉に関しては新規の対策を打ち出すことをしていない点にも一因があるのかもしれない。天明年間、特に三（一七八三）年七月の城下の大規模洪水以降は困窮者支援・財政再建策が打ち出されるが、その内容は食料の節約、相互扶助の推進、雇用の促進、藩財政の見直しと冗費の節約、代用食の調理法の広報、税負担の軽減、領内被災状況確認のための奉行の巡検など、定番の対策を丁寧になぞっている印象がある。
（31）『史料』（九）四一〇頁。

他の職務内容などの詳細は判然としない。足軽の総数が「非人小屋御救方御用方留帳」と同等であったと仮定すると、これに前述の非人役人を加えて、天明三（一七八三）年時点で小屋の業務を差配していた員数は六〇人ということになる。

　収容者の居住する複数の小屋、管理にあたる足軽や与力の詰め所、物置等の各種の建屋からなる非人小屋は、その利用実績に応じて施設の規模を変えている。宝永四（一七〇七）年には小屋の収容人数が減ったことを理由とする規模の縮小が行なわれ[32]、「非人小屋前より格ニ相立候品々帳」三条では「非人小屋数、最前者四拾五筋御座候、只今者弐拾七筋御座候[33]」と削減が記されているが、享保一八（一七三三）年七月には「非人小屋当時事之外狭ク御座候、（中略）弐筋程、今般出来被仰付候様に仕度」と増設の建議が為されたことが「袖裏雑記」に残っている。同史料には、併せて元禄以来の小屋の収容者数の変遷について「元禄年中以後ハ別而多入申儀無御座候、元禄十三年以後ハ、享保十七年十月頃迄ハ、大概千四五百人より多入候儀無御座候処、去年十一月頃より少々宛多相成、当時千七百人計ニ罷成申旨有之[34]」とまとめられており、人数の増加傾向を見定めて方針を定める姿勢が読み取れる。人員に関しても同様に、入所者数および病人数の減少を受けて担当の医師数の削減を行なっている[35]。状況に応じて体制を見直していたと考えるのが妥当である。「非人役人」の任命によって非人小屋の運営に関わる人間を増やすこと、入所希望者の現況確認を厳格に実施して入所者の無秩序な増加を防止すること、退所者の就職・生活再建を支援することにより再入所を抑制しつつ、ひいては生産の安定を図ること、これらの対策が時宜を勘案して実施されていた。これと密接に絡むのが、小屋の運営にかかる規則の設定と改正である。

3）運営規則

寛文一〇（一六七〇）年の非人小屋創設に近い年代の史料に関しては、創設に至るまでの経緯の年表風の記録や収容者への配給の内容、[36]退所者の就職への配慮[37]についての言及が主体を為している。小屋の設立までの経緯は既に第一部で紹介しているので概略のみ確認すると、野田施行所に集まる困窮者の人数確認に始まり小屋の建設、入所者の人数確認までの流れが約一ヶ月で行なわれている。無論、非人小屋成立後に発生した各種災害で史料が散逸・損壊したり、或いはどこかの時代に古紙として漉きなおされて現代に伝わらなかった可能性もあるが、この急ピッチの工程を見る限り、「城下を浮浪する困窮者を収容し、生活させる施設を用意する」という喫緊の課題の解決が先にたち、規則の整備が後回しになったとしても不思議はない。

支給物品の内容についてまとまった分量で記載した「袖裏雑記」の記事の日付は、延宝六（一六七七）年であ

注（32）『史料』（五）七四五～七四六頁、『集成』五二一頁史料41。
（33）『集成』四〇六頁。
（34）同上五二七～五二八頁、および『史料』（六）八二七～八三〇頁。但し、享保一七年頃までの人数について『史料』は「千四百」、『集成』は『千四五百人』として齟齬がある。
（35）『集成』四九八頁史料20。
（36）『集成』四九〇頁史料8～四九二頁史料9、および『史料』（四）二八三～二九〇頁。
（37）『集成』四九三頁史料12、四九四頁史料14。

る。(38)ここでは、「里子」「小遣い」などの入所者の働きかたと年齢を組み合わせて基準を設定し、七段階の支給区分を設けている。また、備品・建具類の修理費を支給することも同時に定められた。

ここから更に踏み込んで、小屋を現場で運営する与力や足軽たちの仕事の詳細をまとめて記録しているのは、「非人小屋前より格ニ相立候品々帳」「非人小屋裁許勤方帳」「非人小屋御救方御用方留帳」等の享保以降に作成された諸史料である。これらの内容を通観して入所者への支給品目や行動規範以外の内容を分類すると、次の如くである。

a．入所許可基準と入所者の管理

b．予算管理

c．定例報告・欠落人チェック

d．報告書・申請書様式

以下、a～cについて項目ごとに変遷を確認する。

a．入所許可基準と入所者の管理

通時代的なキーワードは「鰥寡孤独療疾」である。独立して生計を立てることが困難であり、かつ親類縁者による扶養を受けられない者は、非人小屋の入所が認められた。この原則はその当時の状況の如何を問わず適用されるものであるが、飢饉下の生活困難者が動的な大量発生を見ている状況においては、同じく困窮している現況にあっても「より切羽詰っている方」「生存が困難な方」が優先された。元禄飢饉当時に同じく金沢城下に流入し、浮浪する者であっても「歩行できない弱ったもの」が優先されたことは先述のとおりである。

「非人小屋先格品々帳」では、冒頭で「病人極老之者幼少者等者、様子見分仕早速入申候、左様ニ茂無之、年若成者達者相見候へ者四五日見合、御小屋入人申付候事」（一条）、「御郡方者十村江申付候、高持之親類有之者者為引取申候、町方之者者町会所ニ而吟味之上、ゆかり有之者ハ引取申候」（二条）と、小屋に入所する際の対象者を明らかにする。加えて、小屋近辺、或いは面倒を見るものが居ない場所に捨てられている捨て子についても「小屋江入置申候」（一五条）と定める。また、「御郡方并町方共ニ乱心躰之ゆかり無之者茂御指図を以、右（小屋入所中に乱心した者を隔離する施設を指す、筆者注）柵入置申候事」（一三条）の規定がある。乱心者の収容に言及する寛文・元禄期の史料には管見が及ばないため評価は保留するが、「鰥寡孤独」を入所対象とする方針は維持されている。なお、他国・他領の病人等を小屋に入れることも認め、男女共に一日当たりの米の支給量を領内のものよりも多く渡す扱いを定めている（七条）。入所希望者の宗教に関しては、「宗門之義相改置」くことが原則とされており（一七条）、「切支丹類族」で「非人躰ニ而ゆかり無之者」についても入所を認めるが、「一囲ニ入置」き、また「江戸より参候流浪者ハ惣非人並ニ入置」くことを定めている（一八条）。

「非人小屋裁許勤方帳」の記述は、「先格」に比べてより詳細である一方、「鰥寡孤独」の大原則には触れられていない。反面、入所者の小屋内外での行動に対する規制に関する言及が多い点は、「裁許勤方帳」の標題のとおりである。師匠のいる同心者や高持百姓、その他の主人に相当する相手がいるものは原則として小屋の

注（38）『集成』四九七頁史料19、『史料』（四）五五五～五五七頁。なお、これには例外がありえた。具体的には、刀工の清光一族がその例である。当主の清光長右衛門とその弟妹に対して支給量が多く設定されている。加えて、翌七年には鍛冶のための炭の購入費用の増額申請が為され（『集成』四九八頁史料21）、更に貞享四（一六八七）年には、史料19に定めた飯米の加増対象者以外の一族のものにも刀剣製作中には飯米の支給量を増すことが上申により認められている（『集成』五〇〇頁史料25）。刀鍛冶という、特殊技能者が小屋においても重んじられていたことが窺える。なお、史料19には、働き方・年齢と関わらない支給品区分として「切支丹類族に付置候小屋者三人に者、一人に一日一合五勺充増飯為給可申候」という一文がある。

入所を認めないが——師弟関係は親子関係に準じるものと想定する儒教道徳を持ち出すまでもなく、縁者による扶助を御上によるそれに優先させる原則に則して当然である——、病状が重篤であったり、飢渇の度が甚だしい場合には「先入置」き、しかる後に対処を関係役所間で打ち合わせるとの例外的取り扱いも認めている（九条）。捨て子の小屋入りも可能とした一一条は「先格」の内容を引き継いでいるが、「入所者のうちで乳母になれるものがいれば託す」との内容はより踏み込んだ対応である。切支丹宗門の入所については「其支配江申遣歟、又ハ無之者ハ縮リ人江及届、夫共御小屋ニ不入置候而者不相成者ハ、御用番之御奉行江御断申候、入置候儀ニ相成候得者、夫々諸事念ニ入縮方等申付候（後略）」（一〇条）と入所に関する対応を細分化させている。領内での体調不良や飢えによって小屋入りを願う他国・他領者は「先入置」き、小屋内で死亡した場合には出身地に連絡し、遺体は所定の寺に移送した上で塩詰で保存する、という内容が付け足されている（一三条）。乱心者の収容に関しても死亡時の対処が規定された（二六条）。

当史料を「先格品々帳」と対置したときに前代までの内容に関連しつつ独自の切り口を有し、かつ多くの紙面を充てている内容は、(39)「小屋収容中に死亡したものの処置」と「小屋内外での入所者の行動の取り締まり」である。死亡時の対処については、既に紹介した他国・他領者及び乱心者の外に、一般の入所者が病死した後に本人の生前の希望が確認された場合は旦那寺に遺体を引き渡し、その証文を取り置くこと（一七条）、「於御小屋、他所江かかわらさる変死」を遂げた場合は裁許与力の吟味の上で詳細を調書にまとめて上申し、他殺の可能性があれば報告すること、またそれが「少々ニ而茂他江かかわり申儀」であれば指示を受けて検分すべきこと（一八条）、小屋以外の場所で入所者が変死を遂げた場合は報告の上「公事場御格之通取捌」こと（一九条）、そして病死した入所者の葬送については、費用を用意していたものは旦那寺、または本願寺末寺の祠堂で供養することを原則とするが、本人の生前特に希望があり、またその費用を用意していること（二七条）、三昧に埋葬させることを原則とするが、本人の生前特に希望があり、またその費用を用意していた場合は火葬も差し支えないこと（二八条）がある。

入所者の行動に関する取り締まりを扱った項目のうち、まず小屋内での行動の統制としては五条、一五条、二九条、三二〜三三条、三五条、小屋外でのそれとしては二〇条、二三条、その如何を問わぬものとして、「御大法」の遵守を定めた二二条がある。これらは同時に入所者の生活に関する規範でもあるため、詳細は「入所者の生活」の項に述べるが、それぞれに現代の法令風に小題を付すならば、五条【所持品の管理】、一五条【小屋内の密通】、二九条【入所者との面会】、三二〜三三条【火災発生時の対処】、三五条【燈火の使用】、二〇条【小屋外での怪我】、二三条【小屋外における不法行為】である。裁許与力から、小屋の運営担当の役人たちは、小屋の入所者に対してこのような規範を提示し、足軽や非人役人などを手足として遵守させていたのである。

続いて、寛政年間に成立して小屋の現場の様子に言及する「笠舞非人御小屋方」「新川郡御小屋入御救人帳」の各史料をあわせ見ると、「本来入所する資格のない者が口舌を弄して小屋に入りこみ、小屋を管理する藩吏たちがそれを排除できていない」現状を認識し、「今後はそれを是正すべく、関係各所で協力すること」を方針とした藩と、それを実現すべくそれぞれの状況に応じて自身の、あるいは後任の参考資料となる文書を併せ

注（39）ここでは複数の一つ書きを割いている内容を取り上げたが、一条で完結している独自の内容として「癩病人其外筋悪敷者」は原則として収容しないが、病状が重く立ち退き出来ないものは「支配仕者江申遣為引取候事」と定めた一五条がある。加賀藩においては癩病人とかかわりの深い集団を「物吉」または「かったい（瘍癩）」と称した。文政七（一八二四）年の覚においては、「右かったい与申は身分本名に御座候。但無宿類之者癩病相煩、乞食に罷成候得ば、藤内頭より乞食札相渡、かつたいども方江相渡候へば、彼等垣内に指置申候。且門下・橋下等に癩者相果候へ者、屍骸加州かったい共方江引取候儀前々より之所作に而御座候。（後略）」（『史料』（十三）四五三〜四五五頁「国事雑抄」）とされている。本来は武家・町方での祝儀に際し、「物良し」と寿ぎ喜捨を得て生活をする一種の芸能民であったが、覚の時点においては藤内や革太、舞々と並ぶ被差別民の一種とされている。「勤方帳」一五条の癩病人を「支配仕者」とはこの物吉のことであろう。

てまとめた郡の担当者や十村たちがいたことがわかる。
この当時に、藩が改めて強調した入所資格は「鰥寡孤独、或いは病気で独立して生計を立てることが出来ず、かつ親類・高を持たないこと」である。また、それに該当する場合にも居住地において「成限り致介抱」事が当然であり、どうしてもそれができない事情がある場合に限り「其所之役人承糺、村方ハ肝煎、組合頭、裁許之十村奥書、并横名肝煎連名奥書之送り紙面を以小屋江送可遣候」、つまり、その土地の町村役人が状況を確認して奥書を付した書面を用意して小屋入りを申請する手続きを定めている。続けて、当該書面を持たない者が小屋を訪ねても入所は認めない、との文言が明記されている。
小屋への入所の契機は、この他に「小屋近辺で『飢人并病気ニ而行倒』た状態で小屋役人に発見されること」がある。従来は、そのような状態で発見された者はそのまま小屋に連れ帰り、収容していたが、以後は行き倒れ人の身元によって対応を分けることを定めている。即ち、次のごときものである。(40)

i. 他国者は従来どおりに小屋に収容し、療養させる。
ii. 言うことがはっきりせず、住所不明の者は非人頭に引渡して療養させる。回復後に自国内ではあるが遠隔地の住人であると判明したならば、小屋に引き取って更に療養させつつ、住所の支配方に小屋裁許与力から連絡する。

また、現に小屋に入っている者についても、身元や縁者を探し、扶養できそうな親族や入所前の居住地の近隣住民の意思を再確認することを定めている。身柄を引き取ることが出来る血縁が見つかったり、あるいは近隣の地縁で扶助を行い得るのであれば小屋を出て自活を促す趣旨である。(41)小屋で生まれ、小屋の中で親を亡くした子どもについては「入所前の居住地がない」ことになるが、そのような者についても親の出身地に居住する親戚が引き取る意向を示せばこれを認めて退所させる事となっている。[42]

つまりは、入所の手続きを厳格にし、退所を促すことを大方針としているわけであるが、これには「右当時小屋ニ罷在候者之内、弥親類無之者ハ勿論之事、仮令親類在之候共、引取世話介抱得仕候者無之ものハ、尤唯今之通小屋ニ可指置候」[43]と、多少の例外が設けられている。但し、この例外が適用される者についても、健康で農業等の就労に耐えうる体力があり、郡方から希望がある場合にはそれを認めて就労させ、雇用後の解雇も含めて藩は干渉しないことになっている。[44]藩からの制約を外しているのは、小屋を出た者を雇用しやすくするためと考えられる。「笠舞非人御小屋方」は各種様式の後に続けて、次に掲げる二通の書面を載せている。

史料一七　非人小屋入所経験者の就職にかかる取り扱いについて（算用場奉行・金沢町奉行→能州郡奉行、寛政八年二月

注（40）「当町ニ而飢人并病気ニ而行倒居候者、小役人見付候分ハ、小屋連寄候得共、此以後倒者在之候者、其住所等相尋、他国者ニ候は随分労り、加療養等、御定之通宿送りを以送り遣可申。言語不通、住所等不相知乞食躰之者ハ、是迄之通非人頭取扱、労り可申儀、其上ニ而言語も通シ、御国之者ニ而住所等相知候共、遠所之者ニ候ハヽ、非人頭より小屋裁許与力迄届可申候。小屋江引取養生等相加置、住所支配之方迄小屋才許与力より可届候。右之通相改候」（「笠舞非人御小屋方」）。

（41）「各支配所之者、当時非人小屋江入罷在候者可在之、追而相糺、名前等可申達候。其内ニ親類等介抱可仕者罷在候哉、無左共其所役人・組合頭之者納得之上引取、相応之稼・奉公等為致事ニ候」（「笠舞非人御小屋方」）。

（42）「且亦、右小屋ニ而出生之者、両親は先達而相果候者も可有之。左様之者ハ、其親より所を去居候事ニ候得者、容易ニ引取兼可申。然共、親之出生所等、無紛ニ、今右子之親類たるもの罷在而引取、介抱世話も仕得申者ニ有之、納得之上引取奉公稼等為致可申候」（「笠舞非人御小屋方」）。

（43）「笠舞非人御小屋方」。

（44）「其内男女尤健ニ而農業等得仕候者可有之、左様成者奉公人不足之御郡方より拝領仕、下人ニ召仕度候者、願次第可被渡下候。尤、拝領仕候上用事ニ立兼候者ハ、暇遣候儀は勝手次第ニ候」（「笠舞非人御小屋方」）。

二日）

当時非人小屋ニ罷在候者之内、力付候者奉公相望候而も、一旦致小屋出在付候上、病気等ニ而奉公難相成族ニ到候而者、請人等手ニ付可申事故、前々知音之者ニ而も請人ニ可相立者在之間敷、依之遂詮議、右之族之者、重而小屋入不指支様相極、別紙之通、右小屋裁許与力江申渡候条、前々人物存知居申者ハ右重而小屋入方不指支候間、願次第請人ニ相立候□[ムシ]ニと存候。且亦右致奉公罷在候内、自然取逃、欠落等仕、右印札を以小屋江参、小屋入願申者も可有之哉、左様之族在之候而、於小屋ニハ難相知事ニ候間、是等之為縮方、右請人ニ相立候者、又ハ召仕候主人手前江右印札預置候様ニも存候。猶又、奉公中致病死候者、請人等より右印札小屋江可相返候。

右等之趣、御支配一統不相洩様、御申渡被成候様致度為、其如斯ニ御座候、以上。

——現在の非人小屋入所者の中から、体力を回復したものが奉公を望んでも、一度小屋を出て（奉公先に）ありついたのち、病気等の理由で奉公を続け難くなったとき（の負担を考えると）、請人(45)などを見つけたくても、前々からの知人ですらそのような負担を引き受けてはくれない。この問題について詮議し、このような者らについては、再度非人小屋に入所しても差し支えないよう定め、別紙のとおり小屋裁許与力に申し渡せ。前々から為人を知っていたものは、右（のような事情で）再び小屋に入所してもよい（と定めれば、負担が軽減される）ので、願い次第、請人に立つと思われる。かつ、右のような（非人小屋で体力を回復させて就職した）者の中には、奉公している間にいつのまにか取り逃げや欠落などし、右の印札(46)を持って小屋の入所を願うものもいるかもしれない。そのようなやからに対しては、小屋では（事情を）把握し難いので、これらの規制については、前記の請人、またはその人物を召し使っていた主に右印札を預け置くようにも聞いている。なおまた、奉公中に死亡した者については、請人から右印札を小屋に返却することとする。右等の趣旨については、支配担当者一同、遺漏なく（了解するよう）申し渡すようにさせたい――多少の補足を加えつつ内容を口語訳すれば、このような内容になる。非人小屋への入所を経験した者が退所後に就職しがたい、敷衍すれば自立が困難な状況におかれていたことが読み取れる。これへの対策として、ここでは就職時に求められる保証人（請人）の負担の一部を小屋が肩代わりすることを定めている。雇用した元入所者が病気などで働けなくなった場合には、その身柄を小屋が引き受けて対応するとするのがそれである。併せて、この規定を悪用する者が出ないよう、印札で元入所者を管理することを定めているものである。

史料一八　辰二月二二日　小寺他四名（算用場・金沢町奉行）→非人小屋裁許与力中(47)

非人小屋ニ罷在候者之内力付、達者ニ相成候ものハ為致小屋出申筈ニ候得共、当時之定ニ而ハ右達者ニ相成候者致小屋出奉公に在付候上、病気等ニ相成、不得致奉公族ニ到、重而小屋入相願候をも送り紙面可指出者無之ニ付、召置候主人、或受人ニ相立候者之手付候様相成候。依之奉公相望候ものも小屋出不得仕躰被申聞候趣堅承到候。遂詮議候所、右為奉公致、小屋出候もの江者、先達而御算用場より各々江相渡置候焼印を木札ニ押、裏ニ其者之名前歳付相記可被相渡候。追而[カ]其者病気ニ成、不得致奉公様ニ到、重而小屋入相願、右焼印札持参候て被相紀、最初致小屋入候者ニ弥相違無之候て小屋入可□□候。猶又、右為

注（45）一般に、奉公人の雇入れに際して求められる請人の役割は被雇傭者の身元保証と、彼/彼女が就労困難な事態にたち至った場合の代替労働力の供給であったが、当史料においては、さらに病身となった被雇傭者を引取り、扶養することをも求められている。
（46）木札に焼印を押した札。ここでは、非人小屋元入所者の証明。
（47）加越能文庫「非人小屋御救方御用方留帳」（寛政四年一一月、成瀬左近）には冒頭に非人小屋裁許与力の交名があり、その記載によれば、該当者は筒井勘助・井上権太郎・原巻勘太夫・北庄安助・嶋沢左太夫の五名の名がある。

奉公致小屋出罷在候内、自分ニ家相求、或養子・入婿ニ相成、家持等ニ相成候者、右印札小屋ニ持参、返上仕候様ニ急度可被申渡候、以上。

非人小屋入所者の内、回復して力を付け、元気になった者には小屋を出て行かせるはずである。しかし、当時の規則には、このように達者になって一度は小屋を出て奉公先を見つけたものの病気等で奉公できなくなった者が、小屋への再入所を希望するも、送り紙面を差し出すべきものがいない場合には、元入所者を召し使っていた主人、あるいは請人に立っていたものの「手付[48]」になる。こうして、奉公を希望するものも、小屋を出られない状況になっていることは承知している。詮議を遂げたところ、右のように奉公させ、小屋を出て行かせた者へは、事前に算用場から各人へ渡してある焼印を木札に押し、裏にはその（受領）人の名前・年齢を記して交付すること。のちにその人物が病気になり、奉公できなくなって再度小屋入りを希望した際に右の焼印札を持参した場合には、その印札で最初に小屋入りしたものと同一人物であることが確認出来れば、小屋入りを許可すること。なお、右の者が奉公しているうちに自身で家を求め、あるいは養子や婿に入るなどして家持になったものは、右印札を小屋に持参し、返上するよう、堅く言いつけおくこと。

一部虫食い部分を前後の文脈から補いつつ口語訳すれば、このような内容になろう。要点のみを挙げれば、前掲史料一七の内容を受け、非人小屋の現場でその規定を運用していく者らに対して指示を下すものである。

この後の入所資格の変遷に関しては、まとまった書冊の形では伝わらないが、各種史料の中に関連する記述がある。

文化七（一八一〇）年には小屋への入所を申請する送状に本人のみならず妻子の状況も記載することが定められる[49]。続いて、一四年八月には健康な者の退所を奨励し[50]、退所者には米一石を支給して小屋掛の資金等を補助することとした。[51] 小屋を出るものに米・銀等を支給する措置は以前から行なわれているが、それをより強化したものである。文政七（一八二四）年には、再び非人小屋の入所希望者の資格審査を厳格に実施するように指示が出されている。[52] 本来入所資格を充たしていないにもかかわらず非人小屋に入所する者が一定数存し、かつそれが継続していたことがわかる。このような規定違反の取り締まりも小屋の運営者の仕事であった。

b．予算管理

既に「1）予算」の項で引いた史料一二、一三から読み取れる内容のほか、小屋での経費の使用とその記録も小屋を運営するものの仕事の一つであった。そして、毎年、算用場による監査があった事が、「非人小屋先格品々帳」の二六条、及び「非人小屋裁許勤方帳」五〇条に記載されている。

史料一九　「非人小屋先格品々帳」二六条

一、年中非人小屋御入用之義帳面ニ記、毎年御算用場江出之遂勘定申候事。

史料二〇　「非人小屋裁許勤方帳」五〇条

注
(48) 史料一七本文の二行目にある「手ニ付」と同じか。契約に伴う「手付」ではなく、「負担になる」程度の意と想定される。
(49)『史料』（十一）九一一～九一二頁『集成』五五六頁史料76。
(50)『史料』（十二）六一〇～六一一頁「筒井旧記」、『集成』五六二頁史料83、84。
(51)『史料』（十二）六一一～六一三頁「本多政礼覚書」。
(52)「病身者に而村方等に親類之者無之、外稼可致族無之者、御助小屋入相願候者之内、中には壮健者願出候族有之、甚不詮議之至に候、以来御助小屋入相願候者有之節は、得と詮議相願候様被仰渡（後略）」『史料』（十三）三九五頁「御触書抜書」。

一、非人小屋惣御入用、毎年々切下帳面ニ記候而、御倹約所江書出、并御算用場江茂写差出申候、請帳決算之儀者、御算用場於諸方相遂申候事。

会計上の不正の防止のみならず、特に後者からは運営費の節約への意識が読み取れる。加えて、「非人小屋裁許勤方帳」からは、小屋の諸施設の修繕の一部を入所者たちで行ったり[53]、資材となる竹を小屋の敷地内の空閑地に植えつけて栽培したり[54]、と出費の抑制に意を割く様が窺える。

また、銀の管理の外、現物支給の収容者用食料や消耗品、日用品、担当の町医師が処方した薬品類に関しても、裁許与力が管理していた。食品・消耗品は裁許与力が受け取った上で入所者に交付する段取りになっており、薬品類は病人数や担当医と共に目録にまとめて町会所に届け出ることが定められている[55]。

c.入所者の管理——出入り人数報告・欠落人チェック

小屋の成立以来、規定集の類の成立前から行なわれてきた仕事である。非人小屋の入所者数の記録は元禄飢饉当時にも残されており[56]、当時の非人小屋の稼働状況を読み取ることができる。

調査の周期等についての運営側の規定は、「非人小屋先格品々帳」には「非人数相改、毎月三度宛人高増減之趣書記、御算用場并町会所江出之申候」(二八条)との文言があり、一〇日に一度のサイクルで入所者数を確認し、算用場と町会所へ届け出るよう定められている。「非人小屋裁許勤方帳」(四条)には、「毎月三、四度宛、日限不相極御小屋廻仕、惣非人数相改、相渡置候入人之札与人子引合見届候事」、とより短い周期で、かつ「入人之札」と照合する正確を記した手順による入所者数の確認が定められ、続けて、「毎月之非人出入生死欠落吟味仕、町御郡神社門前之者別々ニ帳面ニ相記申候、入人之分者、御小屋門外坂番所ニ而私共見分仕、相替儀無之者ハ由緒出生宗旨相改、其外親類之者有無相糺、仔細御座無候得者右帳面ニ記」と、月ごとに入所者の増減の理由を確認し、入所者がどこの支配を受けているかを基準にして別個の帳面に整理することを求める。作成した帳面は、新規入所者については小屋の門外に設けた番所で管理担当者の閲覧に付し、以前から継続して入所している者については記載事項と親類縁者の有無を再確認した上で問題がなければ帳面に書き加えておくことになっている（七条）。この入念な調査は、単に現況を確認するのみならず、退所者数の見込みを立てる意味も帯びている。「毎年三月中、惣非人共出生之郷相しらへ、（中略）少々ニ而茂由縁有之者ハ為引取、無之者ハ置紙面御格之通取立、御小屋ニ入置候事」（八条）との規定とも符合するものである。非人小屋を「回復・療養施設」と定義し、長期入所者は可能な限り減らさんとする藩の意図が確認できる。ここにいう「毎月三、四度」の周期に符合する調査の記録が、「非人小屋御救方御用方留帳」の後半の「覚」である。寛政四（一七九二）年一二月中に、五、十二、二三日の三回、出入の人数と入所者に支給した米の石高を記している。また、更に長いスパンで行なう調査として、「子ノ年牛（ママ）ノ年七ヶ年目ニ一統之人数御改之節、惣非人男女之数書上之候事」（「勤方帳」三一条）の定めもある。

　現存する件数には限りがあるが、少なくとも小屋居住者の総人数を書き上げた史料は繰り返し作られてお

注（53）「御小屋二十五筋、其外役所蔵物置等、惣屋根坪弐千坪余、惣御修覆其外六千歩計之惣囲垣等迄、往古より御作事所御修覆ニ御座候得共、御入用多相掛候故、損所不残者出来兼、非人共難儀仕候ニ付、六七ヶ年以来ハ非人役人共為冥加申付、諸職人日用人足等之代り為相勤候付、年中之日用人足等者御作事所より貪着無之、山にて松木請取、右役人共持寄夫々為拵（後略）」（『集成』四一四頁三六条）。

（54）「御修覆方等ニ竹多入用ニ付、弐間ニ三拾間計之空地ニ二三ヶ年以来藪植付置中候事」（同前三七条）。

（55）「非人小屋裁許勤方帳」三八条～五一条（『集成』四一五～四一六頁）。

（56）『藩政』二七～二八頁。

り、現代の史家以上に、各時代の藩吏に必要とされた種の情報であったことがわかる。規定上は周期が定められているが、これより後の時代にも飢饉などの非常事態に際しては規定に拘泥せず、入所者・退所者数をチェックしている形跡がある。[57]

なお、非人小屋の入所者に関しては、小屋の運営サイドに加えて、入所者の居住地からの報告も義務であった。その際の様式や報告の手順については「笠舞非人御小屋方」および「新川郡御小屋入御救人帳」が詳細を記している。これによると、一年に一度、各地の十村が支配地内の者について入所時期・性別・住所・名を書き上げた上で合計人数を出して郡奉行に提出し、郡奉行が提出された書面を取りまとめて算用場・町の両奉行所に宛てて提出することとされている。

4）勤務態様

以上、非人小屋に配属され、現場で実務に当たる藩吏の職務内容を見てきた。彼等がどんな日々のスケジュールで上記の職務をこなしていたのかについての数少ない記録が「非人小屋裁許勤方帳」に残っている。冒頭の一条では、裁許与力四人は二人一組の当番制で勤務にあたることを定める。この組の一方は朝の五時、つまり現代の時刻で朝の八時半頃から小屋に詰め、「御用相済次第」退出する。この間、もう一方は他の役所との連携や連絡に備えて自宅待機する。両者の分担は、まずキャリアの長い者が先に出勤し、職務内容の理解を進めておく体制を取っている。これは与力にのみ適用される条目だが、続く二条は「諸役人」、つまり、小屋に配属される藩吏全員に適用される内容である。これによると、毎月五日・一二日・二三日の三日は、小屋に配属されている役人は全員が役所に集まり、各人の職務に関して「申談」じることとされている。情報交

郵便はがき

料金受取人払郵便

富山西局
承　　認

7112

差出有効期間
2017年
10月31日まで

切手をはらずに
お出し下さい。

930-0190

富山市北代三六八三―一一

（受取人）

桂書房

行

桂書房の本・ご注文承り書

３千円以上のご注文は送料サービス。
代金は郵便振替用紙にて後払いです。

書名	本体価格	注文○
ある近代産婆の物語	二、八〇〇円	
越中富山 山野川湊の中世史	五、六〇〇円	
富山城の縄張と城下町の構造	五、〇〇〇円	
加賀藩を考える	二、〇〇〇円	
近世砺波平野の開発と散村の展開	八、〇〇〇円	
富山民俗の位相	一〇、〇〇〇円	
とやまの石仏たち	二、八〇〇円	
五箇山利賀谷 奥大勘場民俗誌	一、八〇〇円	
立山信仰と布橋大灌頂法会	二、八〇〇円	
浄土と曇鸞	一、八〇〇円	
定本納棺夫日記	一、五〇〇円	
宗教・反宗教・脱宗教（岩倉政治論）	三、〇〇〇円	
棟方志功・越中ものがたり	二、〇〇〇円	
越中文学の情景	一、五〇〇円	
最古の富山県方言集	二、〇〇〇円	
越中萬葉と記紀の古伝承	五、五〇〇円	
越中草島 狐火騒動の真相	二、〇〇〇円	
水橋町（富山県）の米騒動	二、〇〇〇円	
女一揆の誕生	二、〇〇〇円	
ためされた地方自治	一、八〇〇円	
明治・行き当たりレンズ	一、八〇〇円	
日本の心	二、〇〇〇円	
越中怪談紀行	一、八〇〇円	

書名	本体価格	注文○
村の記憶	二、四〇〇円	
地図の記憶	二、〇〇〇円	
山姥の記憶	二、〇〇〇円	
鉄道の記憶	三、八〇〇円	
有峰の記憶	二、四〇〇円	
おわらの記憶	二、八〇〇円	
となみ野 散居村の記憶	二、四〇〇円	
となみ野探検ガイドマップ	一、三〇〇円	
神通川むかし歩き	九〇〇円	
石黒党と湯浅党	一、五〇〇円	
越嵐 戦国北陸三国志	二、八〇〇円	
政隣記 享保元―廿年	三、〇〇〇円	
政隣記 元文元―延享四年	三、〇〇〇円	
政隣記 延享四―宝暦十年	三、〇〇〇円	
政隣記 宝暦十一―安永七年	三、〇〇〇円	
政隣記 安永八―天明二年	三、〇〇〇円	
榊原守郁史記	二、四〇〇円	
富山文学の黎明	一、一〇〇円	
変わりゆく時見るごとに	一、五〇〇円	
建築職人アーカイブ	一、五〇〇円	

ご注文者
住所氏名

〒　　―

換と共通理解の形成のためであろう。また、この定例日の外にも集合すべき事情が発生すれば全員が役所に集合するべきこととされている。

また、より長いスパンの勤務態様――配属・転勤といった事情を汲み取れるのが、「非人小屋御救方御用方留帳」である。当時、非人小屋裁許与力であった原勘太夫、筒井勘助の両名と、既に本組与力となって転出した斎田故九郎太夫の在任歴がわかる。原は、安永二（一七七三）年十一月着任、寛政四（一七九二）年十一月の史料成立時点で、勤続二〇年目に入るベテランである。筒井は、原と同日に着任した後、天明元（一七八一）年三月から七月までは江戸詰めを経験している。加賀帰国後も「外御用」に従事していたが、天明四年三月に再び非人小屋裁許与力に任じられた。非人小屋に配属されていた期間は、通算で一五年である。斎田故九郎兵衛は安永元年着任、転出が天明五年十二月で、在任期間は一三年であった。いずれも「無懈怠」「入情」勤めたとされている。

三　入所者の生活

まとまった分量で現存する文献には、おおむね小屋入所者の待遇が含まれる。この内容が時代を下るに従って記述が詳しくなる傾向にあるのは、運営体制に関する各記録と同様である。寛文・元禄の頃には、単に各種物品を支給した事実とその総量の記録にとどまるが、その後は支給品の内容に踏み込むようになり、併せて

注（57）本書第3部参照。

「誰に」「何を」「どれだけ」支給したのかという細目を記すようになる。また、収容者の小屋での生活に関して、「各人の体力・能力に応じたなんらかの仕事をするように」との指導に始まり、小屋の外へ物売りや用足しに行く場合の門限とそれを守らなかった場合の対処、就職に関する小屋からの配慮や、雇用希望者向けの注意事項、手続きの案内など細かな「非人小屋における生活の手引」とも言うべき内容が含まれるようになっていくのである。ここでは、この「手引」的な諸々について紹介する。

1）生活規則

「非人小屋先格品々帳」では、小屋の入所者が日中小屋を出入りすることを前提として規則が立てられている。元々は収容者が小屋を出入りする際には、逐一事情を勘案して許可していたようであるが、「近年者草履なと売ニ罷出候に付、小屋壱筋ニ札弐拾相置、門出入為仕候事」（一九条）、小屋で作った草履を売りに行くために頻繁に出入りする者も居るため、小屋一棟につき二〇枚の札を備え付け、その携帯によって出入りを管理する事とする、という条文が、情況をよく物語っている。[58] ここでは、入所者が商う商品として草履が取り上げられているが、小屋で作られた物は草履だけではない。外に、一般には苧かせ、すさなどを制作していた（二二・二四条）[59]。寛文の頃から、救恤を受ける者は各人の能力に応じた「かせき」を行なうべきであり、「御貸米むさと喰失不申」[60]ようにすべきである、との方針が表明されており、ここでは更に「非人之内職人有之、外より誂物等有之候得者為致細工候、畢竟出人ニ罷成候様申付候事」と、小屋の外から注文が来るような優れた技能を身につけた職人はその腕を存分に活かして制作に当たり、最終的には小屋を出て自立するように、とも述べている（一六条）[61]。

とはいえ、無制限に外出が認められたわけではない。門限が設けられていた。外出して日暮れまでに戻らない場合は「欠落帳面」に記載され、小屋から「欠落」した者、つまり脱走者として扱われた。しかし、一度欠落帳面に記載された者が一両日を過ぎて帰還した場合は、事情を確認した上で再入所させる可能性もあった。また、退所後の生活に躓いた——例えば病気を患ったり出て行った先で飢えて倒れたような場合——には、正規の手順を踏んで退所した者も欠落した者もいずれについても、審査のうえでの再入所を定めている（一四条）[62]。その他、病人以外の者の夜間の火の使用は禁止（二〇条）[63]、病の際は、担当の町医師のなかの誰かの診療を受けること（二七条）、などの決まりがある。

「非人小屋裁許勤方帳」は先述のとおり、裁許与力たちが同役、あるいは上司に向けてまとめたものである。よって、記された内容は入所者に「守らせるべき事柄」「取り締まり事項」に関わる運営上の規則として表現されるが、主客を逆転させて入所者の生活規則として読み取ることができる。以下史料二一として抜粋して引用する。

史料二一　入所者の生活規則

注
(58)『集成』四〇七～四〇八頁。
(59)『集成』四〇八頁。
(60) 加越能文庫「飢饉記二種」中「寛文元禄加越能三州凶作ニ付飢饉之記」。
(61)『集成』四〇七頁。
(62)『集成』四〇七頁。文中には、引用の通り固有名詞や特定の職を連想させる言葉は含まれていないが、おそらくは刀工「非人」清光一族の例を想定しての記載であろう。
(63)『集成』四〇八頁。

一、年中一度、是又日限不相極置御小屋之内不相応之暮方仕候者有之哉、或者諸道具ニ不審之品等有之哉、其内巨細ニ御小屋之内相改候（後略）。（五条）

一、非人共儀、武士町或者御郡地之川等江不慮ニ落、怪我仕候儀致見分候歟、或者其身御小屋江罷越申聞候歟、又ハ其所より及届候得者、非人役人差遣候様子承、弥怪我之趣ニ無相違儀明白ニ候得者、引取療用申談候（後略）。（二〇条）

一、朝六時より暮六時迄紋出入為仕、夜ニ入罷帰候得者入不申候、都而一夜越候得者欠落之趣ニ仕、被下物等渡不申候、然上ニ於他所幾重之出入変死等仕候共、私共貪着不仕御格之事。（二一条）

一、非人共之内、近在之田畑を荒シ、或者奨奕ヶ間敷儀仕候者等之類者、前段之通縮所等江入異見仕候（後略）。（二三条）

一、於御小屋密通仕候者追放仕候、懐胎仕候者ハ女迄御小屋ニ差置、男ハ追放申付、以来出入不為致候、以前御小屋ニ罷在候者、他所ニ而夫婦ニ相成、御小屋入相願候共入不申候、乍然是亦病気等ニ候得者、入候而男女他小屋江遣、小屋預江差預、本復次第追放申付候事（二五条）

一、非人共親類之内、男女共他所江奉公ニ罷出居申、主人之手前者他所ニ宿相極置候得共、御小屋ニ由縁之者御座候間、昼夜ニ不限罷越候、加様之者ハ其小屋預詮議仕承届置候、夜中者縮方役人共江申断、夫より当番之足軽ニ相達、吟味之上泊札相渡候、翌朝門番右札取揚、役所江差出申候事（二九条）

一、非人小屋出火之節何茂罷出、四拾壱人之非人役人共、兼而手配相極置候通、非人足弱共除申者、役所書物御用箪笥御道具除申者、火本江罷出火防申者、或者水之手主付等、夫々下知仕、不行届所ハ私共并足軽等手伝仕候事。

但出火之様子即刻御届申、火事後ニ至猶更吟味仕、口書取立并怪我人之有無委細及御断候事。（三一条）

一、右非人共引揚ニ、昼夜共目印ニ合紋之高提灯建、夜中者火燈中候事。（三三条）

一、非人小屋頭ハ格別、居小屋者方ニ者夜中火為燈不申候事（三五条）

非人小屋の入所者には、小屋の中にいるときも外出しているときも守るべき行動規範があった。また、入所者の親戚に適用されるルールもあったことがわかる。

条文の内容を順に見ていけば、まず具体的に何を指すのかは不明だが、「不相応の品」を持っていてはならない（五条）とされている。小屋の性質から考えて、贅沢品を持つ余裕があれば、小屋を出て独立した生活を営めるよう努めよ、との意図であろう。非人小屋には男女共に収容されていたため、小屋内での風紀の維持も問題であった。小屋内で密通すれば追放、妊娠に至っている場合には女は小屋の居住を認めるが、男は小屋から追放の上、以後出入りを認めない外、元入所者同士が婚姻を経て倶に入所を願い出た場合も認めないことを原則としている。病を得ている場合は例外を認めるが、同じ小屋に入れることはせず、回復次第退所させる扱いであった（二五条）。次に引いた二九条は、夫婦関係ではない入所者の縁者について、面会に来る実績を積めば性別を問わず小屋での宿泊を認めるとしている。

外出中に不注意で怪我をした場合には非人役人の見分を受けること、と定める二〇条は、小屋の外での横暴を禁じる二三条とも関連していよう。喧嘩口論や小競り合いの結果、川に落ちたのではなく、確実に過失であると確認できた場合にのみ小屋での療養を認める、との趣旨である。外出に際して門限が定められていたこと、そして門限を破った場合の罰則が設定されていることは、「非人小屋先格品々帳」と相違ない。異なるのは、「朝六ツから暮六ツまで」と時刻が示されたことである。

最後は小屋で火災が発生した場合の対応マニュアルである。先述の非人役人が分担して、移動が困難な入所者の避難の介助、備品・貴重品の搬出、火元での延焼防止・消火の各作業の中心を担うこととなっている。避難したり、その世話に当たったりした入所者が戻ってくるための目印として、合紋付きの高提灯を掲げる、というからには、危険を避けるためには多少遠くまで行くことも止むなしと考えられていたのであろう。但し、小屋が大規模な火災に遭った実例には管見が及ばず、この規定の適用実態は現時点で不明である。

そして、これらの「御小屋定」、そして「御大法」に関して違背した場合、入所者は「相背者夫々相糺、重キ儀者御小屋追放申付、或者縮所江入、又ハ小屋預江預ケ申ニ茂縮仕、預番人付置申儀、又軽ハ無縮ニ而指預、或者徘徊留申付候（後略）[64]」（二二条）と、小屋からの追放以下、縮所での拘禁、監視つきの小屋預、預、外出禁止の処分が下された。ここで「小屋江預」と言及される「小屋」は「身分上の非人の居住地」、江戸の町でなぞらえるならば「非人溜」であろう。困窮者収容施設としての「非人小屋」から出して「非人溜」に身柄を移す、所謂「溜預」に相当する内容と捉えるのが妥当な解釈である。

2）小屋を離れるとき

非人小屋を離れる事由として多い例を二つ挙げるなら、その一つは死亡であり、いま一つは自立である。[65]「運営規則」としても触れた入所・退所者数報告を確認すると、これらの他に、「逃亡」「その他」の項目もあるが、絶対数は多くない。いずれにしても、現在確認できる史料には各種の限界があり、その制約の下で細かな数値を論うことに意味はないが、大づかみな傾向を提示することは、加賀藩非人小屋の性質を具体的にイメージするために有用であると考える。死亡による退所は既に梗概を記しているので、ここでは就職に関して「各種規定に明文で挙げられている事柄」を「実際に一定数生じた類例」と想定して紹介する。

史料二二　金沢城下での就職(66)

一、非人之内、御家中之面々被下人ニ願申者御座候得者、幾人ニ而茂遣申候。去共病気ニ罷成、先より相返
候得者、小屋江入置候、惣而達者ニ相見候非人は出人ニ申付候事。

非人小屋収容者の中で、家中諸氏が召抱えたい者を見つけた場合には、何人でも雇用を認める。しかし、雇用した元入所者がなんらかの病気を発症して、雇用主から帰された場合には小屋に入所させる事とする。心身ともに健康と判断しうる入所者には退所を申し付けること――と、ここでは定めている。

前述した「笠舞非人御小屋方」所載の就職支援をあわせ見るに、非人小屋の入居者は、雇用の希望がある限り、町・在を問わずいずこにも就職が可能であったといえる。

さて、就職でも死亡でもない退所パターンとして、規定には「旅先の加賀藩領内で倒れた他領者が退所し、更にいずこかへ移動を継続する」者を対象とする内容がある。たとえば、退所する他領者には、夏か冬かで季節に応じた衣類を一着と雨具、路銀、新品の木綿の着物の外、旅装を支給すると定めた「非人小屋先格品々帳」の二一条や、回復後に他領との境界まで藤内に送らせると定めた「非人小屋裁許勤方帳」の一三条がこの類型に当てはまる。

以上、本章では時系列を意識しつつ、非人小屋の運用の実態に関わる史料を取り上げて紹介した。非人小屋

注(64)『集成』四一三頁。
(65)「小屋定」・「御大法」に違反した場合の小屋からの追放もあるが、既に解説しているのでここでは省略する。
(66)『集成』「非人小屋先格品々帳」一二一条。

は英主と称えられた一人の藩主の強い意志の下に生み出された後、多くの臣下が長い時間をかけて試行錯誤と工夫をくり返し成長させてきた施設であった。ここに述べた内容は、その熟成の過程である。

本書第1部では、加賀藩の寛文・元禄飢饉に対応してとられた救恤政策について検討を行った。そこで明らかにできたのは、加賀藩の救恤制度の根幹は、他藩に先駆けて一七世紀後半には整備されていたこと、それは「非人小屋」という恒常的に維持される困窮者収容施設を核としていることである。但し、このシステムは藩政後期には変性する。その背景には当時の人々の身分観、特に「賎」とされた人々へ注がれる視線のあり方の影響が考えられる。

この第2部で扱うのは、時代としては第1部以降の一八世紀末から一九世紀、トピックとしては、天保飢饉時の藩による困窮者対策と、それを民衆が如何に受け止めたか、という二点を特に意識して論述を進める。第一章で天保飢饉が加賀藩にもたらした影響、第二章ではそれを受けて取られた対策を確認し、最後の第三章では藩政前期の飢饉対策との間にみられる相違、およびその原因について検討する、という構成を取り、第3部での考察に備えるものである。

第一章　天保飢饉下の加賀藩

「天保の飢饉　天保四年（一八三三）から同七年にかけての全国的飢饉をいう。前後数年間をふくめて『七年飢渇』ともよばれ、享保の飢饉・天明の飢饉とならぶ近世の大飢饉であった。…（中略）…この飢饉での全国の死者は疫病死をふくめ二〇万から三〇万人に及ぶと推定される。」

『国史大辞典』の「天保の飢饉」の項目は、こう始まる。(1)この僅か一三〇文字の文章からでも、この飢饉が長期間にわたって広い範囲に影響を及ぼした大規模災害であったことは明白である。この災害に直面した幕府や藩は、無論、拱手傍観していたわけではない。米の移出制限や困窮者への配給などの手段で食糧の確保と流通が図られた。しかしながら、これらは幕府・藩が各個に自領内の食料確保を意図して実施された政策であったため、各政策が競合し、効果は限定的だった。結果、大量の飢人が、各地の農村から城下・都市に流入・浮浪するにいたる。

斯様な政策の不備は、各地で騒擾の温床となった。大坂の大塩平八郎の乱、新潟柏崎の生田万の乱はその代表的なものである。特に大塩の乱は、加賀藩領内で一党の者が捕縛されるなど、藩内での動きもあり、領民の

注（1）一九七九、吉川弘文館。

耳目を集めた。「天保飢饉前後日記（2）」には、天保八（一八三七）年二月一三日の項に「軽キ者共へ為御救三十貫目出候。今日より金沢町売百七拾二文ニ相成、五拾文之御引直有之由。但大坂騒動一件ニ付、同廿八日より米直段も段々下り、三月二日迄ニ百四拾六文ニ相成、九日より百四拾二文ニ成候」と、「大坂騒動」つまり大塩平八郎の乱と金沢市中の米価の動きを明確に関連付けた記述がなされている。また、日付の記載を欠くものの、同年中の箇所に「越後柏崎浪人共集り、陳（原文ママ）屋ニ火ヲ懸、切込候処、双方死人拾人斗、手負三十人斗有之由。是、米払底、米売不申候ニ付、如此申談候よし」と生田万の乱についての記述があり、他国での両騒動の情報が金沢にも伝わっていたことが確認できる。

なお、「丙申救荒録（3）」に記録された天保七年一二月一日から翌四月二七日までの米価と照らし合わせると、「前後日記」の記述が事実を述べていることが確認出来る。市中販売価格で、二月一三日に最高値の一七二文を記録した米価が、一九日の乱を挟んで二一日には一六七文、二五日には一五九文と下落を続け、三月二一日には一四一文にまで下がっているのである。但し、同二八日には上昇に転じ、二七日には再び一五四文となっている。大塩の乱のインパクトも、ひと月と少しの命脈しか持たなかった。ただ、そうはいっても、当地の米商人たちに「明日は我が身」という切迫した危険を覚えさせ、行動に至らしめる程度のものではあったのである。

さて、この米価の上昇傾向からも、飢饉の災厄を加賀藩もまた免れるものではなかったことが読み取れる。一般に「天保四年から七年にかけて不作・凶作が連続した」とされる傾向に比せば、寧ろ、天保五年が豊作であった加賀は、恵まれた状況にあったと評してもよい。それでもなお、食糧の不足とそれによる価格の高騰、栄養失調による抵抗力の低下と衛生状態の悪化による疫病の流行で、おびただしい死者とそれを上回る飢人が生じた（4）。この状況を改善すべく、藩では困窮者の雇用を創出する御救普請や、飢人の収容施設の増設・新設等の諸対策を講じ、また、町人や士分の中からも困窮者対策のための物資・資金の寄付を行う者がみられた。

一　先行研究と史料

加賀藩の救恤制度について言及する論考は少なからず存在するが、天保飢饉時のそれに特化したものは多くない。既に加賀藩研究に関しては古典的地位を占める若林喜三郎『加賀藩農政史の研究』（下）(5)が、加賀藩天保改革の背景として、財政の逼迫から救恤が手薄になり、その一方で各種負担が増したことによる不満や批判の高まりが一揆や騒擾を招いた、という経緯を描き出すほか、文化・文政以降の状況を整理した高澤裕一「幕末期の金沢における救恤」(6)、藩政後期の農政官僚、寺島蔵人の伝記である、長山直治『寺島蔵人と加賀藩政――

注（2）加越能文庫「飢饉記二種」所収。なお、以下、同史料については「前後日記」と略称する。

（3）加越能文庫。丙申の年、つまり天保七年の飢饉の経過を記す。記録者は田川才助保定。通称は才佐とも記す。巻末の跋文に一〇年二月の日付を残しているので、飢饉下の状況の同時代記録と見てよいであろう。また、彼は天保四年の経緯を記した「癸巳救荒録」の筆者でもあり、そちらには自身について「隠士」の肩書きを付している。これら二冊の救荒録のほかに「田川上書」が架蔵されており、これは庶民の経済的窮状を上申するものである。田川は在野の知識人であろうが、詳しい来歴は不明である。

（4）『史料』（一四）四七一～四七三頁「珍事留書」「天保より弘化まで日記」には、天保五年の春から夏にかけて、換言すれば天保四年の不作からくる食糧不足が最も深刻になった期間の経過が記されている。五年三月に遠所から乞食が金沢に流入し始め、四月から山間部・海浜部で流行の兆しを見せ始めた疫病が、五月には町・在で猛威をふるうにいたる。これは、山村・海浜から飢人が都市部に流入した軌跡でもあろう。

（5）吉川弘文館、一九七二。

（6）二宮哲雄編『金沢――伝統・再生・アメニティ――』（御茶ノ水書房、一九九一）一二三～一四二頁。

化政天保期の百万石群像――』[7]が、寺島家文書の読解から読み解いた当時の社会背景を丁寧に描写しているのが、主たる論考である。小田吉之丈『加賀藩農政史考』[8]は、藩側の視点に立って農政関連文書を翻刻し、丁寧に分類・解説を施した文献であるが、論考と言わんよりは史料集的性格が強い。

また、加賀藩の身分制度に関する論述としては、原田伴彦・田中喜男編『東北・北越被差別部落史研究』[9]に収録されているものが多い。具体的に挙げれば、田中喜男「加賀藩『藤内』の研究」[10]は、一七世紀末から生じた統治秩序の動揺を抑えるために、藩が藤内[11]に代表される賤民と農民とを政策的に分断し、為政者への不満を相互の対立にすり替えたことを主張する。横山勝英「被差別部落の規模と分布に関する一考察」[12]は、「非人乞食」と称された零落百姓が、非人小屋への入所・回復を経て農村に回帰することを、中世的身分の近世的身分への再編の一例と捉える。坂井誠一「かわたの特権――加賀藩の場合――」[13]は、「藩が皮革職人として上方から招致したかわた（皮多）は、後に『穢多』と呼称を変えられ、藤内に包摂されていた」との前提に立ち、「藤内でない皮多」の斃牛馬処理権益は藩が供与した特権であったが、享保（一七一六～一七三五）以降に動揺を来たした、とする。その後、加賀藩を対象とした賤民史研究はやや停滞の気味があり、高澤裕一「加賀藩における賤民支配」[14]が最新の成果である。ここでなされているのは、加賀藩の賤民分類の整理と、非人と藤内との関係性の性格付けである。特に、寛政三（一七九一）年から始まった藤内頭と非人頭の支配争論を取り上げて、これを「非人の差別からの脱出の試み」と位置づけ、一八世紀後半において、非人らへの差別が強化されていたことを明らかにしている。

これらの研究を支えた史料としては、『加賀藩史料』は言うに及ばず、天保飢饉下の藩内の状況を記録した「癸巳救荒録」「丙申救荒録」[15]、『島もの語り』[16]といった同時代の一次史料、「飢饉記二種」のごとき明治に編まれたと思しき[17]二次史料、成立年代は不明であるが、被差別民自身が自らの出自を藩吏に語る文書類を含む「異

注
（7）桂書房、二〇〇三。
（8）国書刊行会、一九二九。
（9）明石書店、一九八一。以下「『東北・北越』」と略す。
（10）『東北・北越』、二五一～三〇〇頁。
（11）加賀・富山両藩に特有の賤民区分である。加賀藩領内におけるその頭たる、二人の「藤内頭」は、領内の被差別民全体を統括する役目を帯びる者でもあった。
（12）『東北・北越』、二〇一～二五〇頁。
（13）『東北・北越』、三〇一～三一〇頁。
（14）『部落問題研究』八三号、一九八五、五三～六九頁。
（15）いずれも「加越能文庫」架蔵。詳細は前掲注3参照。
（16）若林喜三郎監修、金沢近世史料研究会編、寺島蔵人、北國新聞社、一九八二。筆者寺島蔵人は安永六（一七七七）年に生まれ、天保八（一八三七）年に没した。馬廻組に属し、四五〇石の禄を受ける中級藩士であった。農政に明るく、高岡町奉行や改作奉行などを務めた後、一二代藩主斉広が設置した諮問機関である教諭局の一員となるが、斉広の死後、一三代斉泰および、彼が信任した年寄奥村栄実らと対立した結果、最終的に能登島に配流とされた。六一歳で、配所にて没している。斉泰および栄実の意図した積極的財政再建は士庶に負担を求めるものであったため、蔵人はそれに抵抗した英雄のごとく、一部の庶民に認識されていた。『島もの語り』は蔵人の配地での日記を主な内容としており、配地の八ヶ崎村で肝煎の高齢の両親が蔵人を訪ねてきたことが記されている。老夫婦は「是迄下々江御不便を被為加被下候御方」が当地にやってきたとあってはぜひ会いたい、と十村の当摩へ相談したところ、「生如来様が御出シヤ程ニ夫婦とも罷出おがミ候用申故、恐をかへりミす罷出候」と口上を述べ、懐から数珠を取り出して礼拝した、という。拝まれた当人は、「扨も扨もニ御座候」と感想を記しており、自身の虚像の大きさに苦笑を禁じえなかったのであろう様子が窺える（七五頁）。
（17）加越能文庫。詳細は第1部第二章注2参照。

部落一巻」[18]、寛政年間の非人小屋の運営組織の記録である「非人小屋御救方御用方留帳」[19]など、問題を多角的に検討する礎とするに足る史料群が存在する。さらにまた、これらの一部は刊本の史料集に収載されており[20]、さらに参照に便である。

前記の研究状況を総括すると、部落史研究関連分野では、藤内・皮多に対する検討が主眼になっており、非人への言及が限定的であるといえる。また、救恤と差別意識や被差別民を関連づけた切り口も横山氏の論考以降は関心が希薄である。関連分野では最新の成果である高澤氏の論考も、標題の通り、救恤に焦点を絞ったものである。さらにまた、いずれも八〇年代から九〇年代に上梓された論考であり、既に二〇年を経過している。斯様な研究状況において、以下、一九世紀の救恤のあり方を概観し、第1部でみた一七世紀のそれとの相違を検討する。

二　天保飢饉概観

1）時代背景――天明～文政

加賀藩の財政動向について、その初頭から明治までを通観した研究に、田畑勉「加賀藩財政と産物方政策の動向」[21]がある。氏の所説によれば、藩政の前期（近世初頭～正徳期〈一七一五頃〉）には「歳入・歳出決算の均衡を保つことができ」ていた財政も、中期（享保～化政期〈一八三〇頃〉）に至ると「決算は毎年約五～

六〇〇〇貫ほどの赤字」を慢性的に計上するようになる。それを改善しようと、経常支出の削減にとどまらず、旧来、百姓の成立を維持せしむために用いていた米をも、その一部を藩債返済資金に割いたため、領内は「慢性的な荒廃と飢餓」が蔓延することとなった、という。

綱紀の治世末期から影を見せ始め、吉徳の治世にはその姿を露わにしていた不健全財政の改善は、以降も継続的な政治課題として代々の藩主に受け継がれる、負の遺産となる。

その一方、民衆からの救恤の要求は止まなかった。寧ろ、災害状況や一揆の傾向を鑑みれば、その要求はさらに切迫の度を増していたと推定できる。例えば、綱紀の治世の末期、正徳二（一七一二）年には、台風によって作物・家屋に甚大な被害がでた。「癸巳雑志」は、米に四〇万石の損亡があったと記す。当年は凶作を理由に収納米の基準緩和措置がとられたが、更に引免を求めて藩内最初の惣百姓一揆が起った。[22] これは、加賀から越中、支藩の大聖寺にまで飛び火する一大騒動となっている。[23] また、やや時代を下って宝暦六（一七五六）年には、凶作による飢饉に銀札インフレ（「宝暦の銀札くずれ」と称する）が重なったことから、金沢で打ちこわしが発生した。富山・福井と城下とを結ぶ大動脈、北國街道沿いに六軒の富商を襲撃した様子は、「金沢六家戦」の標題で記録され、現代に伝わっている。[24]

注
(18) 日置謙校訂・解説、石川県図書館協会、一九三二。のち、『集成』二一～五九頁に「部落一巻」と改題して収録。
(19) 加越能文庫。第2部序章参照。
(20) 近年のまとまったものとしては『集成』が代表的であり、天保飢饉時の困窮者収容施設についても各種史料の翻刻を収録している。
(21) 若林喜三郎編『加賀藩社会経済史の研究』（一九八〇、名著出版）所収、一二三～一四五頁。
(22) 『史料』（五）九五八～九六四頁。
(23) 経過について、詳しくは若林『農政史（下）』二九～四〇頁参照。
(24) 加越能文庫。なお、同書は玉川図書館「藩政文書を読む会」の翻刻を経て出版もされている（二〇〇六、能登印刷出版部）。

これらの騒擾と救恤との関連を確認すると、その方針は「首謀者は処罰、参加者は救恤」と表現できる。これは加賀に限らず、全国的に同種の対応がとられている。数百、時には数千人の規模に及ぶ騒動に加わった者、その全員を捕縛・処断する実務にどれだけの時日と労力を要し、それによってどれだけの憎悪と哀惜を買うか――このような仮定を検討するまでもなく、現実的に他の選択はありえない。それどころか、一揆・騒動の首謀者を処断するにも、それによって百姓らの暴発を招かぬよう、首謀者らを別件によって逮捕・拘留した末に処刑した、という例すらもあるのである。[25] 治安維持と一揆の一般予防、それらの両立のために苦心した様が窺える。正徳が「凶作」と表現されるのに対して、天保は「飢饉」であり、状況はより大規模かつ深刻であった。その分、一揆や打ちこわしも多いが、藩のそれらへの対処は、正徳期のそれと本質的に変わりない。

騒擾・一揆を起こして庶民が求めたのは、自らの生存の保障である。多数のそれを脅かすことになる直接的な契機の大なるものは災害である。また、この第2部の冒頭にもひいた『国史大辞典』は、天保飢饉の被害に藩によって差がある理由を「天明飢饉に対する対応の巧拙の差」と説明している。飢饉が一定の周期に則って生じることは、古くから農諭にも記載されており、[26] また、実際に天明・天保の両飢饉の間隔はその伝承の通りである。中長期的な視野をもった政治家は、来るべき次の飢饉への備えを行っていたと思われ、『国史大辞典』の記載は的を射ている。

天明から天保に至るまでの約五〇年の加賀藩の様相を一言でまとめると、「周期的な天候不順と凶作による漸進的な人的・財政的ダメージの蓄積」である。具体的には、まず、天明年間（一七八一～八九）には近世三大飢饉の一つに数えられる天明の飢饉があった。冷害に浅間山の噴火が重なり、全国各地が順次凶作に見舞われた。特に、天明二・三年の奥羽地方では、甚だしい冷害凶作に加えて藩の食料政策の失政が被害を拡大させ、人肉食などの酸鼻な記録が数多く残されている。[27] この飢饉は地理的に広範囲の被害がでており、他領・他藩の救援が見込めない状況であった。加賀藩においては東北諸藩ほどの惨状には至らなかったが、それでも、天明三年には加賀・越中で風水害による凶作から米価が高騰し、打ちこわしが発生した記録が残る。「近年御勝手別て御難渋至極之処、去年御領国凶作ニ付、御郡方引免并御貸米・御払米、当春夫食米等彼是莫大之事ニて、御収納米不納ニ相成」、「是迄御勝手御難渋と申儀ハ数年来之事ニ候得共、当時誠ニ危御勝手向ニ相成」と、赤字財政の中で救恤を図らねばならなくなった藩の苦衷は史料にも現れている。[28]

注
(25) 前述の正徳一揆は、大聖寺藩では百姓側との交渉を経て一〇月下旬に沈静化した。その首謀者らの処断は翌年春以降に始まったが、その手法は「別件逮捕で容疑者を次々と検挙し、些細な罪科を設けて十数人を斬」るというもので、一揆の首謀者となったことを理由に処刑されたのは僅かに「騒動の発端に活躍した」那谷村の肝煎、権四郎ただ一人であったという（若林『農政史（下）』三一頁）。

(26) 菊池万雄『図説日本の災害』（一九八二、古今書院）五六～五八頁。

(27) 東北地方における天明飢饉の被災状況および対応策について、詳しくは菊池勇夫『飢饉から読む近世社会』（校倉書房、二〇〇三）、同『東北から考える近世史――環境・災害・食料そして東北史像』（成文堂、二〇一二）参照。また、この飢饉の主原因の一つに数えられる天明の浅間山噴火の被災状況と復興対策については、北原糸子編『日本災害史』（吉川弘文館、二〇〇六）一九七～二〇九頁に詳しい。

　東北諸藩における天明飢饉の被害と加賀藩との関連で紹介すべき事柄に、「相馬移民」がある。これは、飢饉によって多大な人的・経済的被害を蒙った相馬藩の立て直しのために、文化一〇（一八一三）年から、加賀・越中・越後などの諸国から百姓の入植を行ったものである。実施責任者は相馬藩家老の久米泰翁、実働レベルで移民らの足がかりになったのは、相馬市の光善寺であった。北陸では、現代においても浄土真宗への信仰が厚く、寺院は根強い影響力を保持している。寺院が人びとに強い影響力を有していた点においては近世においても変わるところはない。光善寺を触媒として、まず、越中砺波郡の四家族が相馬に居を移し、その後、彼らの親族等の後発グループが同地に移住したと伝わる。家老の主導による政策だったとはいえ、しかし、この移民事業は、決して華々しいものではなかった。加賀藩からの新規移住者たちと、旧来の在地の百姓たちとの融和はたやすいものではなく、移住者たちとその子孫は、長く「加賀者」「加賀っぽ」と呼ばれ、差別的扱いを受けたと言われる（『富山県史』通史編Ⅳ・近世下、富山県、一九八三、一〇一七～一〇二〇、一〇二六～一〇二七頁）。

(28) いずれも『金澤藩』、四六五～四六六頁、「典制彙纂」雑中、史料一〇七八。なお、天明飢饉時に藩が取った対応に関しては、同書四六九～五一四頁「典制彙纂」雑下にも収録されている（史料一一〇九～一一一四等）。

加賀での当年最大の天災は水害であった。七月一一日、越中の小矢部川が増水、橋梁が流失する。加賀では、金沢の犀川・浅野川が氾濫した結果、ほぼ城下の北半分が水没した。ほかにも、金沢の南の鶴来では手取川が溢れて九軒が流失、北西の宮腰でも浸水、現在の富山県との県境にあたる医王山を水源に河北潟に注ぐ森下川も氾濫し、橋が落ちている[29]。広範囲にまとまった雨が降った結果の大規模災害だった。氾濫にまでは至らなかったようであるが、翌八月にも大雨の記録があり[30]、多雨の年であった。当然の如く作柄は芳しからず、藩は、一一代藩主治脩の下、一二月に至ると町人・諸士には粥食を、百姓には雑穀食を指示している。これは、飢饉対策の第一段階である米の節約の一環であり、大きく次の二種がある。

a．嗜好品（酒、米菓子等）の製造制限

b．粥・雑炊食の推奨による米の食い延ばし

飢饉未満の「不作」の場合にも酒造制限は行われているので[31]、aがより優先して布かれたと思われる。つまり、天明三年の暮の時点で、加賀ではbの対策が必要とされる段階に入るだけの食料不足が認識されていたのである。天明飢饉の加賀藩領内でのピークは、食料政策・困窮者対策関連の記述から推して、三年の凶作の後、四年の収穫までの時期と考えられ[32]、この時点での米の節約令は、本格化しつつある飢饉の足取りを少しでも緩めさせようという藩の苦心の現れであろう。だが、結局のところ、飢饉の進行はやまなかった。

四年閏一月には、百姓に「煎粉」と称する、糠や籾に豆や雑穀を合わせて挽いた代用食の製法を伝達する[33]と同時に「其（十村・村役人・親類の三者、つまり困窮者を保護すべきと想定されているものらを指す、筆者注）外之者共も馳合候而、少々宛成共為給続候様可取計候」と、村内から出た飢人に対する合力、つまり互助

を徹底するよう命じ、[34]また江戸詰めの藩士らの人数削減も行っている。[35]物価の高い江戸で生活する人数を減らすことで、支出の削減を計った対処である。また、前掲の御扶持人・十村らに互助を命じる文脈のなかで、改作奉行は「諸郡より乞食躰之者、去暮以来非人小屋江罷越候者多有之由に候。去作不熟、米穀払底故、餓死にも及申程之躰に付、右之通与相聞え候。……去冬已来御郡方より非人小屋へ入候者共、寒疫に而死候者多有之候由。左候得者不便之至、第一人命に懸り申儀大切至極之儀に候間、何分麦作出来迄幾重にも為取続、右之族にあひ不申様取計専要に候事」——非人小屋で病死を遂げるものが多いので、それを避けるためにも在方での扶助を心がけて次の収穫までを生き延びさせるように、と切実な指示を出している。元禄飢饉下において、非人小屋では、より飢餓・衰弱の度合いが進んだものを収容対象としていたことは先に見たとおりである。小屋

注（29）被災状況について、『史料』（九）五四〇頁「政隣記」参照。
（30）同前五四七頁、八月四日。
（31）例えば、万治三年八月二二日（『史料』（三）八九七〜八九八頁）。
（32）『史料』を確認していくと、三年一二月には「破れ桶之類を売らんと申、或は食を乞、連日甚騒々敷、且先月以来今以夜盗・行路之追剥甚流行、…在家江押入も有之」と、乞食に転落する百姓が増えて治安が甚だしく悪化し（『史料』（九）五七九〜五八〇頁「政隣記」）、翌年閏一月には代用食の調理法や飢人の対処法が指示され（同前五九四〜五九八頁）、四月に疫病が発生（同前六一七頁）、五月には餓死者も記録されている（同前六二一〜六二三頁）が、七月には米価は下落（同前六二七〜六二八頁）、以降同年中には目立った飢饉関連記事はない。疫病については、五年三月および六月にも記載があるが、同年七月に能登の百姓が行った代用食物の上申（同前六八七〜六八九頁）や、九月一五日に改作奉行・各町奉行宛てて出された帰農促進に配慮せよとの申渡しは飢饉収束期の回復を企図したものに思われる。
（33）煎粉の製法は御郡所から達があり、さらに二月四日付で三右衛門から村々へ回達されている（『史料』（九）五九六〜五九七頁「筒井旧記」）。「三右衛門」は、御郡所、つまり郡奉行の支配を受け、それを仲介していることから、安永元年一月から寛政一〇年まで鳳至郡南北組裁許十村を務めた中居村三右衛門と推定できる。よって、同文書は、能登郡奉行から出されたものと考える。
（34）『史料』（九）五九七頁「司農典」。
（35）同前五九四頁「政隣記」。

収容中の死者数の多さは、この方針が踏襲されていたものと考えられる。

こうして、飢饉による飢人らへの直接的対処を施す一方、翌二月三〇日には、組頭[36]以上の藩士らに、次のような訓示を行っている。「近年御勝手別而御難渋至極之処、去年御領国凶作に付、御郡方引免并御貸米・御払米、当春夫食銀等、彼是莫大之事に而、御収納米不納に相成、三州用米不足」と、領国内での財政窮乏と食糧不足の窮状を改めて広く伝えた上で、出費の多い江戸藩邸にも「御家中一統者、当時諸物も過分高直、彼是甚難渋之時節、其上去秋火災之面々段々願も有之候得共、甚之御難渋に付御救も無之候得共、人々是非もなく取続罷在事に候。左様之処江、少分宛にても上納銀有之様申渡候儀者難相成候間、何卒於江戸表に御才覚相調候様いたし度候。万一調達不致出来時者、乍迷惑千万御発駕御延引可被遊より外は無之」と、国元の困窮を強い調子で訴えて節約と藩邸でのやりくりを指示したことを明らかにし、「ヶ様御難渋之趣、表向之面々も承知無之候而者相済不申儀……此段申聞置候事。」と、いわば手の内を曝け出して厳しい財政状況を突きつけ、それを踏まえて対応するよう求めているのである[37]。

ここに見られる、藩上層部が藩士らに協力を求めるがごとき飢饉対応は、藩政前期の飢饉時には見られなかった特徴である。前期の飢饉においては、百姓・町人間の互助は命じられているものの、藩士らは、あくまでも藩首脳部の指揮の下、それを管理・監督する存在であった[38]。史料の残存状況の差ゆえとも考えられるが、状況の切迫度の差との解釈もありえよう。藩政後期における財政窮乏、および、その改善を目指して度々藩士らに予算節減を指示し、借知も行っている状況を鑑みて、筆者は後者の立場を取るものである。

加賀藩領内での餓死者は、天明四（一七八四）年五月の能美郡小松近辺の事情として「此所計にても毎日餓死する人多し[39]」と記述されている以後は見当たらないが、同年四月から翌年にかけて、疫病流行の記録が残る[40]。また、六年一月には困窮を理由として、村方の未進米の利息免除措置をとっており[41]、飢饉の影響は続いていたものと思われる。

天明年間は、その後、地震や火事は起るものの、領内の広域に影響するような大規模な不作・凶作の記録はない。藩は、各役所での業務内容・執行方法の見なおしや、収納米のロスの防止、藩主一族の生活の引き締めなど、各種の冗費節減策と、疲弊した農村の未進米の利息を免除するが如き生産者支援策とを併用し、財政再建に力を注いでいく。それに次ぐ寛政（一七八九～一八〇〇）、享和（一八〇一～一八〇三）も、旱魃や大雪、地震など、災害の記録は残るものの、大規模な凶作の記事はない。但し、享和元年の麻疹、同二年の風邪、同三年の麻疹、と、感染症の流行が続いている。(42)このことは、領内の衛生状態、およびそこに暮らす人々の栄養状態が悪化していた可能性を示唆する。また、寛政三年に「石川・河北両御郡之儀は、御城下近故、別而浪人等大勢入込、其上浪人風体に而怪敷者共百姓家江立入、彼是与以外手間取り、野業之障に相成百姓共迷惑仕候(43)」と、各地を徘徊する住所不定者によって領内、特に石川・河北両郡の治安が悪化している記録が残る。多数の死者・罹災者を出し、収穫を根こそぎ奪い取るような規模の災害こそなくとも、藩は確実に蝕まれていた。

注（36）加賀藩の職制では、御馬廻頭・御小姓頭・定番頭を「三組頭」と称した。御馬廻組に任ぜられるのは一五〇石以上の禄を有する藩士であり、他藩での平士に相当する。
（37）『史料』（九）六〇三～六〇五頁「政隣記」。
（38）米の節約への協力は、粥や雑炊食の推奨の形で行われている。例えば、『藩政』一〇一頁「元禄九年秋売米払底之節、申渡候品々覚書」、一〇三頁「当夏米之儀ニ付被仰渡之趣、并所々御奉行中江申遣候品控帳」、一〇五頁「当秋町中売米払底之砌、申渡候品々覚書」等。
（39）『史料』（九）六二一頁「蛍迺光」。
（40）同前六一七頁「政隣記」・「加藤氏日記」、六八二頁「三守御譜」。
（41）同前七五八頁。
（42）『史料』（一一）七四頁、同一〇五頁、同二五七頁、『市史』資料一〇、六五〇頁987号、六五九頁999号。
（43）『史料』（一〇）二二四～二二八頁「岡部氏御用留」。

再び天候が不穏な動きを見せるのは、文化年間（一八〇四～一八一七）である。文化九（一八一〇）年に旱魃と虫害で約五六万石の、同一二年には虫害によって約三七万石の損亡があったことを幕府に届け出ているほか[44]、一三年には「難作」の記録があり[45]、一四年にも約三一万石の損亡を申告している[46]。また、これらの凶作とほぼ軌を一にして疫病が流行した[47]。不作→食糧不足→栄養状態・衛生環境の悪化→疫病の発生→衛生環境の更なる悪化→疫病の流行、という、負の連鎖の発生が看取できる。続く文政年間（一八一八～一八二九）も、災害が頻発し、不作の傾向が強かった。『史料』の記載を拾っただけでも、地震四回、火事六回、風水害五回、冷害一回、大雪一回の発生が記録されている[48]。作柄は、八年が「不熟」とされているほか[49]、九年にも収納米の品質管理を徹底せよと算用場が郡奉行に指示していることから、収穫の質が劣化していたことが窺われる[50]。ここに疫病の流行も重なった。七年に金沢で麻疹が流行して、斉広・斉泰はじめ、前田家からも患者が出ているほか[51]、九年一〇月には疱瘡で「一軒に三、四人も死す家多し」という惨状であった[52]。また、文政年間には斉泰が襲封し（五年一一月）、斉広が死去している（七年七月）。これは先述の経済政策の方針転換の起点となる時期であって、八年以降、旧来より更に詳細な倹約令に加えて、借知、調達銀、扶持の減額といった、積極的な財政赤字対策が展開されていくのである[53]。

これに続くのが、天保年間（一八三〇～一八四四）である。当該期の事態の推移について、大枠は巻末に付した【表8　災害・救恤年表（天保）】を確認されたい。

藩主は、一三代斉泰（一八一一～一八八四、在一八二二～一八六六）であった。襲封時は僅か一一歳、先代斉広の没時にも未だ一四歳の少年であったため、勢い、彼の政治は、家臣の枢要である年寄が主導するものとなった。中でも彼が信任を寄せたのは、奥村栄実（一七九二～一八四三）である。「八家」の一つ、奥村宗家の当主であり[54]、人持組頭[55]、金沢城を管理する御城方御用（城代）等を経て、財政を統括する勝手方御用となる。財政再建を果たし得なかった責任を問われて一度は罷免されるものの、天保七年には斉泰の諮問に応じて、藩政改善のための答申を行っている。(56)この文書のやり取りを経て、最終的に栄実は再び登用され、斉泰の信を得て、天保八年、加賀藩における天保改革の指揮をとることになる。

注（44）『史料』（一二）一八七頁、四六七頁。
（45）同前五一九頁。
（46）同前六四〇頁。
（47）文化一三年閏八月には病名は不明ながら河北郡で罹患者一〇一五人とあり（『史料』（一二）五一五頁）、翌一四年五月には能美郡で赤痢が流行、八月までに一〇〇〇人以上が死亡したとされる（同前五八八頁）。
（48）『史料』（一二）六八三頁～（一三）一〇〇四頁。
（49）『史料』（一三）六一八頁。
（50）同前七一七～七一八頁。
（51）同前四〇六頁。
（52）同前七二一頁。
（53）借知は九年五月一七日（『史料』（一三）六七五頁）、扶持減額は一〇年一二月（同前八三九頁）、調達銀は五年一二月（同前二六六頁）等に実施されている。
（54）奥村栄実は、加賀藩天保改革の実質的な主導者である。一二代斉広の文化五年（一八〇八）、一七歳の若さで月番・加番（いずれも藩の執政役。前者は交代で藩政を主宰し、後者は藩政に関わる審議に参加して月番が起草した文書に署名する役職）に任じられて後、顕職を歴任している。
（55）加賀藩には独自の用語が多く、「人持」もその一つである。他藩の「上士」に相当し、約七〇家が「人持組」を構成していた。組中から年寄を補佐して藩政に当たる家老と藩主の身辺に関することや文化関係を統括する若年寄のほか、寺社・公事場・算用場の各奉行も任命された。八家の当主が就任する、つまりは世襲である年寄とは異なり、これらの役職は七〇家（人）から有能なものを選抜できる任命制である。このことから、奥村栄実は年寄の力量が不足する場合には、彼らを政治の要として活用するよう斉泰に建言している。（天保七年奥村栄実上申「愚意之趣可調上草稿」、前掲注7長山三〇二～三〇四頁）。
（56）『市史』通史二、一六九頁、前掲注7・長山二九八～三〇五頁。

史料二三　天保八年の経済政策[57]

一、御領国中御改法無指引被仰渡書

①去年御領国中稀成不作ニ付、御救方等過分被仰付、御勝手向別而飛しと御指支、此末之御手当無之ニ付、此度御家中一統半知御借上有之候。町在之義、従来多分難渋之上加様之年柄、且ハ半知御借上ニ付而も何廉指つまり、軽キ者別而難義可仕候間、町方一統借財都而致無利息相対を以年賦ニ取極可申候。但是迄指遣候利息銀之分者元銀ニ当テ遂指引元銀年賦ニ相定可申候。寺庵社家等之分右同事たるへく候・御家中之義者来年ニ至り右之趣を以致返済候様申渡候。

一、御郡方之義、百姓共相互ニ為助力、無利息ニ而貸置候分暨屎物并稼之品為仕入、②前借之分年賦を以相対ニ而可遂指引候。町方等より致借物候分ハ如御定、都而可為可為無指引候。

一、③借財之義、右之通被仰付候ニ付、④質物之義ハ無利息十分一之元入を以、来年七月中迄ニ請取可申候。

　但、是以後、布・木綿之外者質ニ置候義仕間敷候。

一、御家中給人収納米蔵縮、向後指止候様申渡候。依而無拠節ハ頭支配人奥書之証文を以、借用之筈ニ候事。

　酉(天保八)七月

右之通町奉行へ被仰渡候付、⑤質物有之人々請取ニ追々罷成、二、三日ハ質屋前群集いたし、せり込候族ニ付、質屋ニテ店前をハはしこ等ニて相囲、人を斗り入候也。中ニは団子・握飯等を請出人へ振舞申由、然共其度者追々出シ済候哉、右様群集之義相止候事。

加賀藩天保改革は、不作による困窮を理由とした（傍線部①）徳政類似の経済政策（傍線部②〜④）を内容としていた。このうち、④を受けて、財産を質入していた人々は質草の請け出しに押しかけた。質屋側では集った彼らの入店を制限したり、来店者に――それは困窮者とほぼ同義であったろう――軽食を提供したりしている（傍線部⑤）。詰め掛けた人数が多かったことと、店側が群集の暴徒化を恐れたことが窺われる。この時点で、一揆・打ちこわしといった民衆が実力行使によって要求を完遂せんとする行動様式が、善きにつけ悪しきにつけ一般化し定着していたといえよう。

一方、商店の対応からも興味深い姿勢が読み取れる。来店者（困窮者）への軽食の提供は、行為の上では救恤の一種である施粥と何ら変わりない。だが、その内実は、群集が暴徒化したときに標的にならぬためのアリバイ作りの面があった(58)。民衆が「実力行使」という要求手段を覚えるのと平行して、商店では、そのターゲットから外れるための方策を身に付けていたのである。また、この書付からは、藩が降り積もった財政赤字を改善するための、増収の最終手段を借知と認識していたことがわかる（傍線部①）。民間における食料、藩における財政、双方の枯渇状況をかたる史料といえるだろう。

この斉泰－栄実の政治は、前代斉広のそれから大きく方針を転じるものであった。斉広は臣下・民衆に負担の少ない、堅実かつ長期的な借財整理を企図したのに対し、斉泰－栄実は急速にそれを達成せんとし、その原

注（57）「前後日記」。

（58）時代をやや遡って、宝暦飢饉時の記録ではあるが、前掲注24『金沢六家戦』には、宝暦の飢饉と銀札崩れによって経済が混乱し、食料の入手が困難になった当時、貸米等の対処を求めて集まった百姓らの行動が記録されている。おびただしい人数となった彼らは、「方々にて米をもらい、当るを幸い酒屋にて在之と申ば酒を乞」い歩き、要求を受けた商家では、「いやと言えば家にも当り可申の由、おとろしく思い候哉、方々にて多出し振廻（「振る舞い」に同じ、筆者注）申事に候」。その後、市中各所で商家の対応例が列挙されている。「材木町敷地やもこわすべきと申に付て、米を俵ながら出とらせ申候、石引町新庄屋米五俵出しとらせ申候」と、警戒が窺える（六七〜六八頁）。

資調達を大規模な借知や御用銀の付加に頼った。当然のことながら、この極端な変更は領民・家臣の反発を招いた。一般民衆層からは一揆が噴出し、方針を批判した家臣からは大量の譴責等の処分者が出ることになった。なお、この被処分者の一人が、前出の改革派農政官僚・寺島蔵人である。

以上が天保期前後の加賀藩の政治・経済状況である。

2）天保飢饉の経過

天保年間は、全国的に初年から天候不順の傾向が強かった。それは加賀においても同様である。元年の凶作を理由に、世相は不穏な状態であった。とはいえ、当年の非人小屋収容者は年末の集計で八四六人であり、平均的な数字である（人数の推移については、巻末【表6　天保期非人小屋入所者数変遷】参照）。小屋の収容者数を基準にする限り、飢饉と称すべき、破滅的な状態ではない。天保二（一八三一）年、三年にも目立った記録はない。四年三月に地震があったとされるが、詳細は不明である[59]。なお、二年には金沢浅野川川下の「おんぼ町[60]」が二度に亘る火災で焼失している。被災した家屋数は記録されていないが、仮にも「町」がなくなるというのは小事とは言いがたい。大事に至った原因は、町火消が消火に当たらなかったためであると伝わる[61]。

とまれ、天保元年から三年の天候は大過なく、藩は、備荒対策よりも寧ろ財政健全化に奔走していた。元年三月には以降五か年の借知と五〇〇〇貫の用銀の上納を決定し[62]、財政窮乏を理由にした倹約令も繰り返し申し触れている。他国の大名貸しや町人からの借金では利子がかさむことを理由に重臣に藩から資金を貸し付け、徴集した利子を収入に繰り込んだり、江戸屋敷での支出が多いことから、「支出に優先順位をつけ、軽重を勘案せよ」と訓諭したり、賀状の返礼を省略したり――と、様々に知恵を絞っているが、その効果も焼け石に水であった。三年末の集計で、累積した借財総額は約一〇万八〇〇〇貫に達し、年間収支は七〇貫目の赤字を計上していた(63)。

この不健全極まりない財政状況で、加賀藩は天保四年すなわち天保飢饉の一つ目のピークを迎える。

この年、領内では災害・犯罪が多発した。天候については四月～五月が少雨で渇水傾向、六～七月は多雨・低温と、極端に不順で、秋の不作が容易に予想できる状態であり、八月時点で既に米価は高騰している(64)。一〇月には、地震とそれに伴う津波によって、輪島で流失家屋等約三七〇軒、死者・行方不明者四七人の被害が出

注（59）元々、北陸は大規模な地震が少ない土地柄だが、立山連峰という活火山を背後に断層も多く、被災経験がないわけではない。寧ろ、日頃経験しない分、稀に発生した大規模な地震については随処で記録が作られ、さらに後代にそれらを編纂する、という伝承の成立過程がみられる。加賀藩領内を襲った大規模な地震災害である安政五（一八五八）年の飛越地震を例にするならば、最も甚大な被害の出た新川郡の十村・杉木氏が被害状況や藩への支援要請の控をまとめた「安政地震山崩一件」を作り、明治一九（一八八六）年に森田柿園がそれを「北国地震記」にとりあげている（史料はいずれも加越能文庫所蔵。また、同文庫収蔵の「火災地震記録四種」と題する書冊史料にも安政地震およびそれによる常願寺川の決壊が引き起こした大洪水の様子が記録されているが、こちらについては成立年代・筆者の記載がない）。寛文飢饉の引き金となった、寛文八（一六六八）年の水害についても同様である。天保元年の地震についてはこのような記録の地層が作られていないところをみると、さほどの被害はなかったのであろう。

（60）「おんぼ」とは「陰坊」であり、加賀藩の賤民の一種、藤内の別名である。文政七（一八二四）年、藤内頭による各種賤民の縁起に関する上申によれば、陰坊とは、武家・町方の葬儀に携わる彼らが町家からでた死者を葬る場合に名乗った名称であり、また、藤内に限らず、埋葬に携わる者は広くかく称したともいう（『史料』（一三）四五三～四五五頁）。

（61）『集成』三三四～三三五頁。なお、『史料』（一四）九五～九六頁、一二四頁にも同文が採録されている。

（62）『史料』（一四）一〇～一四頁「官私随筆」「坂井氏留書」。寺島蔵人はこの調達銀の賦課については批判的立場をとっている。民衆や下級武士といった経済基盤に不安を有する人々の間で彼が広く支持されていた理由の一つがここにある。

（63）同前二八四～二八八頁。特に二八六頁「御家老方御用等諸事留」。

（64）同前三五五～三五六頁「文化より弘化まで日記」「年々珍敷事留」。

た。藩では、これに対して御救米三〇〇石、貸米二五一石を支出している。[65]つまり、元々不安定だった世上に食糧不足の見通しが広まったのである。拱手傍観していれば米を求めるうちこわしや一揆が勃発することは目に見えていた、といってよい。五月の時点で、藩は蔵宿印紙米を保有する米商人らに米の売り出しを促している。また、秋以降、酒造量を例年の三分の一に制限し、米穀の領外への移出を制限するなど[66]、米の流通量の確保に意を砕いている。しかしながら、それも必ずしも奏功したとは言いがたい。次に引用するのは、天保四年一一月の、算用場と、能登郡奉行・村役人等のやり取りである。

史料二四　食糧不足の予想と対策の建議（天保四年一一月[67]）

①当年諸国作体不宜、御領国中も同様不作ニ付、町在共一統応分限食物を初万事省略いたし、取続方無油断可相心得。右ニ付米穀等都而食用ニ相成候品々、当分他国出指留候旨等、先達而御算用場申来候趣有之、其節夫々申渡、一統承知可罷在義候得共、②若心得違之者有之、米穀等密ニ他国江相洩シ候義出来候而は不軽義候条、猶更厳重相守心得違不致指除而一統可申談置候。尤潤改人之義ハ舩ニ積入之品、出入とも可相改、役者第一之義ニ候間、御縮方厳重可相心得候。如此申渡候上ニも、万一不心得之者有之候而ハ、人々之身尽ニも不相成義ニ候条、是等之趣僉義いたし能々可申諭置者也。

巳十一月十九日

御郡奉行

能州四郡

村々役人

潤改人

御算用場奉行江
当年後領国夏以来雨降続、不順気ニ而作毛不熟至極ニ付、食物を初万事致省略、取続方無油断可相心得旨、先達而申渡置候。然処、次第米価高直成義近年無之事、軽き者共ハ別而可為難渋儀、右ニ付、来年新穀出来迄、何分用米不指支様、夫々ニ僉義候事ニ候。勿論人々心得も可有之義ニ候得共、猶更遂省略、用方猥之義有之間敷候。是等之趣可被申渡事。右之通町奉行被申渡候条、所之町奉行等江被申渡事。
　巳十一月
右之通御算用場より申来候ニ付、早相越候条得其意、本文之趣無違失相心得候様、末々迄不相洩様、組々主附可申談。且新田才許等江も向寄より申談、先々品々相廻従落着可相廻候、以上
　巳十一月廿六日
浅加伊織
菊池九右衛門
口郡
物年寄中
年寄並中

注(65) 津波については同前三六二〜三六九頁。また、この四月には小松で建造物被害約一〇〇〇軒、二名が死亡する大規模な火事が発生している（三二九〜三三三頁）。再建に当たっては建築を強固にするよう特に申し渡されており、再度の火事への備えに意を割いていることが読み取れる（三四九〜三五〇頁）。
(66)『史料』(一四) 三五九〜三六二、三七六〜三八一頁。
(67) 加越能文庫「作難ニ付取治方諸事留」。表紙に「天保四年」「真舘氏」の記載がある。真舘とは、鹿島郡武部町に居住した十村の家系である。当史料には、天保四年から九年の作柄や郡奉行とのやり取りの記録などが含まれており、この期間は矢田組（文政四年七月〜天保一〇年正月の期間は崎山組）三九か村の十村として真舘家の弥左衛門が立っていた時期に該当する。史料の作成者の記名はないものの、彼の手になるものであろう。

冒頭は「不作であるので、米を他国に移出せず、次の収穫まで食料を節約して食い延ばせ」との指示書。次はそれに対する「指示を布達してなお米価は値上がりし、元々余裕の無い生活を営む軽き者らがとりわけ難渋しているため、個別具体的に検討してはどうか」との改作所担当者および能登口郡（能登半島付け根に位置する羽咋・鹿島二郡の総称）惣年寄・年寄並らの建言書である。なお、浅加・菊池の両名は、天保四（一八三三）年当時の改作所御郡方専務で加能二州の担当者である。また、「潤改人」は船から積み下ろしされる荷を改め、口銭を取り立てることを主な役目とする、今日に例えれば港湾管理官である。(68)当史料においては積荷の検査を厳重に行い、違反者を見逃すようなことがないように、との指示が下されている。食料の移動を管理する最前線の役割を果たすことを、ここでは要求されている。

総じて、四年の凶作を受けて打ち出された米価安定のための諸策はめぼしい効果をあげていなかった。当然、食料を得られない飢人が城下を浮浪するようになり、加えて、疫病が流行した。非人小屋の収容者は加越能三州で四〇〇〇人を数え、収容環境の悪化から、一〇月、藩は小屋の増設に踏み切った。史料には「仮小屋」と表現される。それでも増え続ける収容対象者には追いつかず、一二月には早くも再増設を検討している。(69)

翌五年は、八月に「豊作」との記録が残る。(70)その兆しを受けて、米価は一月の騰貴から一転、七月に暴落をみる。また、当年の収穫が豊作でもそこに至るまでは昨年の収穫で食いつながねばならぬ道理であり、収穫が即時に食料となって領内に行き渡るわけでもない。後述するとおり、当年中にも様々に困窮者対策が取られている。これに対して、六年の救恤関連の記録は少ない。五年の収穫で、特段の措置がなくとも延命がかなったものは多かったことであろう。また、藩としてもこの収穫は文字通りの天恵となったものか、この一か年の間に、領内一三箇所への備荒倉の設置、囲い籾の増額、笠舞非人小屋の再増設準備、と、矢継ぎ早に救荒策を打ち出している。但し、これが真実成果を上げたか否かは不明である。非人小屋の再増設準備の決定後、僅か半年程度で、次の不作の予兆が現れている。詳しくは後述するが、天保飢饉は、七年の冷害を発端に次のピークが始まる。九月一二日に非常用米穀の不足が明らかになっていることからも、[71]ここで命じられた対策が機を失していたことが判明する。

天保七年六月一日、加賀藩領は霰に見舞われ、[72]不作の予想が立った。犀川川上の批屋、笠舞屋が打ち壊しにあったのは、同月中のことである。これは、米価を上昇させんがために水神のタブーを犯し、意図的に天候不順を招いた、とのデマによってターゲットにされたものと伝わる。[73]その後も富商や藩に扶助を求める騒動が続き、また、洪水や霰、長雨など、水害・冷害が続き、一〇月には不作が確定する。「当年非常之不作之処、昨年も不宜」「昨年御領国作躰不十分候上、当年順気悪敷不熟」「来年新穀迄用米取続方無覚束」と、「前後日記」は天候不順の影響が広範囲にわたったことを語っている。[74]藩では、米穀の移出制限のほか、雇用確保策として家中諸士に奉公人の解雇を禁止を申し渡し、また、困窮者を私的に支援するようにも指示している。しかしながら、これは徹底されなかったとみえ、九月にこの禁令に違反して米穀の買い占めと移出を行ったとして、宮

注(68) そもそもは、近世初期に各地からの舟の往来が盛んになったおり、領国の港を出入する舟に対して課した税を「澗役」と称し、それを取り立てる役目を帯びた者を「澗役人」と称したのが始まりである（高瀬保『加賀藩海運史の研究』一九七九、雄山閣、六〇～六六頁）。

(69)『史料』（一四）三六九～三七〇、三八五～三八六頁、『市史』資料一〇、六七〇頁1005号。

(70)『史料』（一四）四九〇頁「珍敷事留」。

(71) 同前七〇二頁。

(72)「前後日記」。

(73)『史料』（一四）六七八頁「珍敷事留」、加越能文庫「丙申救荒録」。

(74) 天保七年丙申条。

腰室屋三郎兵衛が斬刑に処されている。[75] 一一月には米穀の節約と併せて、家中の諸士に雇傭を確保するために奉公人の解雇を禁じ、また、困窮者に対する私的支援を心がけるよう申し渡している。[76] 続く天保八（一八三七）年～一〇年の三年間も冷害や虫害が生じて作柄に恵まれず、飢饉は続いた。各種の困窮者対策・食料支援策・それらの効果を図る統計記録の類が、ほとんど月ごとに残っていることから、それが読み取れる。天保飢饉が、一般に「天保四年から七年にかけて発生した」と総括されていることは冒頭に引いたとおりであるが、それは、最終的なトリガーとなった災害が発生した時期であり、極端な食糧不足とそれによる広範囲に影響する飢餓は、さらに長く続いていたのである。

影響が長期化した原因は、直接的には災害が断続的に数年にわたって発生したことであるが、背景には、藩が抱えていた慢性的な財政赤字の存在があろう。天保七年は飢饉の後半が始まった年であるが、この年一一月、税収の範囲内での財政運営を目指す改革構想が提示されている。[77] 方針自体は誤りではないが、遅きに失した提案であった。

注（75）『史料』（一四）六九九頁。なお、同事件については「前後日記」にも言及がある。
（76）寄付の奨励のほか、解雇禁止など。後者は、加賀藩では藩政前期から行われている（吉田正志「加賀藩前期雇傭関係法の性格」（一）～（三・完）、『Artes Liberales』第二三巻（一九七八）～第二五巻（一九七九）参照）。
（77）『史料』（一四）六四〇頁。

第二章　天保飢饉への対策

加賀藩の天保飢饉対策は、収納米の基準緩和、年貢の減免、夫食御貸米、御救米、小屋入り、御救普請など、藩政初期の飢饉から一貫して行われてきた諸政策と、基本的には変わりがない。畢竟、困窮者に対する他者からのケアの類型が「給付」と「免除」の二種に還元される以上、政策もまた、目覚しい革新などは果たしようがない。但し、その実施にあたっては、異なる経済・思想・財政等、藩政初期とは異なる天保当時の社会背景に適合し、有効に機能するように種々の補正が加えられている。大きくは、実施主体が藩以外に拡大したことが挙げられる。以下、実施主体を基準に「藩によるもの」と「それ以外」に分類して整理したうえ、小括として、藩政前期における飢饉対策との比較対照を行う。

一　藩による救恤

この類型に該当するのは、実施された順に

a．御救普請の実施（および実施の委託）

b. 備荒貯蓄
c. 非人小屋の増設
d. 御救米の支給・貸米の実施
e. 御救小屋の設置

以上の五パターンである。このうち、aについては、士庶への委託をも並行して行っており、全てを「藩によるもの」と言い切ることは妥当ではない。よって、ここでは、藩が直接実施したもののみについて詳述し、委託分については、次節「藩以外の実施主体による支援」において言及する。

1) 御救普請の実施（および実施の委託）

本節での紹介が適切なものとしては、八年に行われた二、ないし三件の普請がある。第一に、「前後日記」にある、現時点で実施月日不明の川除、第二に、『史料』にある六月に実施した川除、そして、第三に一〇月一〇日の橋梁普請である。(1) ここで「ないし」という数え方をするには、無論理由がある。「前後日記」、『史料』所収「文化より弘化まで日記」ともに簡略な記述であるため手がかりが少なく、確定には至らないが、この両者が言及する第一と第二の普請は、同一のものである可能性が捨てきれないのである。

まず、第一の普請は次のようなものである。

史料二五　川除普請の実施（天保八年(2)）

軽キ者、日数五〇日江堀被仰付。但百貫目出申由。毎日二〇〇〇人斗三ヶ所勝手分ケいたし、賃銭依御僉義麦御御渡之事。

実施された時期は不明であるが、労働の対価として支給されたのが麦であったことを鑑みるに、当年の麦の収穫後、つまり初夏よりも後にかけて行われた事業であったかもしれない。一日当たり二〇〇〇人がこの制度の恩恵を受けたという数字は、一見誇大なようであるが、次項で紹介する史料三四・川上芝居小屋の役者、市川八百蔵による施行を受けた人数もまた二〇〇〇人となっており、史料三五・尾張町鶴来屋円右衛門による銭施行の支給は、六〇〇〇人が恩恵を受けたと記される。無論、「前後日記」の記述が一片の曇りもない事実であったと断言はできないが、当年中に実施された御救を受ける者の人数として、「二〇〇〇」という数値は一定の蓋然性を有すると認識されていた、とは言えるだろう。

『史料』にある六月の普請は「下民御救として江堀掘上被仰付、一日に婆々嬶共等迄二千人充出。此御入用銀百貫目余」という簡略な記事にとどまる。実際の給付が現物だったのか金銭だったのか、事業日数は何日あったのか、など、詳細は記されず、「前後日記」と付き合せて一致するのは、「川除」「二〇〇〇人」「八年中に実施」のキーワードしかない。両者が別個の施策なのか、同一のものについての角度を変えた言及なのか、現時点での判断は保留とせざるを得ない。ただ、当年中に川除による御救普請が実施され、それによって露命を繋いだ人々はいたのである。

第三の一〇月一〇日の御救普請は、これとはやや毛色を異にする。なぜなら、この時の普請は、「大工職

注（1）『史料』（一四）八三九〜八四〇頁、「毎日帳書抜」、「文化より弘化まで日記」。
（2）「前後日記」。

を対象に行われたからである。

史料二六　御救普請の実施（犀川・浅野川橋梁工事、天保八年一〇月一〇日）[3]

両川橋相損、不遠内懸替不被仰付而は不相成。然処年柄に付、①今年大工職之者等稼方も無之困窮之躰に付、御救旁右両橋懸替申付候旨等申渡。

②当年御家中半知等に而、諸職人甚困難に付、為御救犀川橋・浅野川大橋・小橋懸替被仰付、当年より取懸。

両川、とは、金沢市内を流れる浅野川・犀川の二本の川を総称して用いられる呼称である。二本の河川は、金沢城下を挟み込むように流れており、これらに掛かる橋が落ちれば、交通は著しく阻害される。北陸の各城下を繋ぐ交通の要路である北國街道もまた、これら両河川を越えて金沢城下に至っており、街道筋の浅野川大橋・犀川大橋の両大橋は欠くべからざるものであった。当史料は、その橋の懸け替え工事を「御救かたがた」（傍線部①）困窮した職人に命じた、というものである。「一体にお救い普請は、効率を考えた事業ではなく、女、子供に限らず、土運びなどの人足に出て、賃銭を支給される仕組みである」[4]と言われていることを鑑みれば、この事業は実施者・受給者双方に利点のある点が、特徴的である。

2）備荒貯蓄

並行して、不作年の端緒にあたる天保四年と、凶作の谷間である天保五年・六年の三度にわたり、斉広は備荒貯蓄の増量を指示している。

史料二七　備荒貯蓄の指示①（天保四年八月四日、算用場奉行宛[5]）

当年不順気故、……領国中之儀も甚無心許候。……依之当年より収納米等之内を以、二・三千石計籾納に為致置可申候。

加賀藩では、非常時への備えとして、収納米の一部を割いて籾を貯蔵するのを通例としていた。史料二七中に、「籾納」と記されるのがそれである。また、以降に掲載する史料二九にある「囲籾」という用語も同じシステム、ないしはそうして貯蔵された籾を指す。

予想される危険に対する備えを講じるのは当然のことながら、しかし、この場合は遅きに失した措置であった感が否めない。「当年之所諸郡籾所持不仕候[6]」との返答がもたらされたのは同年一二月のことである。凶作を予見しながら、同年の収穫のうちからそれに備える食料を確保せよ、との指示は、明らかに非現実的なものであった。

備荒貯蓄としては、次に引く史料二八があるべき姿であろう。

注（3）前掲注1。
（4）北原糸子「近世における災害救済と復興」（北原編『日本災害史』二〇〇六、吉川弘文館）二〇九頁。
（5）『史料』（一四）三五一～三五二頁、「御親翰留」。同頁に採録された「作難に付取治方諸事留」にもほぼ同じ文章があるが、籾納とする備蓄は「五・六千石」とされている。
（6）同前三八八頁。

史料二八　備蓄指示の指示②（天保五年一〇月、算用場宛[7]）

今年順気無類之年柄に付、作物一体取入宜敷体。因茲御領国百姓共一統より二万石、別段為納置可申候。

五年は「上作[8]」とされる。四年の凶作による苦難を経験したばかりの領民・為政者は、ともに余裕があるうちに備蓄を用意する必要性を痛感していたことであろう。加えて、当年には酒造用の石高を前年の三分の一に制限する措置が取られている。すくなくとも、ここに言う二〇〇〇〇石の備荒貯蓄を確保するには、さしたる問題はなかったと考えられる。

史料二九　囲籾増量（天保六年閏七月四日、算用場→郡奉行[9]）

非常之年柄御救為御手当、御収納米之内正米二千五百石之図に而、年々御囲籾被仰付候得共、重而御僉義之趣有之、当年より七千五百石相増、都合正米一万石御囲籾年々御貯用被仰付候段、別紙写之通御勝手方年寄中被申聞候条、被得其意、納方之儀夫々可被申渡候（後略）

天保六年における加賀藩の作柄については、取り立てて豊凶の記録が残らない。特筆に足る事情がなかったと判断すれば、前年の方針を継続して備蓄の充実を目指したと考えられる。

史料三〇　備荒倉の増設（天保六年[10]）

一、天保五年御蓄米被仰付候に付而、荒年之御蓄之儀故、諸郡とも一組に一ヶ所宛備荒倉可被仰付処、御当節一時に難被仰付に付、先要用之処被仰付、追々御建増可被為成御趣意之処、下方より冥加として材木

等指上、并右御入用銀加入相願候に付、御達申上御聞届有之、天保六年十三ヶ所出来、備荒倉与名目被仰渡候事。

（以下、備荒倉所在地を列記。内訳は、砺波郡二箇所、新川郡三箇所、能美郡一箇所、石川郡一箇所、河北郡一箇所、口郡一箇所、奥郡一箇所、射水郡三箇所である）

こうして確保された備蓄が、救米や貸米などの形で救恤に利用され、収穫の不足を補う役を果たしたのである。

但し、それが飢饉の終幕まで効果を発揮したか否かについては、疑問が残る。加賀藩での天保飢饉の影響は、各種飢人対策の発令時期を基準として判断するに、天保一〇（一八三九）年頃までは残っていたと考えられる。詳しくは後述するが、新規困窮者収容施設である御救小屋の設立は天保一〇年であり、また、同年中に、在方の乞食の互助が命じられてもいる。翌一一年に非人小屋の名称に関する建議が行われているのも、飢饉下での施設利用の実態によって、その問題点が析出され、藩首脳部に対処が必要な切実な問題として認識されたから、との推測が成り立ち得る。天保飢饉の罹災者は、四年から一〇年にかけて、他者によるなんらかのケアを必要とする状態で一定数が藩内に存在したと考えられる。「七年飢渇」の別名は、やはり加賀藩においても的を射たものであった。

注（7）『史料』（一四）五〇六～五〇八頁。当文書の内容は、算用場から郡奉行を経て郡奉行へ、そして諸郡物年寄へと布達されている。
（8）同前四九〇頁「珍事留書」。
（9）同前五九二頁「御郡典」。
（10）同前六三五頁。なお、文中の「口郡」とは能登四郡の内、金沢に近い羽咋・鹿島の二郡、「奥郡」とは半島先端部の鳳至・珠洲の二郡の総称である。

３）非人小屋の増設・弾力的運用

繰り返しになるが、加賀藩領内において、権力主体から「非人小屋」という名称によって呼ばれるのは、寛文一〇（一六七〇）年、前田綱紀によって笠舞に置かれ、歴代の藩主によって維持されてきた困窮者の収容・加療施設である。「(笠舞・非人)御小屋」「御助(救)小屋」といった名称も史料には散見されるが、それらは通称、または美称であって、正式名称ではない。それは、小屋の改称の建議が、「非人小屋」に対して行われていることから読み取れる。また、第３部第一章でみるとおり、「御救小屋」へ「非人小屋」から収容者を移動させている事例が存在することからも、この両者は別個の施設である（後掲史料五二～五六参照）。

天保飢饉下においても、非人小屋が負った役割は創設当時と変わらず、「困窮者の収容・加療・生産現場への復帰支援」であった。但し、その運営体制や施設には多少の変遷が見られる。延宝六（一六七八）年には、患者の減少を受けて、非人小屋入所者の診察を担当していた医師のうち、町医者が五名から一名に削減され[11]、宝永四（一七〇七）年には、収容者数の減少と建て物の老朽化から、七棟を取り壊している[12]。また、享保一七（一七三二）年には、担当の足軽を減員し、代わって収容者のうちから取りまとめ役を選出することにしている[13]。その一方、数年続きの天候不順と風邪の流行によって困窮するものが多かった享保末期には、非人小屋の増築が行われている[14]。非人小屋が規模や運営体制を変化させながら、状況に応じて活用されていたことが読み取れる。

その利用実態を語る一例が第２部の序章「非人小屋での生活」でも確認した寛政年間に記された史料「笠舞非人御小屋方[15]」である。分量は八丁と短く、大きく分けて能州郡奉行から能州四郡十村に宛てて出された二通の通達からなる。一通目は非人小屋入所基準と、入所に係る手続きと様式、二通目は、非人小屋での回復を経て奉公を希望した者の取り扱い規定である。それぞれ、関係官庁からの指示や通達を再編しており、一通目の元となる文書は、藩の財務を取り仕切る算用場と金沢市中の行政一般を司どる金沢町奉行から郡奉行に、二通目のそれは、算用場・町奉行から能州郡奉行に宛てたものと、非人小屋裁許与力に宛てたものとをまとめて構成されている。

まず、一通目の内容は、笠舞非人小屋は鰥寡孤独の困窮者を収容する施設である、という創設時の理念を述べたうえで、それに違背する現状を挙げ、創設時とは異なる寛政時点での情勢を勘案して、七か条からなる新運用方針を通知するものである。則ち、

a. 親戚が居る者の入所は原則として許可しない。

b. 鰥寡孤独・療疾[16]者であっても居住地内での扶助を原則とし、それが困難な場合にのみ町・村役人の書

注(11)『集成』四九八頁20号。

(12)同前五二一頁41号。

(13)同前四〇九頁「非人小屋先格品々帳」。また、本書第2部序章参照。

(14)『史料』(六)八二七頁。同年中の風邪の流行は七月とされているが(『史料』(六)八三一〜八三二頁)、一一月一〇日に石川郡大平沢村十村が加州郡奉行に風邪による死者数を報告しており(『市史』資料編一〇 六四八頁984号)、流行期間・範囲ともに広かったことがうかがわれる。

(15)河合文庫。史料は書冊の形態をとっており、標題が「九十歳以上御扶持方／笠舞非人御小屋方／蔵宿方／津出方」とされていることからもわかるとおり、四種の内容を含んでいる。本稿が取り上げるのは、そのうち第二部に収載されている「笠舞非人御小屋方」の内容である。当史料は『集成』にも採録されているが、以下に指摘する如く、翻刻に若干の疑問が残る。

(16)この箇所について、田中氏は「廃疾」の誤記を示唆する。確かに「鰥寡孤独廃疾」は、非人小屋入所者に係るキーワードではあるが、当史料は後述の通り病者の扱いに言及しており、かつ、「病をいやす」義の「療疾」なる語が存在している以上、原典の表記に従い、かく解するのが妥当と考える。

面（送り状）申請後に入所を認める。

c．bの書面に使用する印鑑を登録すること。

d．正月に各町・在ごとに非人小屋入所者数の届出義務。

e．当該町村の居住者ではない困窮者への対処方針。

f．当時における非人小屋入所者数の報告義務と小屋内の出生者を町・在で引き取るべきこと。

g．特例的に継続入所を認める場合の要件。


である。末尾には、b・dの際に使用する様式を付記している。

二通目は、非人小屋入所経験者の就労難の原因が、元入所者の身元保証に加えて、就労困難時の労使双方への保障など、負担の大きい請人のなり手が居ないことにあると想定し、当該元入所者の非人小屋への再入所を認めることで負担を軽減し、ひいては就労難の解消を図る。この二通目は、更に二通の文書からなり、前半では前述の理念を、後半ではそのために要する元入所者であることを証する証明たる印札の取り扱いを記す。

当史料は、独り当時の状況を語るのみならず、以後の年代に影響を及ぼしている。例えば、万延元（一八六〇）年の小屋への入所申請は一通目にある送り状の様式を踏襲しており[17]、また、天保一〇（一八三九）年の町方による送り状の発行数調査報告には「在人高シラへ帳」が添付されている[18]。ここに規定された手続き・様式が継続して使用されていることが確認できる。ここからは、文書行政が町・村役人層にまで浸透していたことがうかがえる。一方で、運営理念・収容基準として強調される「鰥寡孤独」は、関連他史料にも幾度となく主張されており、その実態との乖離を示唆するものである。

「笠舞非人御小屋方」が作られた寛政年間は、天明・天保両飢饉の端境期であり、天候は比較的落ち着いていた。当史料は特筆するような災害のない安定した時期に作成された史料でありながら、天保飢饉という非常時を挟んで約六〇年を経た万延年間にまでも影響を及ぼしていることになり、加賀藩の救恤政策の息の長さをしめすものである。

また、当史料に含まれる町奉行・算用場からの達は、当然ながら能登にのみ命じられたものではない。別に伝わる「新川郡御小屋入御救人帳」には、[19]「笠舞非人御小屋方」と同じ達に加えて、非人小屋――文中では「御助小屋」と表記されている――に収容中の、同郡の出身者の届出の実例も含まれている。小屋の利用・運営に係る実態について、より具体的な事象が確認できる好史料である。また当史料の存在は、同時に、富山藩を挟んで金沢から遠く離れた新川郡からも、金沢の非人小屋に扶助を求めた民衆がいたことを証明する。換言すれば、非人小屋が困窮者収容施設として有効に稼働していたことの証左といえる。

それでは、以下、天保年間における非人小屋の実態を確認する。まず、収容者数を指標として各種史料から抽出していくと、【表6　天保期非人小屋収容者数変遷】のごとくになる。天保元年から三年の暮れまで、つまり、際立った凶作や災害の起きていない平年は、収容者数は平均八〇〇人強で推移していたものが、飢饉の初年である天保四年の暮には一七八〇人と倍を数え、五年の春から初夏という、食糧不足が飢饉前半期で最も深刻な時期には四〇〇〇人を超える。六年以降の小屋入所者数については、残存する史料が限られているためにその動向は推測するしかない。ただ、作柄の記録・困窮者および食料政策の発令頻度と収容者数とが比例するとするならば、七年の秋から一〇年にかけて収容者は高止まりし、中でも、非人小屋の収容者の帰農を特に

注
(17)『集成』五五二頁、73号。
(18)同前七七四頁、補遺31号。
(19)同前四二〇～四二八頁。

奨励している八年夏以降[20]、新規の困窮者収容施設である御救小屋が設置された九年までにピークを迎えていたとみられる。

次に、小屋それ自体の規模を確認する。天保飢饉当時の非人小屋の建家数は不明であるが、天保四年一〇月には「非人御小屋願之者、三ヶ国より出る者幾千人与有之。……六尺四方に六・七人或は八人も居候由[21]」との過密状態になり、また、一二月には「空腹之者共寒気に被閉、次第に弱り死する者多い」一方、米価は高騰しても買い求める者は多く「江戸・大坂物騒」で、金沢でも「一両日も商売不為米屋有之」状況であった[22]。そして一二月三〇日、加賀藩は小屋の増設に踏み切った。次の史料三一は、非人小屋増設の建議から、その実行に至るまでを語るものである。

史料三一　非人小屋の増設（天保四年一二月三〇日[23]）

非人小屋裁許与力菅野弥八郎・二宮源次郎罷越、非人小屋入人千七百八十人計に相成、入方差支候旨等紙面致持参候付、仮小屋出来方遂僉義候所、先二間梁に二十間計之小屋五筋計、其内二筋計急に出来、跡は追々致出来候はば差支申間敷。

一七八〇人を収容している現状では「入方指支」ることを理由として、五筋の増築に踏み切っており、創設当初の「四五棟に二〇〇〇人収容」という想定よりは規模が縮小していた可能性が高い。

寛文一〇（一六七〇）年の創設から約一六〇年、笠舞非人小屋は、加賀藩が運営する飢人の収容・加療施設として広く認知され、困窮者の命綱として利用されてきていた。収容希望者の殺到や、先に紹介した「笠舞非人御小屋方」で問題視されている本来の利用対象者、つまり鰥寡孤独以外の者が小屋に入所している、という状況は、小屋の存在が民衆に受容され、一般化していたことの反作用でもある。

だが、天保年間の――おそらくは、より広く、藩政後期の――非人小屋は、寛文・元禄飢饉当時とは異なる局面を迎えていた。後述の、「非人小屋忌避」である。筆者は、その原因として、「非人」観が変化し、民衆がその名を帯びることを忌避したことを想定しているが（第3部参照）、飢渇による生命の危険に直面した場合、果たしてそれだけが生存を繋ぐ手立てを拒否する理由になるだろうか。現時点では、これに加えて、天保飢饉下の非人小屋の環境悪化を指摘したい。

具体的には、まず第一に、これまで述べてきた過密な収容状況である。次に、小屋入所中の死者の多さである。

飢饉下の死者には、食糧不足による餓死者に加えて疫病の発生による病死者も多い。食料不足による死者があまりに多数に及べば、衛生環境が悪化し、感染症発生の危険が高まる。飢饉時に離農・浮浪し、更には都市に滞留するものたちは、栄養失調から抵抗力が落ちた状態の人間が不衛生な環境に多数集住している、という状態を作り出す。ここに一度感染症が発生すれば、猖獗を極める結果になるのが常である。天保飢饉下でも、

注（20）非人小屋の入所者の旧里帰農促進は、天保飢饉下において二度の実例が伝わっている。一度目は天保八年（九月八日、『史料』（一四）八二八頁「三州治農録」）、二度目は翌年（九月、発令日は不明、一一月二四日に修正・補足、同前九六九～九七〇頁「御郡典」）である。特に後者では、九月時点では「当時非人小屋入之者も老人・幼少・病人之外は引取、是亦於支配所に取扱、追々生業に為在付候様、厚可致世話候」と、非人小屋が本来入所対象としてきた者らへのケアを優先するように念を押しているが、一一月には「諸郡困窮人取扱方等之儀、先頃申談置候通に候。然処調理方混雑之趣も有之候条、……小百姓……頭振ども家内御救方之儀は、改作方に而取調理可被申聞候」と、やや対象者の限定を緩めるがごとき口吻になっている。原則論に固執する運用では、困窮者の収容・加療、および回復後の生産力としての再生という非人小屋の設置目的を果たせなくなる、と判断したものであろうか。

（21）『史料』（一四）三六九～三七〇頁「年々珍敷事留」。

（22）同前三八六頁「年々珍敷事留」。

（23）『集成』五七〇頁、93号。

この傾向に変わるところはない。天保五（一八三四）年四月に郡方での流行への言及が現れるのを皮切りに五月まで記録が残り[24]、その惨禍は非人小屋にも及んでいる。

史料三二　非人小屋での疫病の流行（天保五年五月）[25]

五月十一日　去秋以来入人高多、…（中略）…死人等多御不便に被思召候。

五月十二日　非人小屋裁許与力、是迄仕来に而邂逅小屋筋相廻候由に候得共、去年以来小屋入之者多、近頃疫病に而死人夥敷由に候間、当分は日々相廻候様可申渡。向後之儀も間遠に無之様廻り方之儀、猶更追々遂僉義可申聞旨、御算用場奉行へ申渡候事。

この後、非人小屋では「ヤシコ送り」なる疫神送りの儀式が行われているが、この際にも小屋での死者の多さが重ねて強調されている。また、この儀式に際して「頃日御凶事鳴物等控罷在時節に候得者、如何と尋遣候所、遠慮中に而も指支不申」と特例を認めており、ここからも被害の大きさが看取できるものである[26]。

つまり、天保飢饉の前半の時点において、非人小屋は、「修理が行き届かず、老朽化した建て物に困窮者がひしめく疫病の巣」という暗澹たる状況だった。加うるに、この当時、非人小屋には埋葬された死体を食い荒らす大犬の群れが出没していた。死体にとどまらず、時にこどもを食い殺すことまでもあったといい、足軽に空砲を撃たせせて追い払わせている[27]。困窮者の収容・加療という、飢饉を乗り切るために不可欠の役割を帯びる施設であるとはいえ、当時の非人小屋の印象も実態も決してよいものではない。この、非人小屋という施設＝ハードウェアに付随する人々のイメージや認識＝ソフトウェアが負のものに変わっていったことが、加賀藩が天保飢饉を乗り切るにあたり、新たな困窮者収容施設を設立した理由のひとつであっただろう。

とは云え必要性が認知される一方で、数千人の困窮者を収容しうる施設を、飢饉の只中でにわかに新設・運営することは不可能に等しい。天保八年五月、藩は下記のごとく非人小屋の利用手続きを改正した。

史料三三　非人小屋利用手続きの改正（天保八年五月、算用場触書）(28)

去年非常之凶作に付、飢人多く、所々行倒罷在候者有之躰に付、当一作、行倒罷在候者、先非人小屋に而御救申渡候趣、当春及御達申候通に候。然所追々暑にも向候故、次第に行倒人多、於所方労り候由に候得共、其ままには難差置、仕抹方甚迷惑之筋も可有之候間、以後御家中并町方等、銘々屋敷廻りに行倒候者有之節は、御家中者不及申、町家たりとも直に非人小屋役所江断出候者、同所より請取人早速差出、引取御救申渡、追而其段頭・支配人より裁許与力江詮議有之、御聞届之上は此段早速諸向江被仰渡候様に与奉存候事。

極端な凶作を契機にして飢人が大量発生していることを理由に、本来は居住地の町・村役人を通した申請が

注（24）四月二四日に郡方で疫病が流行していることから、治療にあたる医師の派遣を建議し（『史料』（一四）四四〇～四二頁）、五月九日に派遣が決定されている（同四六〇～四六四頁）。五月には「四月頃より山里・浜等之貧家に疫病大はやり」との記述も見られる（同四七一頁）。その後、疫病に関する記録はしばらく途絶えるが、天保八年五月に疫病の治療薬に関する口達が残る（『市史』資料一〇　六六三頁、九九九号）。尤も、八年中に疫病の目立った流行があった記録は見当たらない。当史料は、疫病が残した影響の深さを語るもの、と解釈すべきであろう。

（25）『史料』（一四）四六四頁「毎日帳書抜」。

（26）同前四六七～四六八頁。

（27）同前四六五～四六六頁「毎日帳書抜」「故紙雑鈔」。

（28）同前七九二頁「触書」。

必要な非人小屋入所手続きの簡略化を定めている。具体的には、行倒人を発見次第に発見者の身分・立場を問わず非人小屋に連絡を入れれば、小屋から担当者を指し向け、当該困窮者を小屋に収容する、としている。非人小屋が行き倒れ人の収容施設として稼働していた実情とともに、城下を徘徊する困窮者がいかに多かったかをもの語る史料でもある。

柔軟な運用体制にシフトしつつ、負の印象が強まっていたであろう非人小屋を存続させる判断を下した理由には、切迫した財政・飢饉の進行状況が、その切り替えを許さなかったことが一因に挙げられよう。財政難と飢饉に挟撃された状況において藩が取りうる改善策は、入所者の小屋からの退所と自活、つまりは生産現場への回帰を促進することであった。並行して、被収容者となる城下の飢人を減らすべく、在方の互助の方針を徹底するよう、指示を下している。

史料三四　非人小屋の入所者数抑制（天保八年九月八日、算用場→郡奉行）(29)

非人小屋御救人共之内出人之儀、先達而各手前詮議候処、被下銀に不及出人に可相成分、裁許与力於手前相選、村名等相調指出候へば、村役人指向、弥出人に可相成分は、村方江召連、罷帰候様可申渡旨。且倒込人指留方申談候へ共、此儀は難相成段被申聞候に付、委曲年寄中江茂相達候処、詮議之通可申談旨被申聞候条、裁許与力より出人相選申達候者、精誠出人有之様村役人共に兼而可被申渡候。倒込人之儀も、可相成丈無之様、是又可被申渡置候。（後略）

非人小屋入所者を退所させることについて、過日各関係者間で協議を行った。（非人小屋退所に際して支給される）下され銀の必要がない者については、（非人小屋）裁許与力の側で適切な者を選んで村名等を調べれば、村役人が指導し、実際に退所ということになれば、村方へ（当人を）連れて行くよう言い渡すこととする。また、倒れ込み人（行き倒れ）を（小屋に）留め置くことについては困難であるので、詳細は年寄中での議論ともなったが、結局、詮議のとおりとの結論になったゆえ、裁許与力が退所者を選出した暁には、退所者と同様に扱うこと。また、（そもそも）倒れ込み人がでないよう、配慮を怠らないように申しおくこと——やや言葉を補いながら解釈すれば、この史料の内容はこのようなものである。詰まるところ、現に非人小屋に入所している者の退所を促進することと新規入所者が出ないように対策を講じることが当史料の内容であり、入所者数の抑制に意を割く藩の姿勢は明らかである。

当史料からは末尾の「倒込人之儀も、可相成丈無之」ように配慮せよ、との指示の具体的内容は読み取れないが、おそらく、それは以下に類する内容であったと考えられる。

史料三五　互助の申渡（天保七年一一月一二日、改作奉行→諸郡惣年寄・年寄並中）(30)

…（前略）村々和熟を以、身元宜敷者共互に堪忍いたし合、配当可致儀に候間、高持之者共江厚申談候間、何分綿密之詮議有之、心服を以取治之儀専要之事に候。且又困窮人江致助力見継方等之儀、今般段々別紙深御仁恵を以御触渡之趣、先達而申渡置候得共、今度其許帰村配当方申渡之刻、別紙御主意猶又懇に村々役人共等江申示し、末々不相洩可為致会得候。非常之年柄に付、於御上も甚御心痛被為在、御救方等も夫々相応被仰付度御趣意に候得共、御勝手向以之外御指支、思召通には不被為行届、御国民之儀は一体に

注（29）『史料』（一四）八二八頁「三州治農録」。

（30）同前七三七～七三八頁「諸郡御用留」。なお、文書の宛所である「年寄」は、この場合は、文政四年（一八二一）の十村制廃止によって新設された、郡奉行を補佐する役職を指す。廃止前の無組御扶持人十村と組持御扶持人十村を「惣年寄」、御扶持人並・平十村を「年寄並」とした。

被思召候、訳而凶作之折柄はいかにも御救被仰付候儀に候得共、何分前段之通に而、御年も送り兼候時節之儀に候間、少に而も余分有之者は、何れも深奉恐察、貧民介抱之儀幾重にも致世話、非常之取扱可致。

（後略）

ここで強調されるのは、「村内の互助」に加え、「藩主は百姓を救いたいのだが、その気持ちを財政が許さない」という藩側の内部事情である。全体として、「御上による救恤が実施できないのはやむを得ないことであるから、民間での互助によってそれを補え」という趣旨になる。いささか、藩という統治組織の責任放棄と読めなくもないが、当時の救恤は、実施レベルで一部が私人に委託されていたことは先述のとおりである。その潮流に乗るものではあったろう。次の史料三六は町・在の支配人による扶助を促進するものである。

史料三六　飢人の浮浪防止（天保八年一一月、算用場奉行宛）(31)

当季……軽者流浪仕候者も可有之哉。町・在より出候者は、其支配々々江立帰り候はば、支配人訳而致世話、自分之稼方を以渡世いたし候様申渡、成限り産業に為在付候様有之候はば、路頭に相立候も有之間敷候。

互助を救恤の基本とすることは藩政初期の飢饉でも同様であるが、全体的に、よりその方針が明瞭かつ積極的に打ちだされているのが、藩政後期の救恤の特色である。また、史料三六に見られるように、救恤を実施する機関が統治機構の中でもより末端――換言すれば、困窮者の生活実態に直面する役職へと拡大していることも指摘できる。

4）代用食の支給・調理法の紹介・施粥

飢饉下において、米、雑穀といった主食の代替食品として、即座に想起されるのは豆類や芋類であろう。これらのほか、天保飢饉時においては、こぬか、とらせの根、リョウブ（令法、史料では山茶科、定法、ヂョウボとの表記も見られる）などが食用とされたことが記録に残る。リョウブは、現代の一般的な辞書においても「若葉は煮て食用とする」[32]と説明されるが、こぬかは「毒なるものにて、之を食へば腸胃を傷め、肌膚青腫れ、甚敷は終に死に至る也」[33]、とらせの根もまた「藁灰のあくに能々ゆであげて、かち臼にてうち砕き、布の袋に入て、川水ならば尚更よろしく、一日も一夜も水にさらし候を干あげ、挽臼にて挽き、団子に致し…」[34]とされ、その手間の多さからしても決して食用に向いた素材ではない。また、沿岸部においては、海藻のエゴノリを使った団子も食用に供されているが、これもまた味よりも満腹感を得ることを優先する食物だったようである。[35]

注（31）『史料』（一四）八五四頁「御郡典」。
（32）新村出編『広辞苑』第五版、二〇〇三、岩波書店。
（33）『史料』（一四）七四一～七四二頁。小松の儒者、湯浅寛が米ぬかのほか、粟皮、藁といった、本来は食用には適さない材料を食品にするための加工法を紹介しているが、いずれも入念な加工が必要とされている。
（34）同前七八五頁。
（35）『島もの語り』天保八年五月九日。当時、寺島蔵人は能登島の北東の端に位置する漁村、八ヶ崎村で配流の身であった。配流先でみた飢饉時の食糧事情を、「近ノ百姓より毎日食候だご（団子のこと：筆者注）一ツ取参り候、いご（海藻の一種の「エゴ」であろう：筆者注）と何やらこぬかへ交候もの、少々喰ミ申処、一口もくえす、いこざくざくとして御座候、何と云あわれな事やら可申様なし、なんぽ《ママ》とのやつら毎日毎日そのだごのミニて日をたて申候、夫故顔色もわけもなくはれい申候」と同情を込めて記録している（九八頁）。

天保飢饉時の対応として目立つのは、これらの代用食の紹介や調理法を藩または個人が広く発信・伝達していることである。情報伝達手段や、その受信側のリテラシーが、藩政初期に比べて全体的に発達していたことが背景にあろう。[36]その情報を下敷きに、各種代用食の支給・販売が行われているのである。特に、こぬかについては、飢饉後半が始まった八（一八三七）年二月に備蓄量の確認の指示がなされており、[37]実際に食料として藩から在方に支給された例も残っている。[38]この点、リョウブについても同様であり、[39]この二種が代用食の主流であった。

5）御救小屋の設置

ここまで、天保四年の凶作以降に藩によって実施された、各種の飢饉対策を概観してきた。困窮者の、各々の居住地での自活を支える意味合いの強い御救普請や食糧の支給と異なり、困窮者の施設収容は、藩が彼らの生活を引き受けるものである。制度の運営にかかる人的資源、給付物資の確保にかかる財源に加えて、施設を維持管理するための各種コストが必須である。本書導入で紹介した「餓死小屋[40]」とは異なる、人的資源の再生施設としての実態を有した非人小屋は、それが故に同時代に高く評価されているのであるが、反面、必要とされるコストも多額に上る。「前後日記」は、八年六月一八日までに「四千人斗」の乞食が非人小屋に収容された上、「毎日追々人多ニ相成候躰。一人分御入用百文斗懸り候由」と、人数の見込みと一人あたりの費用とを概算している。文中の「一人あたり経費」の算出根拠はもとより、それが何日分の経費であるのかもここからは不明であるが、「町格」を対比すると、これは一日当りの食費と支給品代等の総計ではないかと考えられる。

史料三七　御救粥之法（天保九年九月二九日）(41)

一　米　一合

一　中大根半分

一　塩少々

右水七合五勺入七合ニ焚上、一人一日之食ニ可也可相当事、

右米一合分粥入用

注（36）近世後期における情報伝達ネットワークには、各種出版物のほか、他国との商取引に伴う交流などが存在したことが明らかにされている（中舎林太郎『江戸時代庶民の法的知識・技術――飛騨国を中心に――』日本評論社、二〇一一）。本書との関連で言えば、災害情報や避難・減災の教訓、時には被災の苦労を笑い飛ばすような諧謔を込めて、地震誌や鯰絵、災害地図などの災害情報誌が出版され、各地に伝達されていった様子については、北原糸子「災害と情報」（前掲注4『日本災害史』二三〇〜二六七頁）、供養塔や供養碑の建立により、後世への情報伝達を企図した実態については、倉地克直「津波の記憶」（水本邦彦編『環境の日本史』第四巻「人々の営みと近世の自然」吉川弘文館、二〇一三、七四〜一〇一頁所収）が詳しい。

（37）『史料』（二四）七七五〜七七六頁。

（38）『島もの語り』天保五年五月五日、九〇〜九一頁。能登島八ヶ崎村に宛てて、非常食用にこぬかが送られた事例である。ただし、これについては「御上より被下候こぬか此村へ五斗五升ニ御座候、然る処こぬかくさりい申、くえ不申とて、込り（困り）入い（居）申候、請取ニ遣候そうよふ二貫斗懸、村中よない（余荷）、是ハ何とめいわく与申い申候」――運搬・交付への配慮を欠いたため、村役人らが移動費用を負担して交付場所に出向いたにもかかわらず、荷を受け取った時点で、糠は腐敗して食料としては用をなさず、負担だけが残るありがた迷惑な処置だった――と、寺島蔵人は藩の対応の悪さを痛烈に非難している。

（39）「前後日記」八年五月・六月。市中で流通する米が底を突き、リョウブ（原文では「定法」、「山茶科」と表記）が販売されている様子を記す。ここでは、よく茹でたものを揉み、刻んで米に混ぜ込んだり、飯に載せたりして食べる、と紹介している。加越能文庫「丙申救荒録」もまた「米食減し方等大切ニ仰を出され候。依て此節、夏、山茶科等御貸渡あるへき由、おふせ出され、五月廿三日市中へ山茶科御渡あり」と記す。

（40）前掲導入注4、菊地『飢饉から読む近世社会』三〇六頁。

（41）『金澤藩』「町格」九八六〜九八七頁、二〇二号。

一　米　一合　　代拾一文
一　大根半分　　代二文
一　塩ト薪　　代三文
一　世話料　　代二文
〆　拾八文　但シ、粥一合ニ付二文六歩　（後略）

この粥は、無料の配給ではなく、販売されるものであった。[42]末尾の「拾八文　但シ、粥一合ニ付二文六分」の箇所は、「一人に対し一日に支給する七合の粥を炊くには、一八文の経費がかかっており、粥一合あたりでは二文六分」、の意であろう。これだけでは「前後日記」の「百文」とは大きな開きがあるが、当然ながら、小屋の運営に掛かる経費は収容者の食費だけではない。光熱費、消耗品費、日用品類、設備費、医薬品費、関連業務を取り仕切る藩吏の人件費など、多岐にわたる。[42-1]現時点においては、筆者の手元にはそれらを算出しうる史料が存しないため、試算は不可能であるが、これらの経費を総計して頭割とした場合「一人一〇〇文」はあながち無理な数字でもないように思われる。

非人小屋とは別個の困窮者収容施設の設置が、飢饉の後半から検討され始めたことも、それらのコストと飢人の発生状況、非人小屋の収容状況との兼ね合いによるものと考えられる。なお、本書においては寛文飢饉に際して作られた笠舞非人小屋を「非人小屋」、天保飢饉時に市内各所に追加で設置された収容施設を「御救小屋」と称して区別することとする。

御救小屋設置の検討開始から稼働までを時系列に従って確認すると、次の如くになる。

史料三八　「救小屋」建築計画と施粥（天保九年九月二九日）(43)

「本多政和覚書」

救小屋、芝居小屋跡并田井新町小家買上一ヶ所、浅野町一ヶ所申付候旨申聞。右田井新町は通りを囲候に付絵図も出之。右之外救小屋へ入候者之外困窮者之為、金沢七ヶ所に而粥身元之者江申付為売候趣申渡候旨申聞。右粥一日分十八文に而、小前之者為甚弁理成仕法之趣之様子に付、十八文之内償を渡可申哉之趣も申聞候事。

「文化より弘化まで日記」

十月、覚源寺前芝居小屋跡・田井新町・浅野町中島三ヶ所に困窮人御救小屋被仰付、町同心両人右専務、御用裁許主附定番御歩坪田作兵衛、御算用者園部宅次郎被仰付。

史料三九　御救小屋普請（天保九年十月四日、金沢町奉行→御普請会所）(44)

当年米価高直ニテ軽キ者共致難渋候ニ付、当町之内四・五ヶ所程追々棚小屋被仰付候図リニ候、別紙絵図田町新道并浅ノ町中嶋ノ内家立所売払小屋為建候趣年寄衆へ相達シ候処、御聞届在之候ニ付、夫々普請方

注（42）「町格」所収史料にも、随所にこの取扱の痕跡がある。例えば、ここに引いた「御救粥之法」には、町人七名を「粥売払人」に任命しており（九八六頁）、また、二〇六号にも「かて入かゆ之義朝夕売出…（後略）」とある（九八七頁）。

（42-1）新設の「御救小屋」には、火鉢から米櫃、鍋、筆に至るまでの備品類が納品されており（「町格九九六頁二四二号、九九七頁二四六号等）、各種薬品が置き薬として用意されていた（同一〇一五～一〇一六頁、三一四号、三一五号）。非人小屋の設備も、その基本的な機能が同じ以上は大差がなかったのではないだろうか。

（43）『史料』（一四）九六二～九六三頁。

（44）『金沢藩』「町格」九八七頁、二〇二号。

為取掛候筈ニ候間、此段為御承知得御意候、以上。

戌十月四日

水原清五郎

御普請会所

尚以右二ヶ所之外、川上芝居小屋跡ニモ建候へ共、此義ハ先達テ引受候地面ニ付別段絵図指進不申候、以上

両史料に登場する「川上芝居小屋」とは、犀川の上流にあった芝居小屋である。文政二（一八一九）年以来、芝居狂言や物真似といった庶民の娯楽を提供していたが、天保九年七月に興行許可が取り消された。結果、建物を解体し、建材を東本願寺末寺へと寄進されていた。その跡地を困窮者の収容施設として利用したものである。「綿津屋政右衛門日記」には、「大芝居はひがしまつじへくだされ、……小しばゐこやは、まちやに相なり候」とあり、[45]解体されたのは大芝居小屋で、小芝居小屋はそのまま町家に転用されていたと考えられる。「跡ニモ建候」という表現からして、更地になっていた大芝居小屋の跡地に建築した小屋と、市中の町家を買い上げて小屋を建て、困窮者収容施設として運用するパターンとがあった。九月二九日の時点で芝居小屋跡地・田井新町・浅野町中島、計三か所に御救小屋を設置する計画を決定、一〇月四日に具体的な建築の準備が始まっていることが読み取れる。

なお、史料三八「本多政和覚書」中で、収容にもれた困窮者への施粥の実施を委託されている「七ヶ所」とは、金沢の町の格付けの一種であり、城下では「中の上」に当たるクラスの町の総称である。町奉行の支配を受け、肝煎を配地する町には、大きく、二種があった。ひとつは北國街道に沿う要地を占めて永続的な町家居住地であることを保障された最高格の町である「本町」[46]、ふたつには、城下外郭に位置する永続的な町家居住

地ではない「地子町」である。「七ヶ所」は、地子銀を負担することを原則とする後者の内、夫役をも担う町の総称である。町の格としては、地子町の中で高位のもの、つまり、本町と地子町の中間にある。家柄町人の集住する本町には、これ以前に道路普請が命じられており（後述史料四四・御救普請の実施の委託参照）、それに次ぐ位置づけの七ヶ所に施粥の実施について協力が要請されたのである。

御救小屋の設立理念や運営の実態は、「町格」[47]にも随所に収載されており、それを抽出したものが、『集成』中の「御救小屋留書」[48]である。元となった「町格」は、これまで確認してきたとおり『金澤藩』に全文が翻刻・掲載されている。「御救小屋留書」は、概ね、その九八六頁の二〇二号から一〇二三頁の三五一号に該当する。「町格」全体に含まれる史料数は三七一点、従って、御救小屋・施粥関連の史料が四割弱を占めることになる。町人にとって、救恤関連事項が重要なものであったことが看取できる。[49]以下、本書において利用する史料は、『金沢藩』を主として参照し、適宜『集成』から補足することとする。

さて、前述した名称の混乱も一因となって、当時の困窮者収容施設に関する史料が、非人小屋と御救小屋、いずれに関して語っているのかは判別が困難な場合も珍しくない。よって、以下で用いる史料は、

注
（45）『史料』（一四）九四〇頁。
（46）本町は、寛文飢饉の影響を述べるにあたり、「本町地子方より乞食に罷出申者有之候哉、肝煎共心得に見聞申様にとの被為仰渡候に付、此頃気をつけ見申処に、御器をも持不申、よろしきなりにて袖乞の者共余多御座候」（前掲第一部第一章注22）と飢饉の深刻さを表現して言及される町でもある。
（47）加越能文庫。
（48）『集成』四二九～四七二頁。
（49）「町格」の性質を服藤弘司氏による解題に依拠して紹介せば、編者・編纂年代は不明であるが、幕末の成立と推定でき、町方に発布された法令や、町方から提出した申請・届の控、書式等を含む。その内容からして、町役人が種々の手続きを執行するための手引きのとして用いられていたと考えられる（七頁）。

a．施設名称に「川上」や「中島」といった地名が入っている。

b．御救小屋の運営を担当した「御救方」の関与がある。

c．御救小屋の総称、「三ヶ所御救小屋」または「三ヶ所」が文中に言及されている。

以上三点の条件のいずれかを充足することを基準に、天保九（一八三八）年に置かれた御救小屋に関する内容であることが明白なものとし、そこから運用実態を確認する。

前掲の史料三八の通り、設置計画が策定されたのが九年九月、建築の具体的な段取りに入ったのが翌月の初め——一〇月四日の時点で「先達テ引受候地面ニ付別段絵図指進不申」と表現しているのだから、九月中だった可能性もなしとしない——、日付の記載を欠くが、一〇月五日の記事と前後して、「田町新道ニテ家買上之者共名書」「浅野中嶋町ニテ家買上之者共名書」の二種の名簿があることから[50]、この頃に用地の確保があらかた済んだと考えられる。一三日には、川上御救小屋と、周囲を囲う竹組や木戸、雪隠、風呂などの附属設備一式で総経費「八百八拾五匁斗」との見積書が提出されている[51]。そして、一〇月二三日に「両奉行様、川上末吉町御救小屋為御見分御越被成候事[52]」とあることから、二三日までにある程度建築が進んでいたと見られるが、完成時期は明示されない。浅野中島町小屋は、「十月」と日付を記載された「図リ書」があり[53]、二四日に金沢町奉行水原清五郎が見分に行っている[54]。小屋の運営にかかる現場実務に従事する組合頭を任命した一一月付の書面に「浅野中嶋町小屋、今・明日中ニ皆出来仕候[55]」とあることから、完成は一一月中と考えられる。田井新町御救小屋についても完成時期を明示する個別の記録は残っていない。ただ、川上小屋と共に、一〇月二四日付で木戸番が任命され[56]、一一月付で御救小屋（どこの小屋かは明示されていないため、三箇所を一括して指している可能性もある）の木戸や、番所、破風といった造作、板戸や窓障子といった建具類の請求書がある[57]。また、入所者の受け入れに関する具体的な指示書は、以下に掲げるとおり、一一月一〇日までに出されていることから、建物は、一〇月下旬から一一月上旬前後にある程度完成していたと推定される。

こうして、建屋が形作られていくのと並行して、その運用のための諸規則も準備されていった。

史料四〇　御救小屋規則（天保九年一〇月）(58)

①　木戸毎朝六時頃開、夕六時限リ〆切可申、番人日之内両人ニテ一人ハ木戸番可致、一人ハ小屋内産業当勢子いたし并役所小遣等可相勤事

②　一　諸役人見廻リ申義モ可有之、名前等聞置廻り役人へ可相達候。且諸役人ヨリ小屋内之者呼出シノ義申聞候共、木戸番明申間敷事。

③　一　夜中ハ番人一人充ニテ、都テ小屋内ノ者木戸外いたし候は木札持参候は相通シ可申、若シ出入之時分目立候品持参致シ候は相尋相通可申事。

④　一　毎夕扶持米相渡可申、其節小屋之内ノ者産業之品通等ヲ以出入可仕哉、御縮方之義ハ先達テ被仰

注
(50)『金澤藩』「町格」九八七〜九八八頁、二〇七・二〇八号。
(51)同前九八九頁、二一二・二一三号。
(52)同前九九〇頁、二一五号。
(53)同前九九〇〜九九一頁、二一八・二一九号。
(54)同前九九一頁、二二一号。
(55)同前九九三頁、二三〇号。
(56)同前九九〇頁、二一六号。
(57)同前九九二頁、二二五号。
(58)同前九九一〜九九二頁、二二三号。

渡候通合封可仕義ト奉存候事。

⑤ 一 組合頭昼夜一人充詰切可申、御救人夜中木戸外いたし候段為断候ハヽ、何方へ罷越申ト申義組合頭名前之木札相渡シ可申哉ニ奉存候。

⑥ 一 御小屋一ヶ所へ肝煎両人私共両人主附、一ヶ月充代りニ相勤可申哉、肝煎中私共其日々見廻リ可申義ト奉存候事

一読して明瞭な通り、これは小屋の運営・管理規則である。小屋の運営実務に従事する、小屋の木戸番、組合頭、各小屋に二名ずつ配置された肝煎の勤務態様が示される。①～③は木戸番の職務、④は特に担当者は定めていないが、入所者への食糧の支給方式、⑤は入所者の外出時には組合頭が許可を与えること、⑥は肝煎の勤務態様である。

その後、一一月に以降、運営に必要な人事と、運営者・入所者双方に対するルールが定められていく。

史料四一 御救小屋入所経路①（天保九年一一月四日）(59)

家持之者小屋入相願候時ハ、家売払地子米代等相済シ可相出筈ニ候へ共、指当リ家売払兼候テ小屋入モ不得願族之者等有之候へハ、其家ヲ御救方へ引揚、組合頭へ引渡為売捌、右代銀ヲ以地子米代等引取、余銀ニ相成候へハ預リ置、追テ小屋出之節可相渡旨被仰渡候事

史料四二 御救小屋入所経路②（天保九年一一月一〇日、伺、御救方主附）(60)

先達而一統へ御触渡シ之内、町内ニおゐて非人躰之者有之見請候へハ、其所之組合頭等ヨリ、御救小屋へ

可及案内旨被仰渡候、依テ右様及案内候へハ、早速非人頭え申談シ見分、并ニ非人頭へ詮議之上可取計旨兼テ非人頭え此義申談置候事。

小屋入願書付指出、御渡ノ上御手先足軽中一人主付肝煎一人指向、弥困窮ニ相違無之候へハ、小屋入之上御宛行等之訳委シク申聞、会得仕候へハ其段御達申上其節御聞届之上御朱書被成下候へハ、居町肝煎へ申遣、組合頭ヨリ之指紙面并組合之者一人当人ニ相添へ、指図之上ヶ所え遣申義被仰渡候へハ可然哉奉伺候

史料四一・四二は、それぞれ御救小屋の入所ルートとその際の対応を示している。御救小屋には家持のものも入所可能であった。多少の財産を有する層であっても、飢饉の影響から零落する例があったことが知られる。入所後の困窮者に対しては、次の如き心得が定められていた。

史料四三　救小屋入之者心得之条々（月日記載なし）(61)

① 一　第一御国恩ヲ大切ニ存付、御法度之品々弥堅ク相守、其外万端作法能ク慎可申事

② 一　親ニ孝ヲ尽シ、妻子兄弟睦シク、同小屋ノ者相互ニ念頃ニ申合、尤、病気等之節互ニ深切ニ可致介抱候事

③ 一　口論等堅ク致シ間敷、モシ存念ニ不能事有之候ハヽ、主付役人へ相断裁判候事

④ 一　木戸出入番人へ相断、無用之節猥リニ出入いたし間敷事

注
(59)『金澤藩』「町格」九九三頁、二二二七号。
(60) 同前九九五頁、二二三五号。
(61) 同前九九九～一〇〇〇頁、二二四九号。

⑤　一　男女産業方夫々申付候筋有之候間、精誠相励小屋出之節商売之元手除銭いたし可申候。尤、除銭
御主附役人預置、利足相添相渡可申事

⑥　一　百日ヲ限リ除銭モいたし、不得止之節之詮議方可有之候、尤、放蕩惰弱ニテ救而已受候者ハ乞食
ニ申付、或ハ遠所等之詮議方可有之候間、兼テ此旨相心得可被罷在候事

藩主や藩への恩義を忘れてはならぬこと、小屋の中でも身近の者同士の互助や和同を心がけるべきこと等、小屋での生活規則が列記されている。施設入所にいたる前段階として隣保・親族による相互扶助を行うべきことは藩政前期から一貫して唱えられていることであるが、収容施設内でもその縮小コピーが指示されていたといえる。

また、⑥傍線部は、給付のフリーライド防止規定である。関連する事柄を挙げれば、先に引いた「笠舞非人御小屋方」でも同種の問題への言及がある。「右（非人小屋入所を経て健康を回復し、奉公するようになったものを指す、筆者注）致奉公罷在候内、自然取逃、欠落等仕、右印札[62]を以小屋江参、小屋入願申者も可有之哉」、と、非人小屋の入所経験者が一定の条件を満たせば再入所を認める制度が悪用されることを懸念し、そのような行為を企む者がいても、非人小屋の現場では状況を把握できないことから、「請人ニ相立候者、又ハ召仕候主人手前江右印札預置候様」、つまり、非人小屋の入所経験者であることを示す身分証明の保管を、当人ではなく保証人または雇用者に行わせることによる不正防止を図っている。防止規定を設けるからには、それ以前から不正が行われ、藩当局がそれを認識していた道理であり、この種の不正が根深いものであったことが読み取れる。

「運営細則」や「入所者心得」に類するものは、上記のほかにも残っている[63]。これらを通観すると、御救小屋の基本的な機能は「困窮者を収容して衣食住と医療を提供し、労働能力のある収容者に賃銭を支給して日用

品等の製造を行わせ、或いは小屋に居住しながら外部で勤労せしめ、その賃銭および販売代金の一部を本人の自立に資した」ものであり、笠舞非人小屋と同様である。

同様であるにも関わらず異なる名称を付した理由は、現時点でそれを明示する史料が未見であり、確言はできない。ただ、「非人」の名辞を避けた可能性は無しとしない。それを語るのは、寛政五年（一七九四）、金沢町奉行高沢忠順(64)が呈した零落した農商民を「非人」とすることへの疑問である。(65)当時、加賀藩領内ではともに賤民とされた非人頭と藤内頭との間で支配争論が起こっていた。加賀藩領内では、代々三右衛門と仁蔵を名乗る二人の藤内頭が、皮多・癘癩・非人・舞々等、賤民とされた人々を束ねる存在であったが、その支配関係に対して、非人頭が異を唱えたものである。

争論は、最終的に藤内頭の支配を是として決着する。高沢による上記意見書も、その過程で提示された「少数意見」であり、結果には反映されていない。さりながら、ここに示される身分観については、一顧の余地がある。高沢は、藩機構において一定の地位を占めた官僚であり、その彼をしてかく認識せしめるに足る背景が、一八世紀後半の領内には存在していたのである。「笠舞非人御小屋方」で示されている入所経験者の就業難問題もまた、その原因の一端が身分意識に結びついている可能性がある。

御救小屋の終期については、現時点で明示する史料に管見が及ばない。しかしながら、翌一〇年一二月、積

注(62)　木札に焼印を押した札。ここでは、非人小屋元入所者の証明を指す。
(63)　他に、入所者への米の支給方法（『金澤藩』九九七頁、二四六号、天保九年一一月一四日）、小屋に備えておく医薬品の書上（同一〇一五頁、三一五号、日付なし）、収容者に支払う賃銭の一覧（同一〇一八頁三二五号、天保一〇年一月二八日）などが残っている。
(64)　高沢の経歴については、前掲第一部第一章注16参照。
(65)　第3部第二章参照。なお、この争論に関する史料は『集成』第一部が参照に便である。

雪によって川上御救小屋が倒壊した、との記録が残っており、(66) この時点まで川上御救小屋が存続していたことは確かである。

二 藩以外の実施主体による支援

前近代における困窮者の扶助の実施主体というと、記紀の賑給記事を初め、為政者や宗教者によるものが古い歴史を有するが、天保飢饉の当時は私人による寄付や義捐の記録が数多く見られる。具体的には、大尽とは言えぬまでもある程度余裕のある生活を営む町人や、一定程度の禄を受ける士分による物資や金銭の寄付や配給である。前節、「御救小屋」の叙述を行うに当り多くを負った「町格」にも、彼らの行動が書き留められている。それらを、行動の契機によって分類すると、次の三種が想定される。

a．藩からの委託
b．自発
c．間接的強制（困窮者からの圧迫）

それぞれについて、以下、同時代の具体例を示しながら概観する。

1）藩からの委託

前節「藩による救恤」で言及した御救普請に関して、藩が外部に実施を委託したケースがあることに触れた。次に挙げるのが、その際の指示である。

史料四四　御救普請実施の委託（天保四年六月、横目）(67)

（前略）米価高直、其上稼方薄く、軽き者共甚難渋之躰相聞え候条、武士町共本町等、此節道修理申付候者、軽き者共稼方之一助にも可相成候条、早速道路修理申付可然候（後略）

米価の上昇と、それに比例しない賃金との格差から、経済基盤の脆弱な「軽き者」らが困窮しているので、道路修理を実施して彼らの収入の補助とせよ、との趣意である。発令の時期が天保四年六月と早いことから、飢饉が本格化する前の予防的措置の意味合いを付与されていたものと想定できる。

藩による、富裕な士庶に対する「軽き者」への配慮や保護に意を留めよ、との指示ないし期待は、この例にとどまらない。次項に引く史料四五・四六からは、それを半ば義務と捉えているかの如き姿勢が読み取れ、

注（66）『史料』（一五）一〇九頁。『史料』綱文は「笠舞非人小屋」とするが、引用された史料中には「川上」「町家」の表現があり、芝居小屋跡地の御救小屋を指していることが明らかである。旧来、非人小屋と御救小屋を同一視する傾向の強い見解が多かったことは本稿で指摘したとおりであるが、『史料』が刊行された昭和初期に、既にその萌芽があったのかもしれぬ。
（67）『史料』（一四）三四八頁。

藩政初期における飢饉対応と比較するに、救恤に関する藩の主導権が、相対的に低下傾向にあると言える。

2）自発的行動

寄付者・実施者の内在的動機に基づく物資・金銭の寄付がこの類型に該当する。

史料四五　年寄衆による銀子献納の提案（天保五年三月二八日、本多政和→長連弘）(68)

去年不熟米価高貴に付、軽者及難儀候付、御救方之儀先達而已来御勝手方に而僉義有之、其時々何茂示談有之所、御勝手向も格別閊候節故、御算用場奉行に而は、何れ所々に救候ヶ所をこしらへ候様に成候而は、御入用も多かかり、其上御救無之とも取続出来申者も出て来り可申候間、去作不熟ながらも他国に引競候而は結構成儀、格別餓死申処へも至り不申候間、餓死に至り可申程之者は御小屋入或は御救米等願次第御聞届に而可然。……依而は御逼迫中之儀、年寄中御日用之外指当り入用無之銀子等所持之人々は、右御手当之方江上候而可然と之示談に而、先々江戸城州へも被申遣、御家老中江も被申談、加判無之人々は先見合候而可然と之事也。

これは、年寄らからの「指当り入用無之銀子」を救恤の資金として献納することを申し出た内容である。約一ヶ月半後の五月一五日には、実際に重臣らからの資金と米穀の献納が行われている(69)。大身家臣によるこの種の行動は、藩上層部から期待されていたことでもあった。次に掲げる長連弘による訓諭は、それを端的に示すものである。

史料四六　家臣による義捐に対する重臣の認識（天保七年一一月一一日、長連弘[70]）

①　一　同十一日御家中江被仰出左之通

昨年御領国作体不十分候上、当年順気悪敷不熟ニ付用米取続方無覚束、依之別紙写之通町奉行等江申渡候条、御家中之人々も其趣相心得、従今粥等之内存寄次第相用米穀喰延候様可心懸候。倹約等之儀ハ常々とても、尤手前而已見込候義ハ有之間敷候事ニ候へ共、今年之義者別而価高直等ニ付而、下々困窮ニ迫り候者を取救可申義専要ニ候間、侍中一統心を合、たとひ自分之於手前費之懸り候品たりとも、下々之為ニ可相成義者、其通取斗、困窮仕候者之可成立筋を心懸可申候。是等之処、ヶ様之時節、御奉公之一事たるへく候間、何茂油断有之間敷候。

②　一　右之通年柄ニ候処、御家中之人々等之内ニ高構鳥等致所持候、粉糠等費候之義有之体、不都合之儀ニ候間、当分飼鳥等仕候分可為無用候事。

但、鶏犬等者心得も有之候事。

③　一　雑穀類品々費候儀有之体ニ候間、糧減相心得、馬之飼料たりとも平年同様ニ相用候義ニ而者有之

注（68）『史料』（一四）四二五～四二六頁「本多政和覚書」。

（69）同前四六五頁「官私随筆」。

（70）「前後日記」。長連弘（一八一五～一八五七）は、八家の一角を占める長家の第九代当主である。八家筆頭、本多家八代当主政礼の次子として生まれたが、長家の養嗣子となって天保二（一八三一）年に家督を継いだ。加賀藩天保改革を主導した奥村栄実とは政治上対立することが多かったが、天保一四年に栄実が死去した後は、藩政に批判的な立場を取った政治結社「黒羽織党」から人材を登用して政権を運営した。これを第一次黒羽織政権と称する。財政再建と海防を二大課題として改革に着手したが、朋党による権力の集中を嫌った藩主斉泰によって、その成果を見る前に罷免された。

間敷候之条、人々手前ニ而得与吟味可仕候。

④　一　一分之義者猶更糧減遂倹約、無用費無之様相心得可申候。

但、手前之義ハ致倹約候与て、家来等相減候義者、尤有之間敷候。

右之趣被得其意、同役中伝達、組支配不相洩様可申渡候、以上。

当史料で注目されるのは、①及び④の傍線部である。まず、①には、「たとえ自ら金銭的負担を負うことになろうとも、下々の困窮者を救うことが重要なのであり、そのために一同協力しあわねばならない」との強い主張がある。重ねて、このような扶助の実施もまた「御奉公の一事」、つまり、武士としての務めである、と説いている。④の但し書きは、「不用意な解雇を行わず、雇用者としての責任を果たせ」との趣旨であり、雇用、ひいては給与を守ることを要請している。これは、武士町に御救普請の実施に依る雇用創出を指示した姿勢ともリンクするものである。

史料四七　諸士からの銀子の献納（天保八年一月一三日、河内山橋三郎等四三人→津田平左衛門）(71)

私共旧臘銀子少々宛指上、飢民御救方之内江御指加御座候様奉願、則御達御聴御座候処、志奇特に被思召候間為差上可申旨被仰出候段仰渡、難有仕合奉存候。依而御請上之申候、以上。

正月十三日　　　河内山橋三郎等四十三人

津田平左衛門様

凶作に付窮民救銀同組一統示談之上、銀五匁宛差出候に付右之通也。同組之内二匁五分差出候も有之。

以上は士分からの寄付であるが、先に引いた史料四五と異なり、こちらは献納を申し出た河内山橘三郎、文書の宛所の津田平左衛門、両者共にその経歴が伝わらない。加賀藩には、慶長四（一五九九）年に前田利家に仕えた津田覚兵衛（生没年不明）に始まって二代孟昭以降一万石の高禄を食んだ名家・津田家があり、後者は、あるいはこの一族に連なる人物であるかもしれぬが、確証に足る史料には現時点では管見が及ばない。いずれにしろ、纏まった伝が残らない程度の身代だったと考えられる。高禄を得る重臣らに留まらず、中下級の藩士らも、善意の寄付を行っていたのである。(72)

同様の行為は、庶民の中からも成された。大規模な例としては、川上芝居小屋で活動していた役者・市川八百蔵による金銭の支給がある。

史料四八　市川八百蔵による施行（天保八年五月一八日）(73)

同（天保八年五月をさす、筆者注）十八日、川上芝居有之市川八百蔵与申役者罷越居候処、無程妻時疫ニ而致病死候。右為供養軽キ者共弐千人江五拾文宛施シ候事。
　但芝居小屋外、あわ雪与申茶屋ニ而出ス。

天保八（一八三七）年、飢饉の後半に実施された寄付である。単純計算で、支給総額は一〇〇貫文にも達して

注
(71)『史料』（一四）七五四〜七五五頁「御用留抄」。
(72)『金澤藩』「町格」一〇二二頁三四七号には、亥（天保一〇年己亥）三月に金沢町奉行大野織人による寄付の例が残っている。「近年年柄ニ付窮民御救追々被仰付候時節柄」、「於町会所御救方へ銀一貫目指出」したものである。
(73)「前後日記」。

いる。また、裕福な商人による金銭の寄付や炊き出しが行われていたのは、前述したとおりである。ただ、天保飢饉当時の寄付は、より小規模な、いわば「草の根活動」に近い形のものも存在していた。【表7「町格」にみる町人からの寄付】は、同書中から寄付の記録を抽出し、時系列に従い整序したものである。行動理由があるものは「冥加のため」である。同書には、氏名から武士と考えられる者らによる寄付も記録されているが、そちらにも理由は庶民と同じく「冥加のため」のものがある。(74)

市川八百蔵の「追善」、庶民・武士の「冥加」、宗教的な色合いを帯びた動機に基づく寄付行為が、一般に広まっていた傾向が看取できる。

史料四九　士庶による義援に対する認識と鶴来屋円右衛門の銭施行（天保七年）(75)

是巳の歳ニハ町役人等之者・御家中ハ元よりニテ、町内ニても分限の者ニ米銭の合力を乞ふて向寄の寺社等ニおゐてかゆを焚て窮戸ニ恵ミしなれとも、此度ハ其沙汰なく、官府より町・武士へ仰を渡され、懇志あらハ何れも町会所へ指出ニてすへしとの御事ニて、何れニも町会所へ指出さる。……此度ハ人々の懇志、町会所へ可指出との事なれとも、是者人々の志しなれハ、何れニも出さねハ不叶といふニもあらす。今酉の春、尾張町鶴来屋円右衛門なるものハ、自宅におゐて銭施行を布たり。凡六千人余といふ。

「巳の歳」とは、天保四年を指す。「天保四年には、町役人や士分に限定せず、町人であっても余裕のある生活を営むもの同士で、米・金銭を出し合い、最寄りの寺社などの場所で炊き出しを行い、困窮者に支給せよ、という指示があったが、今回（天保七年）の飢饉については、同様の対応はない。ただ官府からは、町人・武士には、篤志のものは町会所を通して義援を行うように、という指示がされている。」という現状の確認があり、

「それは何ら強制力はないものであるのに、鶴来屋円右衛門なる人物は身銭を切って多くの人々に寄付を行った」という事例を記すものである。筆者田川保定の素朴な感歎や賞賛の念が読み取れる。

3）間接的強制——民衆の要請

天保年間以前において、実力行使による支援の獲得という民衆の行動様式が加賀藩でも既に根付いていたことは既に述べた。未曾有の飢饉に直面した民衆が富裕な商人宅に赴いて支援を求めた例は複数存するが、(76)ここでは、代表的なものとして、豪商銭屋五兵衛に対する要求を例に挙げる。以下は朝散大夫本多政和が宮腰町奉行神尾主殿からの書面で聞き知った内容に基づく記録である。

史料五〇　銭屋五兵衛への支援要求（宮腰町奉行、天保七年七月一一～二〇日）(77)

（前略）支配所宮腰銭屋五兵衛と申者身元宜者に付、此方へ当十一日・十二日・十三日同所罷在候軽き者共

注(74)『金澤藩』「町格」三〇三、三〇七号等、前掲史料一八。
(75)「丙申救荒録」。田川保定は、前著「癸巳救荒録」では、冒頭で「人の患へとするもの飢渇より大ひなるはな」いとし、「誠ニ人命程大切なるものなし」「元より人ハ大切なつものなれハ邦君御すくひなくて不叶」と彼の理念を述べている。
(76)天保元年一二月一九日の金沢十間町（『史料』（一四）七五頁）、四年一二月七日の能登（同三八一頁）、七年六月六日金沢川上新町（前掲、笠舞屋）などでうちこわしや騒擾の記録が残っている。同時期の騒擾については、長山直治『寺島蔵人と加賀藩政——化政天保期の百万石群像——』桂書房、二〇〇三、三〇六～三〇八頁に簡潔なまとめがある。また、銭屋五兵衛の生涯については、若林喜三郎『銭屋五兵衛—幕末藩政改革と海の豪商—』（北國新聞社、一九八二）、彼が加賀藩の海運について果たした役割については、高瀬保『加賀藩海運史の研究』（雄山閣、一九七九）第二章参照。
(77)『史料』（一四）六八〇頁「本多政和覚書」。

三百人計罷越、多分女之体に而、五兵（刊本ママ）儀一人に而能事致候儀不相当、米高直に而軽き者共食事指支候間、米施候様致度旨申聞、中には少々助力致呉候等与申聞相集候に付、役人共指出段々申諭候処、何茂引退き申候。其後何之相替儀も無之候へ共、若風評之儀及御聞候而者如何に付、此段無急度申上置候旨申聞候旨等、執筆申聞。

「其後何之相替儀も無之候へ共、若風評之儀及御聞候而者如何」かと配慮して報告を挙げた、という神尾主殿の行動からは、民衆の支援要求から大規模な騒擾が発生することへの懸念が読み取れる。これを裏面から読み解けば、民衆の持つ力が、藩からしても端倪すべからざるものに成長していた証左である。正徳二（一七一二）年に加賀・越中および大聖寺藩において当地域最初の百姓一揆が生じた際には、当時の藩主前田綱紀はその指導者を容赦なく処断し、加えて、翌年十村・御扶持人層に、一揆を未然に防がしむべく、五ヶ条の諭告を下している。[78] 第五条は度々出されている質素倹約令であり、ここでの検討は省く。第一条～四条は百姓の統制方法に関する具体的指示であり、そのうち冒頭に置かれた一～三条は厳然たる姿勢で百姓の支配にあたることを求める趣旨である。「内容の如何を問わず、所定の手順を踏まない嘆願は処罰対象とすること」が、大きな柱となっており、「不依理非に追出可申付事」[79]とまで断言する姿勢は、天保のそれとは全く異なるものである。天保年間――ひいては藩政後期において、民衆の力が強まっていたことが察せられる。

注（78）この「正徳一揆」に関する分析は、若林『農政史』（下）二九～四一頁参照。
（79）『史料』（五）九七一頁。

終章　寛文・元禄飢饉対策との相違点

藩政前期の飢饉対策も、後期のそれも、地縁・血縁に基づくコミュニティによる互助を基本とする点に変わりはない。但し、後期には藩の財政は窮乏し、前期に比してより広く藩以外の主体による救恤を推進していた。具体的には、諸士や民間に救恤の実施を委託し、それに対して交名への記載や藩主による賞賛などの形で、名誉でむくいたものである。(1) この方針の存在は、次の申し渡しから明瞭に読み取れる。

史料五一　困窮者扶助申渡し（天保七年一一月）(2)

①余分有之者は少々ニ而も成限困窮者等へ可致助力候。尤御救方等可被仰付候へ共、如形②御勝手御逼迫ニ而思召通りニは不行届候間、猶更右之趣厚相心得、御国中饑莩之者無之様可見鐺候。……③尤志奇特之者共ハ取しらへ交名等可被書出候

注（1）天保飢饉時に困窮者の救済や救恤の実行に貢献した人物の顕彰に関する記録としては、五年一二月二八日に郡奉行が諸郡惣年寄・年寄並に（『史料』〔一四〕五二九～五三一頁「郡方触書」）、また、八年一一月八日に算用場からの例がある（同前八四五～八四六頁「三州治農録」）。

（2）「前後日記」。

藩政初期の飢饉対策記録と読み合わせると、初期には藩という組織とその頂点たる藩主——「為政者」とここでは総称する——が、救恤方針の策定から実施までの一連の過程を、良きにつけ悪しきにつけ掌握していた印象があるが、後代のそれは、為政者の主導権は弱まり、その分、私人による実施の存在感が増している。また、為政者側も、一面においてそれを推奨・歓迎しており、実施主体の拡大、または拡散が判明する。「大規模な財政出動や施設を要する対策は藩、ある程度規模が限られる寄付や炊き出しは諸士・私人が行う場合もある」という分担が生じていたのである。附言するならば、私人が行う救恤の動機に「追善のため」「冥加のため」といった、宗教的な理由が挙げられていることも特色に付け足してよいかもしれぬ。

加えて、困窮者対策施設もまた、単一の非人小屋から市内各所に設けられた御救小屋との併用に遷移しており、ここでも拡大傾向が看取できる。その支援を受ける客体は、初期の飢饉時には家や高の有無、性別を基準とした区分に基づいて、各人が該当する分類ごとに一律の給付を受けていたが、天保飢饉時には、御救米の支給・非人小屋の入所のいずれにも該当しなかった者に限定した施粥の実施にみるがごとく、より広く給付が行き渡るように配慮されている。拡大と同時に、きめ細かい対処もまたなされていた。また、その実施までの経過も、為政者が専権的に状況を判断し、実施方針やその内容を定めた前期に対し、後期においては、困窮者がうちこわし・一揆という有形力の行使、およびそれをほのめかすことによって支援を獲得するという構造が現出する。

これらの変化の原因は、一つには藩のみでは行き届いた救恤が実施できないまでに膨れ上がった財政赤字がある。民衆の意識の変化や、他者を助けるだけの経済的余裕が生じていた、ということも考えられる。また、可能性を指摘するならば、他藩に先駆けて困窮者の収容・回復を旨とする施設が作られた分、それが当たり前になり、救恤要求のハードルが上がっていたこともそれらを後押ししたかもしれない。その一方、寄付金の多くは町役人らの役料に化け、真の困窮者の手には渡らなかったと指摘する史料もあり、(3)救恤主体の拡大と給付の充実とを直結させるには、未だ慎重であらねばならない。

さりながら、藩が救恤の実施を放棄したわけではない。より大規模かつ長期的な財源を要し、運営のための人材を割かねばならぬ制度は、依然として藩が管理していた。つまりは、困窮者の収容・加療施設の維持および新設である。維持されていたのは寛文飢饉によって領内を浮浪するに至った庶民に対処するために、五代前田綱紀が寛文一〇（一六七〇）年に設置し、以後歴代藩主が存続させてきた非人小屋、新設されたのは御救小屋である。

非人小屋が笠舞に集中して置かれたのに対し、御救小屋は市中三箇所に分散して設けられていた。後者は町家を藩が買上げていた点が異なるが、困窮者を収容し、食糧と医療を提供して体力を回復させ、就業を支援する施設、という根幹的な性質は共通している。両者の住み分けについては、第3部で検討する。

注（3）「癸巳救荒録」は、「金府有之富商等より篤志を集め……半端は町役人及ひ宿主人・世話人の役料になりて貧民にハ湯の如きかゆを与ふるとなれば、さして力にもならす」と指摘する。

第3部　非人小屋の意義と限界

序章

ここまで、藩政前期・後期、それぞれの時期に発生した大規模飢饉を取り上げて、その事態推移および、それと連動して取られた諸対策を整理・確認してきた。加賀藩の困窮者扶助制度は、大別して

a．物資・資金の支給または貸与

b．負担の免除

の二類型があった。aは、更に

i．自宅・居住地において受給する場合

ii．収容施設で受給する場合

とに分けられる。

本稿の主たる検討対象、aii類型に当てはまる施設は、飢饉下の金沢では二種が存在したことは既に紹介した。非人小屋と御救小屋がそれである。では、これらはなぜ両者併置される関係にあったのであろうか。ま

た、類似した機能を持ちながら個別の名称を付された理由は奈辺にあったのか。逆に言えば、日本史上に特筆されるべき早期に、安定した困窮者対策施設を設置し、それが名称・存在ともに広く認知されていたにもかかわらず、変えねばならなかったのは何故なのか。

以下、非人小屋と御救小屋を対置して相違の原因を検討し、その上で、非人小屋の意義と限界を考察する。

第一章　非人小屋と御救小屋

一　両施設の区別

寛文年間設立の「非人小屋」と、天保年間の「御救小屋」。両者が「飢饉下に困窮して浮浪する飢人を収容・加療し、生産現場に回帰せしむ」という、ほぼ同一の創設理由と役目を帯びた施設であることは既に述べた通りである。しかしながら、両者の具体的な使われ方には若干の相違が見られる。一つは、「困窮者の収容方式」、二つには、「施設自体の存在形式」である。(1)

1）収容形式による区別

非人小屋・御救小屋ともに、城下・領内の困窮者を集め、小屋内で共同生活をさせていた大枠には相違はない。しかしながら、それも、以下に挙げる諸史料から読み取れるとおり、具体的な運用には差異が存在した。これらは、非人小屋から御救小屋へ収容者を移送するにあたり、御救方主附と非人小屋裁許与力、金沢町奉行大野織人（定能、在天保一〇（一八三九）年二月一日〜一一年九月一日）の三者の間でやり取りされた書面である。「町格」の随所に収録されているものを抽出し、時系列に整序した。

史料五二　非人小屋から御救小屋への収容者の移送①（天保一〇年一月一〇日、御救方主附(2)）

①非人小屋御救人名帳御渡ニ付、先達て彼御役所ヨリ御算用場え御書出シ之帳面ト引合申候処、口々付札

注（1）両者の相違のもう一つのポイントとして、管轄官庁の違いがある。非人小屋裁許与力は算用場所属であったが、御救方の場合は町会所の可能性がある。『金澤藩』「町格」一〇二二頁、三四七号には、「町会所御救方」の表現がある。但し、史料上の表現は単に「御救方」とするものが大半であり、この三四七号の記載のみによって御救方が町会所支配の部局、または役所であったと断じるには根拠が薄弱であるとせざるを得ない。算用場は藩全体の財政を取り仕切ることを任とするに対し、町会所は金沢城下の行政・司法を司る町奉行所の役場であった。所属官庁が異なっていたとすれば、この点は両施設の性質または運用上の相違をも示唆するに足るポイントであろう。なお、同三四三、三四四、三四六、三四八等は金沢町奉行が御救小屋の管理にかかる書面を作成している事例であり、三四二は宛所に町会所と御救方役所とが並列に記されている例であるが、「笠舞非人御小屋方」が町方からの入所者数統計を町奉行所を通じて算用場に提出するよう規定しているように、非人小屋の運営にも町会所は携わっている。やはりこれらの史料をもって御救小屋が町会所支配にあったと断じるのは軽率であろう。

（2）『金澤藩』「町格」一〇一三〜一〇一四頁、三〇九号。

之通齟齬仕候ニ付御達申上候、且亦人別方役人共手前モ為相調理申候処、非人小屋入之者ハ其時々都テ人別帳之内抜取置申ニ付、綿密引合申義急ニ出来兼申義ニ御座候得共、粗メニ相知レ候分迄為引合申候処、是ハ名下ニ付札仕候通リニて相混居申体ニ御座候、何レニモ今般②非人小屋ヨリ御引取リ可有御座ニ付てハ、別紙帳面等人別之根ニ相成申義御座候間、今一遍彼御役所ニテ御シラベ直シ、尤始メ非人小屋え居町々組合頭ヨリ相送リ申候節之送リ状継立、御指送リ有之候様ニ被仰遣候様ニト奉存候、此段乍憚御達申上候、以上、

亥正月十日　　御救方主附

「非人小屋御救人名帳」「御算用場え御書出シ之帳面」「別紙帳面」に該当するものはいずれも「町格」には採録されておらず、その記載事項は現時点では未詳であるが、いずれにしても、非人小屋収容者の名簿であることは間違いない。当史料は、非人小屋から御救小屋へ移送する人物を名簿で確認しようとしたが、記載に不備があって名簿がその用をなさないため、改めて「彼御役所」に、名簿を作成し直して再度調整してほしい、と求める（傍線部②）、御救方主附からの要請文書である。

この時点で、非人小屋と御救小屋とが別個の存在であったことが判明するが、加えて、傍線部①からは、「非人小屋入所者は入所に際して人別帳を移動させていた」ことが読み取れる。以下の史料五三傍線部からも、この対応は明瞭である。

史料五三　非人小屋から御救小屋への収容者の移送②（天保一〇年二月、御救方主附肝煎）(3)

今般非人小屋ヨリ御引取可在御座者共之義ハ、当時御救小屋之者共ト違ヒ、人別根送リ共御引受ニ相成申

義ニテ、居町無之者ニ御座候へハ、日々被下方之才許不而已、其者共ニ故障出来之砌、或ハ公事場改方等へ御呼出之時分、御救方主付肝煎・組合頭召連可申定、又変死疵付等ニテ御見届等之節、是又主付肝煎等裁許可仕義ニ兼テ被仰渡置候へハ可然哉、乍憚此段奉伺候、以上、

亥二月　　御救方主附　肝煎

今回、非人小屋から御救小屋に受け入れた収容者たちは人別根送りの扱いで非人小屋に収容されていたので、（町・在に）居住地がない。したがって、生活に伴う諸般の指示・決定だけではなく、何らかの問題に対処する必要がある場合や、公事場など公的機関に召喚される場合には、御救方主付肝煎・組合頭がつきそうこととされているが、変死や傷害事件の確認についても、御救方主付肝煎・組合頭が確認する扱いでよいのでしょうか、お伺いします――。問い合わせ先は記載されていないが、内容と「奉伺候」との文言からして、非人小屋裁許与力、または金沢町奉行が想定される。

「二月」の日付から判断するに、非人小屋から扱いの異なる困窮者を「引取」るにあたり、以後の対応について事前に協議した記録の一部と解してよいであろう。

こうした調整は、実際に収容者をどうやって移動させるか、という実務に関しても残っている。

史料五四　非人小屋から御救小屋への収容者の移送[3]（三月六日、金沢町奉行→非人小屋裁許与力）[4]

明七日非人小屋御救人之内五拾人計被引渡候ニ付、四時頃請取ニ相向候様川上御救小屋え被申越候旨令承

注（3）『金澤藩』「町格」一〇二〇～一〇二一頁、三三九号。
（4）同前一〇二一頁、三四三号。年の記載はないが、前後から判断して、天保一〇年か。次に引く史料五五も同じ。

知候、昨日之処役人不指遣候条、名書帳面ニ相添、右刻限川上御救方役所え其役所役人指添可被指越候、以上、

三月六日　　　大野織人

非人小屋裁許与力中

送り出す側の非人小屋からも担当者を付き添わせ、名書帳、つまり移送者名簿を受け入れ先の川上御救小屋役所へ持参すること、とされている。「昨日之処役人不指遣候条」からは打ち合わせを繰り返していたことが窺われるが、次の史料を読むに、その事前準備は、実施時において十全に生かされたとは言い難い。

史料五五　非人小屋から御救小屋への収容者の移送④（三月八日、金沢町奉行→非人小屋裁許与力）(5)

重て非人小屋御救人ニ相送リ候節、元役所役人相添被引送候様申達候処、昨日使役之者相添へ四十九人被引送候内下札有之分跡ヨリ相送候旨被申越候ヨシ、川上御救方役所ヨリ及届令承知候、重テ被送候節得ト相調理、帳面之通人数相添跡ヨリ引送リ無之、尤留書ニテモ指添可被指越候、以上、

史料五六　非人小屋から御救小屋への収容者の移送⑤（三月一四日、金沢町奉行→非人小屋裁許与力）(6)

浄住寺前示野屋　與兵衛
もと
初三郎
すゑ

藤次郎
與三郎

右先達テ被送越候帳面名書之内、もと等五人之者入置、①與兵衛義ハ当時致奉公罷在候ト申義ニテ、当御救小屋へハ不罷越、依テ相シラベ候処、右與兵衛義ハ七ヶ年已前ヨリ内膳殿小者奉公いたし、右屋敷ニテ久八ト申候ヨシ、依テ尚②御救小屋へ入レ候義ニテハ無之候間、與兵衛并家内共小屋出可申付候間、其様子得ト遂詮議申越候、以上

打ち合わせと実行の間で齟齬があったことが史料五五から、一旦は御救小屋に収容したものの、後日入所資格がないことが判明した事例があったことが史料五六からわかる。史料五六の與兵衛の奉公自体は従前から申告されていたが、雇用期間が申告よりも長かったことが問題視されている。

非人小屋と御救小屋の関係については、更に、次の史料がある。

史料五七　非人小屋と御救小屋の使い分け（菅野彌八郎・多田權八→佐藤丈五郎、年不明一二月一四日）(7)

注（5）『金澤藩』「町格」一〇二一頁、三四四号。
（6）同前一〇二二頁、三四六号。
（7）同前一〇〇六頁、二七三号。差出人の一方、菅野彌八郎は先に引いた天保四年の非人小屋の増設に関する史料一九に非人小屋裁許与力であることが残っているが、連署の多田については不明。また、宛所となっているのは天保八年九月二十日〜九年一月二九日に金沢町奉行を務めた佐藤丈五郎直簡であろうが、彼の町奉行在任期間は御救小屋設置以前であるので、当史料は設置以前の諮問・打ち合わせ等を記録したものであると推測される。したがって、必ずしも当史料の想定と実際の運用が合致するとは限らないことを補足する。

金澤町方ヨリ非人小屋送リ入等之者、老小廃疾者之外産業いたせ得不申者共、不残町方え御引取御救方被仰渡候条、早々相しらべ人高御達可申、尤御引取ノ上ハ御救方御仕法通被仰渡、一切乞食ニハ御指出シ無御座候間、其趣ヲ以可申渡、且又小屋頭之分ハ不残御引取被成候条、夫婦有之夫役人ニ申付置候者モ御引取、右役人ハ御救小屋ヨリ日々出役可申渡、是等之趣可得其意旨御紙上之趣奉承知候、以上

元々金沢の町方に居住していて非人小屋に入っているものについては、老少廃疾ほか、就業が不可能なものについては、すべて町方へ引取って生活の扶助を行うこととしますので、早々に該当者の人数を調査しでご報告します。但し、(町方に)引き取った後は御救方仕法に則り、決して乞食稼ぎはさせません。このことは収容者に周知します。また、小屋頭については全て引取ることとし、夫婦で入所していて、夫が何らかの役目に任じられている場合についても引取り、役目のあるもののみ、御救小屋から非人小屋に出勤することを言い渡します――

内容を現代語訳すれば、このように理解できる。この時点では、「就業が不可能なものは御救小屋」、「就業可能なものは非人小屋」との区分が想定されていたことが知られる。但し、ここでいう「就業」がどの程度の負担を伴う作業を対象としているのかは不明である。

これら、一連の史料から読み取れるのは、まず第一に、非人小屋に収容されるものは「人別根送り」の扱いとされていたのに対し、御救小屋はそうではなかったことである。これは、非人小屋で体力を回復した者が農村奉公人として居を移すケースがあったことと無関係ではなかろう。A村から非人小屋に入所し、B村の富農の下人となって居を移す者がいた場合、人別は入所と同時に一旦非人小屋に置き、本人の移動とともに就業地に移すのが合理的である。但し、それが有効に機能し得たのは、平常時に限定されたであろう。収容者、およ

び収容候補者である飢人が大量発生する飢饉下においては、文書行政の厳密な執行が迅速な人の移動を妨げる弊害も、先に引いた史料五二に見たごとく、発生している。史料五六・五七からも、就労状況と収容先の相関はうかがい知れる。

この人別の扱いの違いは、同時に、御救小屋は困窮者を長期に生活させるような施設ではなく、収容者が回復次第、旧地に帰らせることを前提にして設置されたことを物語る。非人小屋と御救小屋とで収容者の移動が行われた例がここに引いたほかにも存している以上、(8) この条件はある程度の流動性を有していたにせよ、両者には一応の機能分担が想定されていたと考えられる。日常生活にともなう諸手続きや役所に召喚される際の付き添い人について、御救小屋主附肝煎が史料五五で念を押すかのように記述している点もまた、本来御救小屋ではそのような対処をしていなかったことの表れであろう。この「施設のあり方の違い」については、次項で詳説する。

2）施設の存在形式による区別

御救小屋は、『史料』等を見る限り、はっきりとした終幕は不明である。ただ、同じ名称を帯びた施設に、

注（8）『金澤藩』「町格」一〇〇七頁二七五号、一〇二二～一〇二三頁、三五〇号。

安政大災害（安政五年・一八五八）の罹災者を収容するために設置された「（御）救小屋」がある。[9] 安政大災害とは、この年二月二五日に発生した推定マグニチュード七．三～七．六の地震、その地震動による山崩れ（立山連峰の「大鳶山」「小鳶山」が崩落したことから、「大鳶崩れ」とも称する）、その崩土が常願寺川に作った土砂ダムが決壊したことによる水害という、連鎖的に発生した災害の総称である。被害は越中から飛騨北部にかけて甚大であった。新川郡では死者・行方不明者五六人、建造物の全半壊約八四〇件と伝えられる。この災害後、新川郡に置かれた罹災民の収容施設が（御）救小屋であった。これは、住まいも職も失った罹災者を収容し、衣食を給付する施設である。罹災者は、収入口を確保したものから退所していった。これについても、閉鎖の時期は明示されないが、「罹災者を収容する」という設立目的からして、入所被災者の多くが生業を得たのを期に閉鎖されたと想定できる。仮に、（御）救小屋なる名称の施設が一般に「設置目的を達成するまで」時限的に存置するものであったなら、天保飢饉対策に設けられた御救小屋も、同様に飢饉の影響が沈静化し、飢人の流浪が従来の非人小屋で収容可能な程度に落ち着いた時点で閉鎖された可能性が高い。

対して、非人小屋は恒常的な施設であった。名称改正と移転を経て、明治四（一八七一）年の廃藩置県と共に閉鎖されたことがはっきりしている。裏を返せば、そこに至るまで存続していたのであり、飢饉収束後も維持された、常置施設だった。

また、次の二史料からは、施設に設けられた設備が異なることも読み取れる。

史料五八　非人小屋「縮り所」利用申請様式（天明二年四月一〇日）[10]

何町私共組合之内何屋誰義、家内妻子共何人相暮申候処、誰義乱心体ニテアフレ手ニ合不申候得共、元来誰義難渋之上家内至テ狭ク縮所等拵可申様無御座候間、御難題至極ニ奉存候得共、非人小屋之縮所え御入

置被遊被下候様妻等相願申候…（後略）

非人小屋に設けられた「縮所」へ、乱心者の収容を要請する場合の申請書である。[11]冒頭が「何町私共組合之内何屋誰」と、仮名になっていることからわかるとおり、これは実際に用いられたものではなく、当該申請の際の雛形である。このような様式が町役人の手元に備えられていたことからは、このシステムが雛形を必要とするだけの頻度で利用されていたことが窺える。この実用例として、次の伊兵衛一案がある。

史料五九　非人小屋縮所収容事例・伊兵衛一案（天保七年五月一八日）[12]

私共同居人磯部屋伊兵衛と申者、先年御当所出奔仕江戸表え罷越申候処、病気相煩彼地ニ難居立帰申ニ付、夫々御断申上候処、御縮所え被入置候上御紦御座候得共、忘気之体ニて言舌不行届、…（中略）…何卒右伊兵衛義病気治リ候迄、非人御小屋御縮所え被為入置被下候様、乍憚奉願上候…（中略）…以上、

天保七年五月十八日　　木倉町近岡屋　理兵衛

注（9）以下、安政災害については、『富山県史』通史編三近世上、同四近世下、中央防災会議『災害教訓の継承に関する専門調査会報告書　一八五八飛越地震』（二〇〇八、同書は冊子が刊行されているが、以下のアドレスから、PDFファイルの閲覧およびダウンロードが可能である。http://www.bousai.go.jp/kyoiku/kyokun/kyoukunnokeishou/rep/1858-hietsuJISHIN/index.html　二〇一五年一二月二一日閲覧）、嶋本隆一・高野靖彦・前田一郎「安政大災害（一八五八）における加賀藩の災害情報と被災対応」『立山カルデラ研究紀要』第九号（二〇〇八）に依拠して記述する。

（10）『金澤藩』「町格」九一六～九一七頁、三七号。

（11）江戸時代における乱心者の隔離については、拙稿「江戸期日本の乱心者と清朝の瘋病者――その刑事責任に関する比較研究を中心として――」（上）、『北陸史学』第五九号（二〇一二）参照。

（12）『金沢藩』町格九五二～九五三頁、一一六～一一八号。

町御奉行所

右私共組合之内近岡屋理兵衛願之通相違無御座候間、私共よりも奉願候、為其添書仕上之申候、以上、

組合連判

組合頭田上屋　道助

右近岡屋理兵衛書付ニ組合添書仕出申ニ付上之申候、以上

肝煎　助次

伊兵衛の病状は「忘気」「言舌不行届」以上の内容は不明であるが、何らかの精神症状を伴う症状であったと思われる。申請後、伊兵衛は五月二一日に非人小屋縮所に入所したが、翌月一二日に病死した。遺体の遺族等への引渡しについて、同日付で鈴木吟右衛門[13]・非人小屋裁許与力菅野彌八郎が連名で金沢町奉行中川平膳敦栄・澤田義門亮采に送付した伺、及び一三日付で町奉行所に宛てた近岡屋理兵衛による願の記載から、入所日と死亡日は判明するものの、死因については「病死ニ相違無御座候」以上のことはわからない。「病気」が入所原因ともなった旧来の病であるのか、或いは小屋のなかで何らかの病を発症したのかも判断しかねる。ただ、様式の存在、およびこの伊兵衛一案からは、「非人小屋が精神症状を伴う病人を収容するための隔離施設を有していたこと」だけは定かである。

江戸時代、一般に精神病者すなわち乱心者は家族や隣保などのコミュニティから隔離されて生活するのが通例であった。「囲補理」や「檻」、「囲」と呼ばれる施設を家屋内に設置し、そこに施錠のうえ収容しておくのである。江戸時代初期から中期にはコミュニティの中で生活し続ける事例もあったが、それらのうちから、患者が殺人・暴行傷害などの犯罪に至る例が生じ[14]、それに対応する形で、一八世紀には住居内に患者の収容用の

檻を設置する際の手順が定められる。(15)

江戸では、自宅に監置用の檻を設置できないことを理由に、小伝馬町の牢に患者を収容することを乞うた事例は「家族・親類・同僚・隣保の協力で対処するのが妥当である」との趣旨の理由で却下されており、(16)乱心者には地縁・血縁のコミュニティが協力して対応すべきことが強調されている。それに比して、金沢の乱心者の非人小屋収容を自明とする対応は、随分と性質を異にしている。

現時点においては、非人小屋への乱心者の収容についてのサンプルが少なく、まとまった検討を行うには材料不足である。よって、これ以上の判断は保留し、非人小屋を常設施設とした必要性の一端は、古今東西、どのようなコミュニティにも一定数存在した精神病者の収容所の側面にあった可能性を指摘するに留める。

注

(13) 鈴木については役職不明。

(14) 行動の制限を受けていなかった乱心者による家族の殺傷の事例として最も典型的なものは、石井良助編『御仕置例類集』(名著出版、一九七一)所収「古類集」一二七四号および一八九二号、享和元(一八〇一)年に乱心した栄之進が父親を殺害した事例がある。

(15) 収容の実態については、山﨑佐「精神病者処遇考」『神経学雑誌』第三四巻(一九三二)、板原和子・桑原治雄「江戸後期における精神障害者の処遇」(一)『社会問題研究』第四八巻一号(一九九八)に詳しい。

(16) 前掲注14『御仕置例類集』所収「続類集」史料七四、文政七(一八二四)年。乱心して妻なをを切り殺した土川勇三郎は、石出帯刀組の同心の父・藤蔵のもとで永預の処分を受けた。藤蔵の家には檻が無く、周囲のものは再犯を恐れていたが、藤蔵は新たに檻を設置する資金が無いため、当分の間、勇三郎を揚り屋に入れておきたい、と石出帯刀に願い出た、という内容である。評議の結果、「町人百姓の乱心者を檻に入れおくのとは訳が違うとはいえ、一度このような先例を作ると、以後収拾が付かなくなる恐れがある」との理由で、この要請は却下されている。評議には「藤蔵が借金を頼める親類が居なければ、同心の仲間内で合力してでも入檻させるように」との趣旨の言及もあり、江戸時代の「セーフティネット」のあり方を象徴する一面もある事案である。

二　収容者の呼称――「御救人」と「非人」

「御救人」と「非人」。この両者は、日本史一般の知識で判断すると、前者は何らかの役職、後者は身分名称と理解されよう。さりながら、これらは加賀藩史上においては、いずれも「困窮者収容施設の入所者」を指す。この場合において、「収容施設」は、非人小屋・御救小屋の別を問わない。古くは非人小屋に入所する零落農商民を「非人」と呼称していたが、時代を下るにつれて「御救人」の名辞が表れる。この傾向は特に時代を下るに連れて顕著になる。御救小屋の入所者を「御救人」と称するのは自然なように思われるが、実際には非人小屋入所者も「非人小屋御救人」などの形で御救人と呼ぶ例がある。また、非人小屋の入所申請書の宛所も、非人小屋ではなく「御助小屋御役所」としている例が出てくる。

以下では、天保期前後の関連史料から困窮者収容施設の入所者について言及している事例を抽出し、これらの呼称の変遷を確認する。

1）御救人

まず、史料上の「御救人」の用例を列挙する。

史料六〇　「御救人」の用例

①天保八年：非人小屋御救人共[17]、御助ケ小屋非人[18]

②天保一〇年：店借　越中ヤ　喜兵エ／右川上御救人ニ候処、毎日致小屋出候躰ニ付[19]…

③天保一〇年：非人小屋御救人名帳……非人小屋入之者ハ[20]…

④天保一〇年カ：御救人病気之者[21]…

⑤天保一〇年カ：中島町御救人堀松屋彌兵衛家代銀指引[22]…

⑥天保一〇年カ：天保非人小屋御救人之内五拾人計[23]…

⑦天保一一年：非人小屋御救人之内[24]…

これが意味するところは、文脈から明らかな通り「御救小屋または非人小屋に収容されている者」である。「御救制度を運用する担当者」や「収容施設の実務担当者」を指す場合には、その担当部局である「御救方」や「非人小屋〇〇（役職名）」を用い、「御救人」と称する例は見当たらない。延宝二（一六七四）年には「笠舞御

注

(17)『史料』（一四）八二八頁「三州治農録」。

(18)『集成』五八二頁「小松旧記」。小屋の挩走者の記録である。

(19)『金澤藩』「町格」一〇一三頁、三〇八号。

(20)同前一〇一三頁、三〇九号。

(21)同前一〇一五頁、三一四号。史料本文には「正月」とあるのみだが、「三ヶ所に常備薬を置く」ことに関する理由書であるので、実稼動開始後時間の経っていない、天保一〇年正月と推測した。

(22)同前一〇一八頁、三二六号。

(23)同前一〇二一頁、三四三号。

(24)『史料』（一五）一五四頁「毎日帳書抜」。

小屋ニ在之非人」[25]という表現があり、寛政七（一七九五）年の「新川郡御小屋入御救人帳」[26]では、「御救人」「（非人）小屋江入人」「小屋へ入候者」「非人屋御救人」と称している。ここからは、収容者の呼称が「非人」から「御救人」に変化した可能性を指摘できる。次項において、藩政前期にさかのぼってこれを確認する。

2）非人

1．藩政前期

寛文飢饉の当時、「非人」が貧民を指していたことは既に第一部において確認した。貧民、つまり、零落した農商民である。この時期に非人小屋の入所者に負の感情が向けられたり、あるいは、貧民が差別感情の存在を理由として非人小屋への収容を忌避した事例には、未だ管見が及ばない。それが、時代を下るに従って「平人以下のもの」の含みが滲み出てくるようになり、それに伴い、小屋の内外から忌避の情が生じるようになる（詳細は本章第三節参照）。その一方で、当の「非人」たちは、自らは「転落した（けれども条件が整えば元の農商民に戻る可能性のある）四民である」との認識を持ち続けていたため、救恤政策の一端を担う存在でもあった被差別民である藤内への反発が醸成された。加賀藩の賤民編制においては、藤内が全賤民を統率する位置にあるが、「元平人」の非人が元々の賤民である彼らの下風に置かれるのは不当である、との論理である。寛政三（一七九一）年九月八日、藤内頭の支配を受けることに異を唱えた非人頭らの申し立てに対し、加州郡奉行水原五左衛門保佐は却下の裁定を下しているが、この中で非人頭らは「自分たちは賤民ではない」と強く主張しており、[27]そこからは逆に「非人」について回った差別の激しさが看取できるのである。

本稿の射程内における「非人」の語義を時系列の順に確認していくと、まず、元禄時代の救恤対象者としての「非人」もまた、寛文飢饉当時と同じく、貧民、あるいは物乞いをする者を指していた。根拠として、以下の四史料を挙げる。

史料六一　家老→年寄、書面、元禄九年四月一四日(28)

一、越中なとニも川除等、近年致延引候所々有之由御覧被遊候、か様の処此砌申付候ハヽ余程之助ケニ成、非人過半ハ減少可仕候哉、ケ様之儀も致詮義候趣之由、被仰出候条被得其旨、是以早速御詮議候而可然様御沙汰尤ニ存候。

史料六二　覚、綱紀、元禄九年八月一七日(29)

…飢人多無之様ニ申、若非人洩申者有之候は、可為不届由十村共へ為申聞、能々吟味仕可申事。…

注(25)『集成』四九四頁。

注(26)同前四二〇～四二八頁。当史料は、いうなれば「非人小屋必携」であり、非人小屋に郡方困窮者が収容される際の基準、各種申請の様式集、寛政七～八年の新川郡内での先例集の三部からなる。様式・先例での非人小屋の呼称は、郡の組合頭や肝煎からの申請文中では「御小屋」、金沢の新川郡郡奉行からの回答文例では「非人小屋」となっており、通称が御小屋、正式名称が非人小屋であったことがわかる。この用法は、寛文・元禄当時と同様である。

(27)『史料』(一〇)二五八～二六三頁「国事雑抄」、『集成』三〇三～三〇九頁。

(28)『藩政』三〇頁「御領国困窮之儀ニ付被仰出之趣等」。

(29)同前八五頁「飢人御救之儀ニ付被仰出之趣御留帳」。

史料六三　金沢町奉行→年寄、元禄九年六月一四日(30)

金沢町中餓死人有之候哉書上可申旨被仰渡奉得其意候、及渇命候者ハ、組合中介抱仕候様ニ申付置候、介抱難仕者之内吟味仕非人いたさせ、不行歩者ハ非人御小屋へ入置候、其上御貸米就被仰付候、去秋より只今迄、私共支配之内、餓死仕者無御座候

史料六四　口達覚　加州郡奉行→十村、元禄九年一〇月六日(31)

今度御救にあひ候者は勿論、其外之者に不依、非人乞食等に出不申様堅可申渡候

史料六一は、雇用創出による困窮者支援の提案である。傍線部は、川除普請を行えば「非人」は半分以下になるだろう、と主張している。身分上の非人であれば、飢饉対策に応じて増減することはない。次の史料六二は、綱紀が指示した飢人対策の覚書である。ここでは、飢人と非人が同義に用いられていることが読み取れる。飢人とは、飢餓・渇命に直面した人間の意であり、身分との連関は無い。史料六三の傍線部は困窮者が非人になっていることを示す。最後、史料六四は「御救を受けているものもそうでないものも非人乞食をしに出てはならない」という文章であり、「非人乞食」は、物乞い行為の別名でしかありえない。

また、「非人小屋入所者」についても、「非人」と呼称されている。非人小屋の入所対象者が零落農商民であったことは先述のとおりであるので、やはり「非人＝困窮者」である。

史料六五　非人小屋入所者の帰農　村肝煎・十村→非人小屋奉行、元禄一一年五月一一日(32)

一、一人　加賀郡北村　仁兵衛

右之者御小屋に居申候処に、私申請里子に仕度奉存候間、被懸御意被下候者難有忝奉存候。以上。
元禄十一年五月十一日　　　　小坂村肝煎　宗右衛門
右非人仁兵衛、小坂村肝煎宗右衛門、里子に申請度旨御断申上候に付、奥書仕上申候。

当史料の用語が「非人小屋の入所者を非人と称している」ことは、一読して明らかである。また、同種の著名な例として、「非人清光」がいる。清光とは、加賀の刀工である。宝徳三（一四五一）年没と伝わる初代小次郎清光から五代を経た六代・清光長兵衛が、この別名の主である。優れた技術を持つ名匠であったが、困窮の果てに一家こぞって非人小屋に入り、小屋において刀剣の製作を行っていた。「非人」の通称は、ここに由来するものである。入所者に支給される米の量は、通常、成人男性が一日二合半、女性が一日に一合八勺と定められているのだが(33)、貞享四（一六八七）年には、長兵衛父子三人が「御細工仕候(34)」ことを理由に飯米を一日につき七合半ずつ、その他妻子には男子が一日三合半、女子は二合半の支給の特例が認められている。

この清光長兵衛の通称にある「非人」も、身分名称ではなく、「非人小屋に入っているもの」の謂いである。「改作所旧記」に収録された延宝二年の非人里子や飢人の救済に関する申し渡しの中には「笠舞御小屋ニ在之非人(35)」との表現も見られる。やはり、「非人小屋被収容者＝非人」なのである。

注
(30)『藩政』五〇頁「御領国困窮之儀ニ付被仰出之趣等」。
(31)『史料』(五)三六九頁「改作所旧記」。
(32)『改作所旧記』中編復刻、(石川県図書館協会発行、一九七〇) 二〇五頁。
(33)『集成』四〇六頁。
(34) 同前五〇〇頁。なお、七代清光長右衛門、八代長兵衛もまた、非人小屋で生活した経歴がある。
(35) 同前四九四頁。

ただ、これが「非人」の全てではなかった点に注意が必要である。つまり身分上の「非人」の存在である。ただ、彼らの淵源が奈辺にあるのかは、不明点が多い。この理由は、一つには史料の残存状況から来る限界があり、二つには、史料上の用語が多義的で統一されていないことがある。[36] 先に述べたとおり、「救恤対象の零落した庶民」「および彼らが生業として行う物乞い行為」を「乞食」「非人」「非人乞食」と称する一方で、いわゆる「賤民」の一種としての「非人」があったのである。この語義の錯綜に加え、「非人」に関連する文書を残した当事者たちが、各々の意図に基づき、自らの立場を有利にすることを目指した主張を行っている。事実は、それぞれの政治的意図というベールを取り除き、多面的な検討を加えねば見えてこず、しかも、現状では、そもそもそのための面が足りていないのである。

とはいえ、加賀藩の「非人」および「非人頭」に関して、現時点で確認できる史料からは、以下のごとき沿革が最大公約数的に知られている。[37]

承応元（一六五二）年、藤内頭の支配下に入り、乞食から選任した七名[38]の「非人頭」を置いて一般の乞食を管理させたのが、「非人頭」の濫觴である。[39] このことは、貞享～元禄期（一六八四～一七〇三）に非人頭や藤内頭の名で作成された複数の文書に表れている。少なくとも、この時点で通説となっていた出自であると考えられる。これらの文書中には、「私共（非人頭を指す、筆者注）罷出、乞食共ヲ此御道筋おいちらし」「乞食共之儀ハ不及申上[40]」といった文言がみられ、この時点では、「非人頭による支配を受けるもの＝乞食」とする用語法があったことが読み取れる。元禄六（一六九三）年五月二日付、金沢町奉行和田小右衛門による覚には、乞食は「藤内穢多之筋ニ而ハ無御座候、然とも藤内頭仁蔵・三右衛門支配仕候、札を相渡為致乞食申ニ付、小頭を抱置為致裁許申[41]」もの、と説明されている。文中の「藤内」「皮多」はいわゆる「賤民」身分に属するものらであるから、ここでは、乞食は彼らとは立場を異にしていることが明記されている。つまり、「生まれつきの賤民ではないが、非人頭を通して賤民の頭領である藤内の支配を受けて物乞いで生活している者」が、「乞食」と認識されていた、と総括できよう。なお、ここで言う「札」とは、乞食札とも呼ばれる、物乞いを行うための鑑札を指している。(42)つまり、「一般農商民が零落→物乞いで生活するようになり、札の支給を受ける→藤内頭の支配をうける乞食となる」という経路をたどっていることが、ここでは想定されているのである。藤内頭が取り仕切る札の支給によって死命を制されるのであり、乞食が彼らの支配下に置かれるのは、この想定を根拠としている。

その後、元禄一六（一七〇三）年には、次のような「非人札」の交付に関する細則に関する覚が出されている。(43)

注（36）横井清は、『日葡辞書』の項目から、一七世紀初頭においては「非人の語は貧しい者の意」として通用していたらしい、と推定している（「日本中世における卑賤観の展開とその条件」『部落問題研究』第一二輯、一九六二）。

（37）以下、『集成』一二五九頁30号～一二六三頁34号。

（38）寛政年間の藤内頭と非人頭の支配争論において、藤内頭は、一つには非人頭は元々藤内から選出されたが、後に乞食の中から藤内が任用するようになったこと、二つには非人頭への勤め向きの指示は藤内頭が行っていることを根拠として自らが上位者であることを主張しており、前掲文書とは、若干の食い違いが見られる（『集成』一三〇三頁）。ただ、この主張は寛政五年に当時加州郡奉行の職にあった高沢平次右衛門（忠順）・林弥四郎の両名が調査をした段階では、「乞食之内より人選仕」（『集成』一三〇七頁、87号）と、藤内頭の主張は覆されている。藤内頭は盗賊改方の胥吏として、治安維持・行刑業務に携わっていたが、実務には非人を使役していた。つまり、非人への支配権限を否定されると、労働力を失うという実務上の不利益を被る立場だったのであり、それを防ぐべく自らの支配の正当性を強める論陣を張るのは当然の行動である。

（39）但し、元禄六年五月一三日付、金沢町奉行が能州郡奉行に宛てた、各種賤民の由来・現状等に関する質疑への回答文書では、非人頭について「札ヲ渡迄一通ニ而、非人頭与申義ハ有之間敷様ニ存候」が、「去共盗賊御奉行衆非人頭与御申付候哉、其段委細承知可申越候」と、藩内部でも非人頭に関する状況把握が徹底されていないことがわかる（『集成』一二六五頁、37号）。

（40）いずれも元禄四年二月、非人頭→藤内頭、非人頭勤役（『集成』一二六一～一二六三頁、34号）。

（41）『集成』一二六五頁、36号。

（42）同前一二六一頁、33号。なお、乞食札の形態は、同書六〇五頁の図参照。

（43）同前五二〇頁、39号。

史料六六　非人札交付細則　元禄一六年六月五日　十村→能州郡奉行

一、定非人　此定非人与申義ハ、親類縁者等も無御座、或ハ奉公等も難成者ハ、盗賊方より非人札相渡り申候。

一、散非人　此散非人と申義ハ、他国他領之者、或ハ御国之者ニ而も数年者御郡ニ而非人仕罷在候者ハ、盗賊方より札相渡申候。

一、当分非人　此当分非人と申儀ハ、頭フリ又ハ百姓ニ而も当分続難成時節、非人ニ罷出候者ハ、其組之十村方より自分札拵置、相渡申候

この史料中では、交付されるのは「非人札」であり、交付される対象者は「非人」である。一貫して「非人」の語を用いているのであるが、先述の元禄二年の「乞食札」の交付開始を指示した史料と読み合わせると、「乞食」と「非人」とを同義語として用いつつ、その下位に「定」「散」「当分」の分類を設け、「固定した乞食＝身分上の非人」と「遊動層としての乞食＝零落農商民」とを分類・整理しようとしていたことが読み取れる。ただ、その意図も貫徹されたとは言いがたい。史料上の「非人」が指す実体が混沌として摑みがたいことは、先述のとおりである。

元禄年間以降、暫くは非人小屋収容者の呼称を記す適切な史料が残存していない。次に見られるのが、享保一七（一七三二）年に成立した「非人小屋先格品々帳[44]」である。これは、小屋の創設から享保までの運営方針の変遷についての概略をまとめ、併せて当代の運営規則を記した記録である。この中で、収容者は「非人小屋ニ罷在候者」「小屋ニ而乱気ニ罷成候非人」「非人之内、小屋より昼罷出…」「非人共小屋之門出入」のごとく、

一貫して「非人」と呼ばれている。

2. 藩政後期

ここまでに確認したとおり、享保頃まで、非人小屋収容者は、一般に「非人」と呼ばれていた。天明三（一七八三）年三月成立の非人小屋裁許与力四名による勤務内容の記録、「非人小屋裁許勤方帳」(45)は、収容者を一貫して「非人」と呼ぶ一方で、小屋については、「御小屋」の称を用いている。

これに対して、天保期の文書では、収容者はほとんどが「御救人」と記されていることは、先述のとおりである(46)。

この変化の背景には、「非人」という語に旧来なかった意味合いが付与されたことがあると考えられる。この変化を端的に語るのが、寛政五（一七九三）年に出された、次に上げる意見書である。まず、「非人頭」が藤

注(44) 同前四〇六～四〇九頁。差出元は非人小屋裁許与力五名が連署しており、御預地方御用横山兵庫長元、御算用場奉行奥村弾正忠順、金沢町奉行稲垣與三右衛門秀堅らを宛所とし、最終的に彼らの奥書きが付されている。作成の経緯は不明であるが、享保年間の加賀藩を概観すると、漠然とではあるが、それが浮き上がってくる。享保八年五月、藩主は五代綱紀から六代吉徳に交代した。吉徳が最初に向き合わねばならなかった政治課題は、財政の立て直しである。九年は家中での婚礼・養子縁組にともなう祝儀を簡素化するように指示する一方、前田家自らも「近年勝手物入打続候に付、…自今内々に而御贈答之儀も、今般一統どなた江も堅御断被申候」と、江戸での贈答を原則取りやめて倹約に励む。この緊縮財政方針はその後も維持される。一五・一六両年は火事や災害もあって出費が多く、増収・節約の必要性も強まっていたことであろう。収納米の梱包や選別を丁寧に行って売値を高めるようにせよ、と、現代の商業にも通じるような綿密な指示が出されている。「非人小屋先格品々帳」は、このようなタイミングで作成された。運営状況を確認し、経費圧縮の余地を探る資料だったのではあるまいか。

(45) 同前四一〇頁～四一六頁。

(46) 東京大学史料編纂所が提供する「近世編年データベース」の項目検索機能を用い、検索範囲を「加賀藩史料」、検索キーワードを「非人」と指定して検索したところ、六一件がヒットした。そのうち天保年間のものは一八件あり、全てが「非人小屋」という固有名詞としての用法である。（http://www.hi.u-tokyo.ac.jp/index-j.html　二〇一五年一二月二一日利用）

内頭の選任、公事場の許可によって創始された沿革をもつことを確認したうえ、次のように述べる。

史料六七　「非人＝乞食」への疑問（加州郡奉行→用番、寛政五年）(47)

（前略）

①一　平人貧窮ニ付札持乞食ニ罷成、其身一代之内者仕合次第町人百姓ニ立戻候義差支不申候得共、二代目よりハ平人ニ立戻申義不為仕流例之よし、此儀元来平人筋目無相違者、何代乞食仕候共人非沙汰ハ無之筈ニ御座候処、藤内頭支配仕候ニ付、如此流例出来仕儀与相聞江申候。

②一　平人筋目乞食、且其中より撰出シ非人頭ニ相成候者も、都而先年より人非之者支配ニ相成居申段、一円難心得儀ニ御座候、乍然此訳打返相考候得者、……百年来人非之者支配ニ相成居申ニ付、只今ニ而者世上よりおのつから平人与は筋目も違候様ニ相見へ、剰二代目より人非ニ落入申流例出来仕ニ依て、弥平人与品違候様ニ成来申儀与相考申候。

③一　右之趣乞食躰之者与は申なから、平人之筋目人非ニ落入申段、人ニおゐて大切至極之儀、其上平人より追々人非ニ落入候而者、畢竟人非之数相増申首尾、御政道ニ拘り、甚如何敷儀奉存候。

④一　右之通ニ奉存候間、近年藤内頭与非人頭争論之義ハ、双方申口取上ケ不申、打捨候様私共江被仰渡、其上ニ而改而急度御詮議を以、是以後非人頭并小方非人共ニ藤内頭之支配ヲ指除、惣而筋目相糺、人非混合之有無撰出、平人無相違者ハ全ク人非之沙汰無之、何代乞食仕候共仕合次第町人百姓江立戻り、世上交り指構不申様被仰渡ハ可然儀ニ奉存候。

⑤一　乞食ヲ非人与申名目、前々より唱来申儀ニ御座候得とも、若哉貧人与申文字ヲ調違申ニ而も御座有間敷哉、何れニ茂人非ニ無之者を非人与唱申儀、一円相当り不申名目与奉存候、必名ヲ正シ申儀ニも

可有御座候間、右之通人非之沙汰無之旨被仰渡候上、非人頭ハ乞食頭与相唱、小方之者も非人之名目ヲ指止、乞食与唱候様仕度奉存候。

（後略）

当史料の作成者、加州郡奉行高沢忠順が行った主張の要点は、「平人由来の非人の解放」にある。寛政年間当時に「非人」として認識されていた人々の集団の中にもともとは差別の対象外である平人だったグループがいることを理由に、彼は「非人」の名称の使用を差し止め、他の身分との交流も許可することを主張する。

先行研究では、高沢の「非人解放」の視座を評価する一方で、彼の主張が賤民全体には向かっていない点に限界をみる。(48)妥当な見解であるが、本書では、しかし、高沢がかく主張する背景に目を向けたい。寛政年間において、「平人由来の乞食の謂なき扱いは是正せねばならない」と、士分に属する者の中から認識するものが出てくる程度には「非人」への差別があらわであったと考えられる。

この「非人」への認識の変化を「非人小屋」も逃れえるものではなかった。寛政年間に非人小屋入所経験者の就職難が見られたことは前述のとおりだが、天保年間にはこの傾向は更に露骨になっていく。

史料六八　「非人小屋」改称の建議（天保一一年四月二二日、奥村栄実→前田孝本）(49)

注（47）『集成』三〇七～三〇九頁「続漸得雑記」。なお、宛所の用番とは、「月番」ともいい、加賀藩の最高位の家臣である「加賀八家」が務めた職務の一つである。月交代で藩政を主宰する要職であった。

（48）高澤「幕末期の金沢における救恤」二宮哲雄編『金沢――伝統・再生・アメニティ――』（御茶ノ水書房、一九九一）所収、一二七頁。

（49）『史料』（一五）一三七頁「袖裏見聞録」。

（前略）当二月御馬廻頭之内篠島権之助儀、右小屋御用主付被仰付、彼是僉義有之内、非人小屋と申名目当り不申様に候間、唱替候様可被仰付哉之旨等、御用番へ相達候由。……是等之訳にて、非人といふことも筋違之もの共之名目之処、紛れ候て乞食をも非人と唱へ来り、御救小屋之名目にさへ成来り候訳に候や。…非人の名目御省有之候ても苦かる間敷筋之様にも被存候。

冒頭の「右小屋」とは非人小屋を、「是等之訳」とは、元来平人である非人・乞食が当代にみる差別を受けるようになった由来についての諸々の推理を指す。

一読して明らかな通り、「非人ではない困窮者を収容する小屋が『非人小屋』の名称をおびているのは適当ではない」ことを理由に、改称を主張するものである。この主張がなされたのは天保一一（一八四〇）年、困窮者収容施設の入所者に対する「御救人」との呼称が各種公文書に多く見られるようになったあとのことである。「困窮者である非人を収容するから非人小屋」、「非人小屋に収容されているから非人」であった単純な公式が、覆ったのである。

三　藩政後期における非人小屋へのまなざし

以上、非人小屋と御救小屋がどう住み分けを計り、そして、その施設への収容者への認識が変化していった過程を外観した。「非人＝賤民（人非）」の認識がいつ普及したのか、という、意識の問題について、時期を明示することは困難であるが、先の史料六七、高沢の意見書では、明確に「人非」という言葉を用いて藤内・非人の言い換えとしている。この「人非」は、明らかに差別語として用いられており、更に、「人非混合之有無撰出、平人無相違者ハ全ク人非之沙汰無之」という主張を裏面から読めば、「平人に出自のあるものも、人非との混合があれば平人ではない」ということであり、「賤」への意識は固着している。少なくとも、士分の間で「非人＝人非」の認識は藩政の後半、一八世紀には普及していたと考えられる。さらに、天保飢饉を挟んで、史料六八において奥村栄実が「非人小屋」という名称が実情に合わず不自然であることを指摘し、改称を示唆することは、[50]それが根付いたことを示している。

この変化は、当然ながら、藩士にのみ訪れたものではない。収容者、つまり平人の認識もまた、天保飢饉時には明白に非人小屋の忌避に傾いている。

史料六九　非人小屋忌避（再就職）（天保九年十二月十四日、紺屋→肝煎[51]）

非人御小屋病三五番ニ罷在候御供田屋　五右エ門

注（50）但し、この示唆は実行はされぬまま終わる。藩の実力者であった栄実の発言が黙殺されたとも思われないが、栄実自身もこの文書の中で「先代様ニも万事御吟味有之御事には候へども、御用多ニ而御手之とどかせられさるニ付て思召ハ有之なから其儘ニ被成置候」か、あるいは「当世なへて之称号故、先其儘ニ被成置候」か、と、歴代藩主の意思の存在をおもんぱかりながら言葉を選んでいることから読み取れるように、「藩主が維持してきた施設」であったことは、大きな意味を持っていた。また、小屋の創設者が五代藩主綱紀であったことも軽からざる影響を残したであろう。彼は文武に秀で、藩史に多様な足跡を残した英主として、長く藩士の尊崇を集めた。里子百姓が開いた縁の地には、神として祀られてもいる。当史料は、冒頭に寛政六年に奥村尚寛が記したという内容を引用しているが、そこにも「非人小屋の名称は不当であり、誤記の可能性がある」と示唆しつつも、結局は「松雲院様之御明英なる、名不当して其儘ニ可被成置儀ニて無之」という結論からスタートしている。「易に非と通用する「匪」の卦があり、鰥寡孤独の義を含む」という苦しい論理によって「非人小屋」の施設名の正当性を主張している。「名君松雲公のなしたことは正しい」という信仰の存在が、幕末に至るまで非人小屋の存続を担保し、また、その更新を妨げた可能性がある。

（51）『金澤藩』「町格」一〇〇六頁、二七二号。

右之者元八十三間町ニ罷在、紺屋上絵職之者ニ御座候処、一両年前家一統癈病相煩極難渋、不得止事非人御助小屋入奉願、当時右御小ヤニ罷在候、職方モ達者ニ御座候へ共、御小屋ニ罷在候テハ相雇申義モ仕兼申候間、何卒御慈悲ヲ以、今般御救小屋へ御入被遊被下候へハ相雇申度御座候ニ付、私共ヨリ奉願上候、此段何分宜敷御願可被下候様奉願上候、以上

十二月十四

嫁坂町紺屋職酒井屋

喜三右衛門

帯刀町同職油屋

庄兵衛

肝煎　理平次殿

同　理右衛門殿

これは、非人小屋に入所中の職人を雇用を希望する紺屋二名からの、その対象の職人を御救小屋に移すことを要請した書面である。その理由は「非人小屋にいては雇用に差し支える」からというが、非人小屋の収容規則や内規によって雇用が制限されていたとは考えにくい。小屋の収容者の就業と社会復帰は、繰り返し促進されているところである。支障の原因は、小屋の外にあったのであろう。ここまでの史料を併用すれば、それは、「非人」への忌避にあったとの推測が成り立つ。

この推測の当否は、この史料のみからは判然たりえない。ただ、その影響が、雇用に差し支えるもの、ひいては、入所者の生活再建に支障をきたすほどに強いものであったことは、確かである。

四　小括

以上を総合するに、非人小屋と御救小屋は、「恒常的に維持され、場合によっては困窮者以外（乱心者）も受け入れる非人小屋」と、「臨時・応急的に設置され、困窮者の扶助を任とした御救小屋」との大別が可能である。ただし、その基本的な機能は両者とも生業・収入をもたない困窮者の生存を担保することにあり、相違ない。類似した施設に別個の名称を用意した藩の意図を明瞭に語る史料には未だ出会わないが、それは、身分意識の醸成、特に「賤」とされた特殊技能者への蔑視や隔意とリンクしていたと考えられる。

第二章　非人小屋の意義と限界

前章までにおいて、非人小屋および御救小屋が歴史上に果たした役割を確認した。以下、特に非人小屋に焦点を当てて、その意義を検証する。

一　為政者が与えた救恤の意味

為政者にとっての救恤は、一つには安定した藩政のための人心掌握手段であり、また、不満を逃がす安全弁でもあったといえよう。この点、私も先学の見解に賛同するものである(1)。但し、この役割は、後代には機能不全を生じる。二つには、藩の生産力の維持機構である。都市に滞留する乞食、つまり非人のトリアージや、里子百姓の事例がこの機能の証左である。

以上の二点からは、近世の救恤は、世の中の安寧という大の虫を生かすために一人ひとりの人間という小の虫の生存を支える制度だった、と性格付けることができよう。さりながら、藩主・綱紀は、早い時期から救恤・民生に意を割いてもいた。

史料七〇　政務訓諭十八ヶ条(2)

（一～一一条略）

⑫一、国中九十以上の者扶持方遣候事。是は当年中に可申付かと存候事

⑬一、非人扶持之儀以来は申付可然事

⑭一、諸役之内其役をゆるし諸人くつろき可罷成品は免許可然候。外にくつろぎに指而不罷成分も今度倹約依被仰出、商売とぼしく令迷惑品は用捨可然事

⑮一、侍分せがれ無之、名跡断絶之者、其母妻娘共可拠方無之可及飢寒者は大形定置扶持可遣之。但筋目有之品は扶持可超給、又他国へ可参望有之者は品により路銀遣之可然事

⑯一、普代之者又は筋目有之者ともせがれ多、所持進退不相成体之族は少扶持に成とも可召置事

⑰一、与力知之事、近年は跡目申付候節、大形は指除候。向後は故有之義は各別、其外は其儘付置可然候。右申普代又は筋目之者のせがれ多く候者、与力望次第召置可然候。近来無故者多く与力に罷成儀不可然事

（一八条略）

右之外にも総様助成に罷成儀それぞれ仕置は余多可有之之儀に候。乍然、先指当たる仕置存付分書記候。万端基本さへ治り候へば、余事はおのづから可相立儀、勿論に候

この史料は「政務訓諭十八ヶ条」と称される。綱紀が独立の翌年・寛文一〇（一六七〇）年に出した施政方針である。一二条の「養老の制」、一三条の非人扶持、第一五条から一七条では藩士の遺族・家族の救済・就職

注（1）田中・前掲第1部序章注4。

（2）『松雲公』中巻、四八八頁「松雲公遺簡雑纂」。

支援などに言及している。これだけを見ると関心の重心は今日でいう社会的弱者や困窮者一般ではなく、士分およびその家族の救済・扶助にあったと言えようが、「松雲公御夜話」では、先々の維持費を憂慮する家臣の反対を「其御構無之」非人小屋設置に踏み切った姿勢が語られる。(3) 無論、この挿話に関しては名君伝説の一種である可能性はあるが、実際に藩の責任において非人小屋を維持・運営せしめていた事実をあわせ見たとき、生活苦に喘ぐ家臣・領民を広く救いたいという青年藩主の志は読み取ってよいように思われる。

この綱紀と対比して、天保飢饉時の藩主である斉泰の肉声を伝える史料は乏しい。さまざまな文書の中に、「下々の困窮に対して心を痛めているが、財政逼迫のために思召のごとくならず」との趣旨で慈悲深い名君であることを強調はされているが、彼が実際に何を思い、意図していたかは、ここでは語られない。ただ、幾度となく出される質素倹約令や目下への撫育について訓戒する各種文書には細密かつ具体的な指示が散見され、細かな事柄にも目が届く繊細さや注意深さが窺われる。この彼の性質を垣間見せるものとして、短いものではあるが、次の史料がある。

史料七一　覚（天保七年九月三日）(4)

坂井小左衛門別席に而申聞候者、今朝御前江被召罷出候処、頃日所々用米差問、下々之者及難儀候体被聞召、御心痛被遊候。右に付ては、御前御身分御慎被遊候品も無之哉之旨、昨日奥取次へも御尋被遊候。小左衛門にも心付候品も有之候はば申上候様御意有之候。当時御行状等聊心付申上候品心付無之候。是迄も加様之御意一向不為在候処、今度加様に被仰出之儀、誠に恐悦至極なる儀に御座候。加程に御志被為在候儀に候へば、何と歟申上方も有之候得ば宜候得共、不才之儀心付不申候間、各様御心付之儀も有之候者被仰候様仕度。左候はば其趣可申上旨等段々申聞。右丹州等三人一緒に承候事。段々被仰出候趣、誠に難有

儀に候。相考心付之儀有之候はば、追而可申達申入候事。〔右申聞候内小左衛門[5]落涙之様子也〕

この挿話は、丹州（奥村栄実）ら三名が斉泰の御前に召し出され、斉泰の下々への思いやりの言葉と、「御前御身分御慎被遊候品も無之哉」――「私の行動に何か慎むべき点はないか」――との下問を受けた、というものである。斉泰は、前日にも奥取次に同様の質問をしていたといい、自身の行状を強く気にしている様子がある。

江戸時代初頭から、各藩の藩主達の多くが儒教の古典を学び、儒教から派生した宋学や朱子学を統治のテキ

注（3）同前六三九頁「松雲公御夜話」。但し、この文章は川上版には見られない。また、同様に重臣の反対を押し切って実施したとされる事業に、黒部川の架橋（愛本橋）事業がある。この架橋事業に関して、詳細は『下新川郡史稿』（上）（名著出版、一九七二）、三二一〜三二四頁参照。

（4）『史料』（一四）六九八頁「覚書」。

（5）当史料の「坂井小左衛門」と同一人物であるかは情報が不足しているため判断を保留したいが、近い時代の同名の人物に、文政七（一八二四）年前藩主斉広が設置した藩士の風紀粛清・意識改革のための人材育成機関である教諭方の主附に任ぜられ、同九年に斉泰によって遠慮とされた馬廻頭がいる。諱は克任、前名は庄太郎。処断の理由は「先きに上書一件之由」（『史料』（一三）六九〇頁「見聞袋群斗記」）とあるのみで明示されない。ただ、この時期は、斉泰が借知の増額と、町・在への大規模な御用銀の賦課を行い、急激な財政再建を目指して藩政の舵を切った時期に重なる。増借知を肯んじなかった斉広の政治方針からは極端な変革となった。同時期には坂井を含む六名が役職を追われているが、そのうち岩田伝左右衛門・山本中務は坂井と共に教諭方に籍をおいていた人物である。この教諭方には、本稿第2部でその著作を引用した寺島蔵人も主附として在任しており、文政七年に斉広流の維持を上申して、翌八年に役儀指除、逼塞の処分を受けた。教諭方は、斉広が藩士を薫陶せんとの意図の元、積極的に設置した機関であり、そこに配属されていた藩士も、寺島蔵人を初め、硬骨の士が多い。斉泰の政治方針と対立し、排除されたものであろう（『石川県史』（明治印刷、一九三九）第二編六二二、六八五、六八八頁、『市史』通史二、一五九、一六二頁）。

ストとして、仁政をもって是とする価値観を養っていたことは、既に多数の研究蓄積がある。[6] 斉泰のこの行動は、董仲舒の唱えた天人相関説、それから派生した災異説を淵源としている。近世の日本においては、「君主が士庶を思いやる仁慈には天が感じ入って助力する」という名君譚の様式があり、[7] 斉泰が自身の生活態度の不備はないか、と臣下に尋ねた行為からは、近世の論理に従って領民の生活を守ろうとする君主の姿がうかがわれる。

更に、困窮者対策は、同時に治安対策であり、経済政策でもある。押乞を働く乞食や、浪人の不法は、時期を問わず各地で記録され、[8] 治安を乱すものとして取締の対象となっているが、飢饉となれば、浮浪者の人数は膨れ上がる。また、かれら困窮者は、元々は何らかの職業を有する生産者であった。それが大量に生産現場を離れて浮浪する事態は、生産活動が停止しながら消費活動のみが進む状況である。「救恤」は直接には困窮者に向けられるが、間接的に藩という組織が存続するためにも必要なものであった。

二　庶民が求めえた救恤とその変性

対して、困窮した庶民が求めえた救済には、次の三種があった。

ａ　都市への流入・滞留によって与えられる施粥

ｂ　流入・滞留に加えて、在所十村の申請による非人小屋入所

ｃ　緊急避難としての乞食化

このうち、ａ・ｂは庶民＝下が為政者＝上の提示した救恤政策の枠内に収まっているものといえる。逆に、困窮者が生きるために自ら始めた都市での乞食稼ぎを、藩が非人札（乞食札）の支給によって追認するｃは、上の想定した枠組みを下が踏み越えて活動している図式である。[9] 尤も、「枠組みを踏み越える」とはいっても、救恤の対象者や給付内容、違反者の取り締まりなど、枢要の統制は藩が行っていた。「境界領域に踏み込む」と表現するほうがより正確であるかもしれない。

このような庶民の救恤の要求に関する藩の役割は、庶民同士の鎹というソフトウェアと、救恤制度・施設というハードウェアの維持にあり、救恤の要請は、その多くが藩を通して庶民の相互扶助に還流するものの、そ

注（6）藩主らの統治の背景をなす意識や、その思想を伝えた学者らについては、小川和也『牧民の思想―江戸の治者意識―』（平凡社、二〇〇八）、渡辺浩『近世日本社会と宋学』（増補新装版、東京大学出版会、二〇一〇）等がある。また、儒教的道徳に叶い、士庶を安んぜしむ安定した統治をおこなった「名君」像が民衆の政治意識や歴史認識を映し出す、いわば鏡になっていることを明らかにした引野亨輔「〝暴君〟と〝名君〟のあいだ――民間地誌にみる近世民衆の政治意識――」（『福山大学人間文化学部紀要』第一〇巻、二〇一〇）がある。当時の為政者・思索家・学者による著作は、岩波日本思想体系の石井紫郎『近世武家思想』（第二七巻、一九七四）および奈良本辰也『近世政道論』（第三八巻、一九七六）が参照に便である。

（7）前掲注6・小川二五五頁の尾張藩九代徳川宗睦（一七三三～一七九九）の雨晴の逸話は典型例の一つである。

（8）例えば、「頃乞食非人共徘徊いたし、在々宿々押乞なと仕…」（天和二〔一六八二〕、加州郡奉行『集成』四九九頁、史料22）、「近年、浪人樹下者共増長仕、五人七人充連立、時ニより在々江大勢入込押乞等仕、人少之家ニ而ハ朝飯夕飯等拵置候を理不尽ニ手懸、野仕事ニ罷出候跡老人子共留守仕居候時節ハ、猥更給物取食、彼是申候得ハ色々おとし仕狼藉之働仕、自然農業にも指障、村々一統迷惑至極仕…」（寛政二〔一七九〇〕、岡部氏御用留、『集成』五四一頁）、「野町神明門前ニ罷在候乞食等夜中致止宿、折節火を打候儀等有之、火之元気遣敷、依而毎度右神主制シ候得共相止不申…」（寛政一一〔一七九九〕年、部落一巻、『集成』二九頁）等。

（9）かつて石井良助氏は、江戸の乞胸について「乞胸仲間に入りたいとて申込んで、鑑札を受けるのは、長煩で不如意になり、ごく難渋で、外の生活ができない者である。女子等は親夫が長煩の上零落した者である。…乞胸というのは…生活がきわめて困難な者を救う組織でもあったようである」と指摘した（「乞胸補考」石井良助編『江戸時代の被差別社会―増補・近世関東の被差別部落―』明石書店、一九九四、七四一頁）。町人身分のまま、生業についてのみ非人頭善七の支配を受ける乞胸は江戸特有のものとされるが、加賀藩の「貧人」システムとの類似性が想起されるところである。

こで掬いきれないものは、藩が直接運営する救恤政策の対象となった。

藩の直接運営にかかる最大の救恤施設たる非人小屋の意義は、それが恒常的に存在するセーフティネットであったことである。前述のとおり、非人小屋は早い時期に藩の財源を用い、藩主の意思によって設置・運営された組織であった。加えて、綱紀はその数多の業績から、藩士たちの深い尊崇を集めていた。第1部の「先行研究と史料」の項目に、同時代の、あるいは後代の藩士が著した彼の伝記や言行録が複数あることも、このことの傍証となろう。綱紀の死後も、彼の意思で創始された非人小屋の廃止が困難であったことは想像に難くない。実際、非人小屋は明治四（一八七一）年まで後継施設が存続していた[10]。他藩にも飢饉対策として同種の貧民収容施設を設けた事例はあるが、飢饉発生後に設置し、危機を脱した後は解体・廃止するのが通例である。例えば、菊池勇夫氏が『飢饉からみる近世社会』で紹介した盛岡藩施行小屋は、元禄八（一六九五）年を初出として、以降、飢人の増減に応じて設置・廃止を繰り返している[11]。確かに施設の維持管理にかかる人的・経済的コストを重視すれば、このような存廃の反復は合理的であったろう。しかしながら、そこからは被収容者の便宜という視点が抜け落ちている。一度取り壊したものを再び設置するまでには、為政者の下命や工事、担当者の選任及び決定という手順にともなう時間的コストがかかるのであり、飢饉という非常事態下では、設置を待てずに死んでいくものが発生しうる。食いつめた時に即座に利用できる施設が存在しつづけていたことは、加賀藩における救恤の実務の上で、少なからざる成果を挙げたのではないだろうか。

加賀藩が平時の藩政において第一義に重視したのは農村であるが、飢饉という非常時をその農村が生き延びたのは、都市、ないし非人小屋という緊急避難所があったればこそ、といえよう。「農村を支える都市」という観点は、当時の社会構造の総体的理解に必要なものである。

しかしながら、この非人小屋にも限界はあった。これはその名称がもたらしたものである。命名時点の加賀では一般名詞としても使われたにせよ、身分名称でもある「非人」を施設名に冠したことで、賤民への賤視や忌避の念が高まるにつれて、非人小屋もまた平民である収容対象者に忌避され、その機能を発揮できなくなるに至る。

近世中期から後期にかけて、藩財政は悪化の道を辿る。一般に言われる商品経済の浸透に社会が対応しきれなかったという理由のほかに、加賀藩には特殊事情がある。ひとつは、藩主の交代の連続である。綱紀は在位七九年という長命の君主であり、子の六代吉徳も約二二年に亘って藩主の任を果したが、孫である七代宗辰は一年余、八代重煕は約七年、九代重靖に至っては襲封後僅か九か月で没し、相次ぐ襲封祝いと葬儀に伴う出費は、財政を圧迫することになった。郡方への調達銀の下命、諸士・町人への倹約令発布など、財政健全化を目指した各種指示は吉徳の襲封直後から目立ち始めるが[12]、諸役所の経費半減[13]、年一回～二回の諸士・町人への倹約令[14]など、切迫の度が増し、かつ、そうでありながら思うように冗費が節約できない状況を伺わせる政策は、一〇代重教の襲封後に顕著である。

二つ目の理由は、これも連続して発生した災害や疫病によって救恤の要求が増大したことである。にも拘らず、近世後期頃には顕在化していた四民以外の民への賤視や蔑視から、庶民の間には非人小屋への拒否感が生

注（10）慶応三（一八六七）年に「撫育所」と改称、卯辰山養生所の付属施設として移転、廃藩置県により廃止。
（11）第三部参照。
（12）襲封翌年の享保九（一七二四）年には節約のために江戸での贈答を取りやめ（『史料』（六）四八七頁）、その後も折に触れて藩士らに倹約を指示した様子が窺える（同前五二三頁、五四八頁他）。
（13）『史料』（七）八五二頁、宝暦四（一七五四）年一一月二九日、および（八）六五五頁、明和七（一七七〇）年八月二二日。
（14）例えば、宝暦五年八月一三日には諸士に（『史料』（七）八八五頁）、ついで一一月一六日には町人に倹約が指示されている（同九〇〇頁）。翌六年には一月に郡方に倹約を呼びかけ（同九一一頁）、四月には諸士に召米の供出を推奨している（同九二四頁）。

じていた。これは単に心理上の影響に留まらない。実際に、この感覚に基づいてお上による所与の救恤を下々が拒否し、より積極的に他の施策を選択・要求する、という状況が現出する。具体的には、天保飢饉時における「御救小屋」の設置である。次に御救小屋設置前後、天保九（一八三八）年一二月七日に金沢町奉行宛に出された申請書を掲げる。

史料七二　金沢町奉行宛書面　天保九年一二月七日(15)

一、四拾才　　下浅野町観音堂ヤ　長三郎
一、四才　　同人悴　　与三吉
　右之者ハ先達而送リ状持参いたし候ニ付、非人小ヤニ指置候処、今般町内ニ相建候御救小ヤ江罷越度旨願出候ニ付、御達申上候間、御引取御座候様仕度奉存候

非人小屋に一旦収容されていた飢人が、新設の御救小屋への転所を希望している内容である。その理由はこの文書からは定かではない。しかしながら、当該文書に遅れること僅か一週間、一二月一四日に出された、前掲史料五七から推測が可能である。

史料六九は、「非人小屋に居住していては雇傭に差し障る」という雇用者側の露骨な意識を含む。このように、非人小屋に住まいすること自体が雇用の障害となる状況では、収容者が非人小屋ではなく御救小屋への収容を望むのは当然の傾向である。かつ、施設運営者たる藩の側からも「非人」小屋という名称の適否について疑問が投げかけられる。天保一一年四月二〇日、奥村栄実が年寄・前田孝本に提出した意見書は次のように語る。――寛政六（一七九四）年に奥村尚寛が示した「非人＝鰥寡孤独」説、同年の郡奉行・算用場奉行および富

田景周が『越登賀三州志』で唱えた「非人＝貧人・乞人」説、「乞食の常人とは異なる外見＝非人」とした貝原益軒の説、「非人＝人非人（餓鬼）」、天子への反逆者を指した「非人」との混同、など、非人小屋の名称の由来には諸説が唱えられてきたが、牽強付会に属するものもある。非人と転落した平人である乞食とは別の存在であり、同じ名称を冠すのは「筋違」ではあるが、その用法が普及していたため、松雲公は「御用多ニ而……思召は有之ながら其儘に被成置」いたか、「当世なべて之称号故、先其儘に被成置」たのだろう、したがって、当代においては「非人之名目御省有之候ても苦かる間敷」ものと考える――。(16) 藩政の枢要を占めるものが「非人小屋」の名称が妥当ではないことを理由にその使用中止を提案している内容であり、当時、「非人」の名を帯びることは芳しからぬ事態であったことを指す傍証と言えるだろう。

以上、近世後期には、「非人」というスティグマを負うことは、転落農商民が社会復帰を果たす上での障碍になっていたこと、庶民が生命と名誉との両立を望んでいたことが確認できた。この傾向がいつから顕在化したかは現時点では確言しかねるが、前掲史料一〇の「非人小屋入所拒否」の事例は、もしかすると、この萌芽であったのかもしれない。史料六九、優秀な職人ですら「非人」であることで再就職を妨げられている五右エ門の事例を裏面から読めば、藩政後期においては、「非人小屋に入らないこと」が、長期的な生存に結びついたとすら言いえよう。事ここに至って、飢饉時における加賀の救恤の受け皿は、非人小屋から御救小屋へとスライドしていくことになった。

注（15）『集成』四四八頁「御救小屋留書」。
（16）前掲史料六八。

終章　第3部から析出される課題

最後に、幾つかの今後の課題について、問題のとば口を瞥見する。

まず、一つには、「平時の御救と非常時の救恤の相関」である。

これはまた、加賀藩の救恤制度を検討する際に必要とされる視野の広さについても、重要な示唆を与える事象である。一言に「救恤」と言えば、「飢饉や災害といった非常時において、為政者・権力者や富裕層が、困窮者・被災者に対して施した支援」が第一義であろう。しかし、少なくとも加賀藩を検討素材とする限りにおいては、当該視点に立つのみでは視野狭窄に陥ることになろう。平時に、「ライフサイクルによる困窮者」を対象に実施されていた定例の「御救」があったことは先にも紹介した。平時には、非常時には真っ先に「救恤」の対象者となる人々である。対象者の共通性のほかにも、第2部で取り上げた、「笠舞非人御小屋方」所収の「平時」に作成された様式や入所基準が「非常時」にも利用されていることが端的に語るように、平時の御救と非常時の救恤は、車の両輪の関係にある。双方に目配りした研究が必要である。

本稿における主たる検討対象は、飢饉を契機に創設され、飢饉時に最も活用された「非人小屋」である。必然的に「非常時」が論述の主眼となっているが、これだけでは加賀藩の救恤の全体像を解明するとは、到底言い難い。今後、「平時」を論証の俎上に載せるべきことは必定である。具体的には、「ライフサイクルに基づく貧困への対策」が大きなウェイトを占めることになろう。「笠舞非人御小屋方」にも繰り返し登場する「鰥寡孤独療疾」のキーワードは、非常時に、より差し迫った生存の危機に直面する者の列記であるが、同時に、平時にコンスタントに生じる――離縁、疾病、配偶者・保護者・親族との死亡等は、非常時に動的な大量発生をみることとは相違ないが、平時にも必ず起こる悲劇であり、残されたものの生活にまつわる問題自体は平時であると非常時であるとを問わず、同質である――生活困難者でもある。非常時に食糧や金銭の支給という形での困窮者の扶助がおこわなれたことは本稿で繰り返し述べたところであるが、平時にもこのような「ライフサイクルに基づく困窮者」を対象とした生活支援は行なわれていた。これは、「年柄豊凶ニ不拘」(1)町会所から町単位で支給した金銭を町役人を経由して困窮者に支給する制度であり、常（「定」とも）御救・暮御救と称する。支給額は、各町からの申請によって決められていた。(2)別に、大雪の年には、「雪御救」と称して、やはり生活基盤が脆弱であり、同時に雪の始末に困難が伴う者らに金銭の支給が行われた。(3)雪に降り込められて流通が滞れば物価は上昇し、家屋に積もる雪を片付けなければ、最悪の場合、建屋が圧壊して死亡事故にもなりうるのが雪国の暮らしである。支給対象者は、常・暮・雪ともに同様に「極難渋後家・孀・幼少者又ハ長病病身者等」(4)、つまりは「鰥寡孤独療疾」であり、非人小屋の入所有資格者たちである。これらについては、制度の沿革や運

注（1）『金澤藩』「町格」一〇〇七頁、二七四号。

（2）同前一〇〇七頁、二七四号、一〇〇八頁、二八一号。

（3）同前九七九頁、一八七号、弘化二（一八四五）年一一月二八日、地子町・寺社門前町肝煎（御救方奥書）。

（4）同前九六八～九七一頁一六五号は、何町にいくらを支給したか、という、常御救・暮御救の書上であり、同一八五号は、弘化二年に実施された暮御救の支給記録である（九七八頁）。同二八一号は、水害・火事・山崩れなど、不時の災害の罹災に対して支給される御救銀は、常御救銀の受給状況にかかわらず受給できるが、それには御救方の審査を必要とすること、など、具体的な支給方法に関する規定である（一〇〇八頁）。「町格」は四冊からなる書冊史料であるが、後半の第三冊・四冊に救恤や藩から町方へ下される扶助に関する先例や様式が多く採録されている。ここでは平時の救恤と非常時の救恤の区分はされていない。当時の民衆や彼らと藩とを繋ぐ町役人にとって、両者はいずれも「生存を担保するもの」として等価だったのであろう。

用状況等、各種史料を蓄積し、推移を追跡したうえで、更に詳細な検討が必要である。

二つには、「身分観の変容の契機」が挙げられる。

近世後期の賤民差別の強化・顕在化が生じる傾向は、加賀に限らず全国的に見られるものである。従来、その理由には穢れ意識の普及や商品経済の浸透が挙げられてきた(5)。

しかし、近年、そこに新たな視座が提示された。木下光生「働き方と自己責任を問われる賤民たち――近世後期、平人身分社会の稼動――」(6)がそれである。氏は、「働き方」をキーワードとして、一八世紀後半から顕在化していく身分差別の淵源を解き明かしていく。即ち、対価を支払って自己に必要な物資を手に入れるという通常の商品交換行為以外の慣行で生計を立てているもの、換言すれば、「汗水たらさず」利益を得ていると看做されたものたちに、通常の交換行為によって生計をたてているものたちからの非難と排除が集中し、強化されて蔑視・賤視が生じた、と差別の発生過程を説明するのである。この「汗水たらさ」ない者たちこそが、無償で取得した斃牛馬を加工した皮革製品を売買する皮多や、芸能興行という形のないものを売る芸能民、そして、村々を廻在する宗教者である。では、近世初期には問題にならなかった「通常の交換行為以外の慣行」が問題視されるようになるきっかけはなにであったのか。それは、勤勉を尊しとする勤労観の変化と、没落は本人に落度がある（あるいは本人の努力が足りない）ためと看做す自己責任観の普及である――、と主張するものである。論証の過程で引用されている事例は京都（亀岡）・兵庫（篠山・赤穂）等、近畿を軸として埼玉（吉見町）・尾張にも目配りがなされており、氏の論説の妥当性に一定の地理的広がりがあることが確認できる。しかしながら、その中間地帯である加賀（乃至北陸）の様相については、検討は未だしの状況にある。

木下氏による「汗水たらさず」生きているもの、という定義には、保障を受けて生存するもの、つまり、給付・施与によって生存するものもまた該当する。「自ら労働して作り出したものによって稼ぎを得るのではなく、与えられるものを活用しないと生きていけない者」という観念のすぐ横には、「自立した生活ができない者」という認識があり、更に敷衍すれば「自立の能力を欠く者」、「他者に依存している者」、「（独立しているものより）劣った者」というスティグマがある。語弊を恐れずにいえば、救恤の対象者と被差別民とは、隣り合うて存在していた。今後は、この、救恤制度と身分制との負の相関を取り上げ、近世の人々がいかにしてこれに対応したか、を検討課題としていきたい。

以上を加賀藩領内の救恤を対象とした研究の深化と位置づけるならば、水平方向への拡大も、並行して進めていく必要があると考える。他藩・天領との比較研究がこれにあたる。三点めの今後の課題である。

加賀の支藩である富山・大聖寺・七日市藩の状況を確認・検討していくことが、まず第一に考えられる。富山藩は、一〇万の石高をもつ最大の支藩であり、また、急峻な河道を有して度々氾濫した神通川をその領域に抱えている。他の両藩に比して、救恤の必然性はより切迫していたと考えられ、浅野川・犀川・森下川など、城下や近郊に複数の河川を抱えた金沢と対置することで、より重層的な理解が構築できる。

また、大坂・京都に代表される他都市との比較も重要である。加賀藩の特性の一つに独自色の強い賤民編成があり、身分意識と救恤との関連もまた、先述の通り今後解明すべき課題であるが、賤民制に関しては、京都・大坂には膨大な研究の蓄積がある。また、より規模の大きな都市――それは、畢竟、非常時により多くの困窮者のケアが必要となる場所、ともいえる――における状況を対比することで、為政者（俗世）による救恤と宗教の施行の相関、あるいは住み分けの有無、被差別民と困窮者の位置づけなど、加賀藩において、未だ議論が尽くされていない論点に関しても成果が得られると考える。

注（5）峯岸賢太郎『近世被差別部落の研究』（校倉書房、一九九六）など。
（6）荒武賢一朗編『近世史研究と現代社会――歴史研究から現代社会を考える――』（清文堂、二〇一一）、一五三―一八六頁。

現時点で想定される限りの課題を列記したが、これらを解明しつくしたとしても、そのときには、また別の課題が明らかになっているだろう。

「あるコミュニティーの内部において、単独では自身を保存できない構成員に対し、他の構成員およびコミュニティーの指導者は如何なる対応を取り得たか」。

「救恤」は、限りなく古く、常に新しい問題である。

跋　御救から社会政策へ

以上、条件をしぼってではあるが、加賀藩の救恤政策を概観した。救恤、御救、社会保障——制度の名称が変わり、根幹を成す思想が変わっても、「困窮者に経済・医療サービスを提供する」システムは、突き詰めれば「給付」と「免除」の二類型しかありえない。その意味において、一方に各種負担の減免、一方に恒久的に維持される衣食住の給付施設＝非人小屋が成立した時点で、加賀藩の救恤制度は完成していた。この、早期に完成させたハードを有効に機能させるためのソフトの更新が、各時代に見られる変化であった。施設収容者が限度を超えて膨れ上がれば、施設の運用が立ちゆかなくなることを思えば、入所に十村・肝煎を通した申請制を取り入れ、町村・縁者に余力ある場合は非人小屋収容ではなく彼らに困窮者を扶養させたこともまた、このハードに搭載されたソフトの一つであろう。そしてまた、加賀藩の救恤制度における「ハードウェア」を非人小屋という物理的な施設ではなく、「困窮者を一定の施設に収容し、衣食住と医療を保障して生産現場に復帰できるまでに回復させる仕組み」と定義すれば、非人小屋とほとんど同一の機能を持つ施設でありながら、新規の収容施設にニュートラルで聞こえのよい「御救」という冠をかぶせたこともまた、ソフトウェアの更新の一環にあたる。

早期に完成されたハードウェアを、随時ソフトウェアを更新することにより、常に変化する人心に適応させ、風化させることなく活用させ続けた創意工夫の連鎖——加賀藩の救恤の歴史は、かく総括することができる。

最後に、幕末以降の金沢の救恤を辿り、結びとしよう。

非人小屋は、天保以降も六〇〇～八〇〇人程度の入所者を抱えていた。(1) 慶応三（一八六七）年三月に一四代藩主慶寧の視察を受け、同年一一月、「撫育処」と改称する。その理由は、「鰥寡孤独廃疾之者等御救之為被建置候」施設が非人小屋と称するのは「甚御趣意柄与相触候」ため、つまり、身寄りのない者や障害を負った者を収容するために作った施設の名として、「非人小屋」は相応しくないから、という。(2) その後、同年一〇月に完成していた卯辰山養生所（貧民・障害者を対象とする病院兼療養所）の附属施設となり、同四年（明治元年・一八六八）に同所に移転する。なお、その際、施設名の表記が「撫育所」と変更された。困窮者を収容し、生活のための技術を習得させるという役割は移転後も変わっていない。変わったことは、翌二年、各郡に撫育所の設置が命じられたことである。加賀藩では、旧来金沢に集中していた収容施設が各所に分散することになり、郡方の困窮者が救済を求めるにはより便宜になったであろう。こうして更なる充実の道を辿るかにみえた藩の救恤は、だが、廃藩置県によって終焉を迎える。明治四年であった。

しかしながら、制度・施設がなくなったからとて、困窮者が居なくなるわけではない。居場所を失い、路頭に迷う彼らのために動いたのは、小野太三郎であった。元加賀藩士、と言われるが、生家は商家だったともいい、その幼少～青年期の経歴ははっきりしない。ただ、明治六年、彼が私財を擲って市内木ノ新保の家屋を買い取り、困窮者を収容・保護したことは、歴史上の事実である。太三郎と妻セン、後妻シゲによって運営された、固有名詞すら持たなかった施設は、明治三八年には卯辰山中腹に移転し、「小野慈善院」と正式名称を名乗る。

他方、金沢市が困窮者対策を打ち出すには、明治二六年の貧民救恤所の開所を待たねばならなかった。これとても開所一二年で閉所、小野慈善院に譲渡されることとなる（小野太三郎の施設が「小野慈善院」として卯辰山に移転したのは、この譲渡を契機としている）。以後、市は慈善院に補助金を交付するという形で、実質的に救恤制度の運営を民間に委託するのである。(3) その後、小野慈善院は社会福祉法人格を得、グループホームやデイサービスといった、時代の要請に応じたサービスを取り入れつつ、現在も存続している。(4)

近世において、加賀の救恤は藩の主導で始まり、民間がそれに続いた。近代においては、行政が取りこぼした困窮者を民間が受け止める図式が展開されたのである。この極端な変化は一体何に由来するものか――、興味は尽きないが、それはまた稿を改めて追究するべき問題であろう。

注（1）『集成』六〇四頁。
（2）『史料』幕末編下、六九四頁。
（3）行政による困窮者対策として、大正二（一九一三）年に始まった細民救済特別会計（市による米穀の買上と廉価販売）があるが、大正七年に一五万円を支出するまでさして活用された様子は無い。また、大正九年に社会保障担当部局として「社会係」を置いているが、打ち出された施策は低所得者向けで、より困窮の度合いの甚だしい細民や救民には適合しないものであった。この間、細民・救民に医療を提供する民間の病院や乳幼児保護施設が設立され（金沢育児院、聖霊病院など）、行政の不備を埋めていく（『市史』通史三、五四二～五四六頁）。困窮者救済の実働に当たるものには、他に方面委員があったが、これもまた市の吏員ではなく知事の嘱託を受けた無給の役職であって、現在の民生委員や児童委員に相当するものである（石原多賀子「家族の変化と地域的・社会的システムの形成―金沢市の「善隣館」の事例研究より―」〔二宮編『金沢――伝統・再生・アメニティ――』御茶ノ水書房、一九九一、二四七～二八〇頁所収〕）。
（4）社会福祉法人小野陽風園公式HP　http://www.yofuen.com/（二〇一六年三月一八日閲覧）。

著者略歴

丸本由美子（まるもと ゆみこ）

1981年　富山県に生まれる。
2004年　金沢大学法学部卒業、同大大学院法学研究科に進学、金沢大学一般職員に採用（教育学部総務係）。
2007年　金沢大学一般職員退職、金沢大学大学院法学研究科修士課程修了。同大教育学部実験助手に採用。
2008年　金沢大学情報部情報企画課総務係非常勤職員（金沢大学資料館業務担当）に採用。
2010年　金沢大学非常勤職員退職、京都大学大学院法学研究科博士後期課程編入学。
2013年　京都大学大学院法学研究科博士後期課程修了。
2014年　金沢大学法学類准教授。

主要論文
「加賀藩救恤考―非人小屋の成立と限界―」（一）京都大学『法学論叢』第174巻5号（2014.2)、同（二・完）『法学論叢』第175巻1号(2014.4)、「江戸期日本の乱心者と清代中国の瘋病者―その刑事責任に関する比較研究を中心として―」（上）『北陸史学』59号（2012)、同（下）『北陸史学』60号（2013)。

加賀藩救恤考 ―非人小屋の成立と限界

2016年6月1日　初版発行

定価　本体 3,700円＋税

著　者　　丸　本　由美子
発行者　　勝　山　敏　一

発行所　　桂　書　房
〒930-0103 富山市北代3683-11
電話076-434-4600
振替00780-8-167

印刷／株式会社 すがの印刷
製本／株式会社 渋谷文泉閣

ISBN978-4-86627-007-4

地方小出版流通センター扱い

資　料

表１　成立時非人小屋一覧

典拠
▶「政隣記」(1)
▶『集成』416頁「非人小屋御救方御用方留帳」
▶『金沢古蹟志』巻12「非人小屋」

項目	内　　容
規　模	敷地6,000坪、45棟の2×20間の小屋に総計2,000人収容 (想定、元禄飢饉4,000人超)
運営体制	算用場支配(2)・町奉行(2)・与力(4)・町医師(4、本草3、外科1)・足軽
待　遇	衣食住を支給されて日用品制作に従事、所作銀支給あり
入　所	申請(町・郡奉行、本人・親)又は収容(足軽)
退　所	申請(当人)・指示(事業・交付)、一定の食糧・金銭の支給あり

表３　元禄飢饉対策と実績

▶算用場覚
元禄9.9.29
『藩政』75～80頁
▶算用場触
元禄9.6.10
『藩政』81頁
▶算月場→加州郡奉行
元禄9.2.18
「飢饉記二種」元禄九丙子年
▶算月場→加州郡奉行
元禄9.8.17
『史料』(5)363頁

名　称	内　　容	対　象	実　績
作食米 (夫食御貸米、貸米)	農民の食料用の米を藩が貸与、秋の収穫後に返却	在	米支給高 8,912石4斗9升6合 米受給人数 78,961人 男　18,621人 女　32,110人 幼　28,132人 衣類 34,085人 修理 1,173軒 ※数値は史料ママ
御救米・銀	食料・金銭の給付。在方では夫食御貸米の補助手段	在/町	
御救普請	公共事業による雇用創出	在/町	
御救奉行	一村からの聞き取り・現場視察に基づく衣食の給付・家屋の補修、効果の確認	在	
年貢免除	田地の荒廃具合に応じて永免・一作免	在	
米の節約	嗜好品製造禁止、粥食・雑穀食推奨	在/町	
米価公定・小売所	品薄→騰貴→購買力不足→食糧不足　連環を絶つ～3升/人、代銀1分に7文、販売総量は5石/日	町	
流通促進・量確保	商人・藩士に指示、詰米放出、他国米の移入、津留町非人小屋	町	
非人小屋	食料がなく、頼る相手がいない者を収容・療養	在(家を失った者・無告)/町(滞留者)	

表４　元禄飢饉時給付実施細則

▶算算用場
→加州郡奉行
元禄9.8.17
『史料』(5)363頁

	食	住	衣	職
無高(男)	４合/日 (50日)	(雨露をしのげる住居がなければ) 十村家内に収容 (経費は後日藩から支給)	近在の質流れ品支給	在々富家内 or 十村が 斡旋 就労不可の者 →別途申告
無高(女)	２合/日 (50日)			
高持(男)	４合/日 (30日)			
高持(女)	２合/日 (50日)			

表５　非人小屋収容者数及び収容中死者数

▶算用場奉行
　・金沢町奉行→朝散大夫
　元禄9.4.16
　『藩政』27頁
▶覚、元禄9.6.14
　『藩政』49頁
▶覚　元禄12.2.18/26
　『金沢市史』資料編6・446頁

期間	入所者数	退所者数（原因）	備考
元禄8.7.1～9.6.4		912（死亡）	郡：644、町：206 遠所：30、不明：32
元禄8.12.29～9.4.8	3,588		
元禄9.1.1～9.4.8		812、443(就職・引取・欠落)、369（死亡）	
元禄12.2.16～12.2.25	4,964	102、58（就職・引取・欠落)、44（死亡）	

表２　災害・救恤年表（寛文～元禄）①

年代					政策		災害・飢饉		その他	出典・備考
和暦	干支	西暦	月	日						
寛文1	辛丑	1661	5	29	雇用	困窮者を金沢で雇用				『史料』(3)932頁
			8	–	?	貧窮者救済（内容不明）				若林1961・44頁
寛文2	壬寅	1662	4	12	貸銀	諸士				『史料』(3)973頁 利子1割、除知、倹約、保証人『松雲公』262頁
寛文3	癸卯	1663	–	–			疫病	疱瘡	領内に倹約令、風紀粛清、芸能者の勧進・興行禁止	倹約『史料』(4)13・19・25・31・36・37頁、5月に疱瘡神送りを禁止『史料』(4)23頁
			6	12	調査	乞食増、犀川・浅野川口で出身地調査				『史料』(4)26頁
			11	2	規定	行路病死人の所持品管理				『史料』(4)36頁
寛文4	甲辰	1664	2	14			火事	金沢枡形、焼失57軒		『史料』(4)45頁
			9	30	貸銀	諸士				『史料』(4)70頁
寛文5	乙巳	1665	–	–			大雪	石川・河北両郡十村の協力による食料供給		『史料』(4)109頁

表２　災害・救恤年表（寛文〜元禄）②

年代					政策		災害・飢饉		その他	出典・備考
和暦	干支	西暦	月	日						
寛文5	乙巳	1665	2	−	貸銀	諸士				『史料』(4)85頁
				26					里子7人赦免（精勤）	『史料』(4)84頁
寛文6	丙午	1666	9	27					川除普請・里子経費を公費負担	『史料』(4)141頁
			10	6	検地	災害による再検地手続き				『史料』(4)146頁
			12	23			大雪	日用人足で除雪		『史料』(4)151頁
寛文7	丁未	1667	−	−	帰村促進	原籍地十村による乞食収容				『小伝』80頁
寛文8	戊申	1668	6	11			洪水	犀川・浅野川氾濫　被災223軒、死者78人		『史料』(4)205頁
寛文9 保科正行数仕、綱紀独立（28）	己酉	1669	1	26	上申	百姓への貸付の必要性の主張				『史料』(4)235頁、改作奉行
			6	16			洪水	加越能３州に広範な被害、被災98軒・58,680石、死者10人＝寛文飢饉の引き金		『史料』(4)250頁
			7	10	免除	百姓の借り入れ返済免除				『史料』(4)261頁
			10	12	施粥・調査	犀川口玉泉寺と浅野川口本願寺末寺で施粥、集まった乞食の出身地別人数を調査（十村・手代が確認）				『史料』(4)265頁

年代					政策		災害・飢饉		その他	出典・備考
和暦	干支	西暦	月	日						
寛文10	庚戌	1670	5	–	規定	政務訓諭十八ヶ条養老の制、市中非人救済				『小伝』80頁、『松雲公』（中）488頁
				25	施粥・調査	乞食の原籍地、帰村（～6.15）				『小伝』81頁
			6	22	非人小屋	開設、1753人収容				『史料』⑷283頁
			12	10	減免	不作による				『史料』⑷306頁
寛文11	辛亥	1671	–	–	非人小屋	長坂新村新開				『史料』⑷341頁
			7	1			洪水	加越能３州に被害、被災204軒・40,050石、死者68人		『史料』⑷326頁
				13			洪水	犀川大橋流失、死者1人		『史料』⑷330頁
			9	26			火事	金沢近江町町域焼失		『史料』⑷334頁
延宝1	癸丑	1673	–	–	非人小屋	潟端新村新開				『史料』⑷376頁
			5	–			少雨			餓死者あり『史料』⑷443頁
			6	–			低温			
			7	–			低温			
			8	18			風害	作物被害		
延宝3	乙卯	1675	2	26	貸米	農·商				『史料』⑷456頁
			閏4	10	貸米	農民				『史料』⑷472頁
延宝4	丙辰	1676	2	19			火事	金沢木新保焼失約1,300軒		『史料』⑷492頁
延宝5	丁巳	1677	1	–	貸銀	藩士、「巳年の大借銀」				『綱紀』1961、86頁
			2	14			火事	金沢安江町		『史料』⑷516頁

表２　災害・救恤年表（寛文～元禄）③

年代					政策		災害・飢饉		その他	出典・備考
和暦	干支	西暦	月	日						
延宝5	丁巳	1677	2	19			火事	金沢木新保　焼失約1,000軒		『史料』(4)517頁
			秋	－			風害	不作		『史料』(4)527頁
延宝6	戊午	1678	8	－	非人小屋	配給物資改定				『史料』(4)565頁
延宝7	己未	1679	1	－	給付	火災被災者への再建資材　給付内容細則				『史料』(4)565頁
延宝8	庚申	1680	11	3	貸米	改作奉行から算用場奉行を通じて朝散大夫へ要請(不作)				『史料』(4)618頁
				4					不作に付き蔵宿納入米基準緩和	『史料』(4)618頁
			12	8	相互扶助	十村による配下百姓の保護	大雪			『史料』(4)626頁
天和1	辛酉	1681	10	2					凶作につき収納米基準緩和	『史料』(4)652頁
天和2	壬戌	1682	4	22					郡内非人取り締り強化　改作奉行による触	『史料』(4)670頁
			6	2	米確保	大坂登米量削減				『史料』(4)674頁
			10	18					倉谷村火災による困窮につき木呂伐採を許可	『史料』(4)688頁
天和3	癸亥	1683	閏5	12			竜巻	津幡　被災92軒、死者1名、負傷者91名		『史料』(4)719頁
貞享1	甲子	1684	6	12			少雨			『史料』(4)762頁
			11	8					凶作につき収納米基準緩和	『史料』(4)780頁
				24			山崩れ	鳳至郡打越村　100石不納		『史料』(4)783頁
貞享2	乙丑	1685	10	12					凶作につき収納米基準緩和	『史料』(4)851頁

年代					政策		災害・飢饉		その他	出典・備考
和暦	干支	西暦	月	日						
貞享3	丙寅	1686	7	15			洪水	能美・石川両郡境		『史料』(4)845頁
貞享4	丁卯	1687	7	30			洪水	浅野川（金沢大雨）		『史料』(4)901頁
			9	9			強風	能美・石川・加賀三郡で被災家屋1,908軒、死　者4名、負傷者6名		『史料』(4)903頁
			12	4					凶作につき収納米基準緩和	『史料』(4)924頁
元禄1	戊辰	1688	6	26	行路病者保護					『史料』(4)958頁
			7	6	給付	火災被災者への再建資材給付　事務取扱い規程				『史料』(4)960頁
				26	行路病者保護					『史料』(4)961頁
元禄2	己巳	1689	5	10			洪水	能登・越中大雨　宇出津：流失60軒、死者47名/越　中：流　失66軒、橋流失43箇所		『史料』(5)21頁
			7	16			山崩れ	金沢観音山　死者3名		『史料』(5)25頁
			9	5			火事	黒部川愛本橋焼失		『史料』(5)28頁
元禄3	庚午	1690	3	16			火事	金沢竪町・図書橋向町火元　焼失約900軒		両日で死者6人『史料』(5)34頁

表２　災害・救恤年表（寛文～元禄）④

年代					政策		災害・飢饉		その他	出典・備考
和暦	干支	西暦	月	日						
元禄3	庚午	1690	3	17			火事	金沢左近橋～大樋 焼失・損家6639軒、68ヶ寺		
				22	給付	金沢大火被災者に優先的に建築資材				『史料』(5)45頁
				24			火事	金沢吹屋町～浅野川 焼失313軒、死者1名		『史料』(5)46頁、49頁
			4	7	給付	金沢大火復興計画策定（被災者の生活支援）				『史料』(5)48頁
			6	26	行路病者保護					『史料』(5)59頁
			8	28	貸銀	藩士返済猶予（米価下落）				『史料』(5)82頁
元禄4	辛未	1691	2	－	取締	物乞いの分類処遇開始 札持乞食/散乞食				『史料』(5)154頁、『集成』306頁
				14	乞食	藤内頭配下の非人乞食の取り締まり方針上申				『史料』(5)109頁
				26			火事	石川郡宮腰 焼失273軒・木場小屋・御蔵		『史料』(5)115頁
			6	4			豪雨	金沢市内崖崩れ		『史料』(5)135頁
			11	14					凶作につき収納米基準緩和	『史料』(5)149頁

年代					政策		災害・飢饉		その他	出典・備考
和暦	干支	西暦	月	日						
元禄5	壬申	1692	1	25			暴風	石川郡本吉浦 漁船170艘沈没、死者340名		『史料』(5)161頁
			4	30			豪雨降雹	金沢		『史料』(5)169頁
			6	17			洪水	犀川・浅野川氾濫（金沢大雨）桜畠土砂崩れ、下中村～大豆田浸水、死者6名		『史料』(5)179頁
元禄6	癸酉	1693	6	6	行路病者保護					『史料』(5)179頁
元禄8	乙亥	1695	10	29					凶作につき収納米基準緩和	『史料』(5)335頁
			12	9					損亡高報告 永荒8,430石、当荒93,991石、被災772ヶ村	『藩政』14頁
元禄9	丙子	1696	2	－	移出制限	米価高騰のため、領外への米穀移出制限				『市史』(2)巻末年表
				12	流通促進	商人に指示				『史料』(5)341頁
				18					領外への米穀移出制限	『史料』(5)342頁
			5	－					越中（新川） 逃散（凶作）,宮腰 困窮者が欠落（500人）	『小伝』136頁
				4	貸銀	加賀宿駅				『史料』(5)344頁
			6	15	小売所					『史料』(5)346頁
			7	2	小売所	津幡に追加				『史料』(5)349頁
				10	米価公定					『史料』(5)350頁

表2　災害・救恤年表（寛文〜元禄）⑤

年代					政策		災害・飢饉		その他	出典・備考
和暦	干支	西暦	月	日						
元禄9	丙子	1696	7	16			強風・降雹	能登（珠洲・鳳至）中稲・野菜・豆等被害、晩稲は無事		『藩政』62・64頁 16日付け十村→能州郡奉行報告書
				22	流通促進	米商人に指示、買占め禁止				『史料』(5)352頁
				25	流通量確保	藩士所蔵の余剰米売却・輸送米買占め禁止				『史料』(5)354頁
				27	流通量確保	嗜好品販売禁止				『史料』(5)355頁
				28	節約	藩士に粥食推奨				『史料』(5)356頁
			8	2	流通量確保	蔵米・詰米放出				『藩政』69・73頁
				11					綱紀帰国	「飢饉記二種」
				13	非人小屋	餓死の危険が高い者を優先して収容				『史料』(5)358頁
					方針	荒政の九法　村単位の互助→義倉→貸米→貢租免除→御救銀			算用場奉行2名（小寺平左衛門・和田少右衛門）飢饉への対処失策の責により閉門処分	村単位の互助は1村から50ヶ村まで。第9条は心構えをとく『小伝』142頁。『史料』(5)359頁
				17	現状確認	賑恤使派遣				『史料』(5)358頁

年代					政策		災害・飢饉		その他	出典・備考
和暦	干支	西暦	月	日						
元禄9	丙子	1696	8	17	乞食	自力で生活できないもの…衣食を給付、住居を持たないものは大百姓・十村家内に一時的に収容し、家屋の一定程度の修繕をおこなう。他国からの米の移入				『史料』(5)363頁
			9	8					説諭　救済の意図、自助努力	『史料』(5)367頁
			10	6					百姓の非人乞食転落を防ぐよう十村に指示	『史料』(5)369頁
元禄10	丁丑	1697	10	28					不作により、収納米基準緩和	『史料』(5)411頁
元禄11	戊寅	1698	12	24			雪崩	石川郡木滑村　圧壊16軒、負傷者72人		『史料』(5)443頁
				25	下折村	医師を派遣して治療に当らせ、衣類・食料を支給	雪崩	石川郡下折村　村全体が被災、死者80余名		『史料』(5)443頁
元禄12	己卯	1699	12	23			山崩れ	金沢茶臼山、浅野川に土砂ダム、市中浸水　死者31名		被害家屋数記載なし『史料』(5)471～473頁
元禄13	庚辰	1700	1	6		（茶臼山山崩れ被災者藩に御救を要請）				『史料』(5)476頁

表２　災害・救恤年表（寛文～元禄）⑥

年代					政策		災害・飢饉		その他	出典・備考
和暦	干支	西暦	月	日						
元禄13	庚辰	1700	1	8		（茶臼山山崩れ被災者藩に御救を要請）				『史料』(5)477頁
			2	2			山崩れ	金沢茶臼山　死傷者なし		『史料』(5)476～479頁
			10	8	乞食	在所回帰促進				『史料』(5)497頁
元禄14	辛巳	1701	8	15			山崩れ	金沢修理谷坂（大雨）		『史料』(5)547頁
				18			山崩れ	石川門外足軽番所		『史料』(5)547頁
			10	1			山崩れ	金沢修理谷坂（雨・霰）		『史料』(5)553頁
元禄16	癸未	1703	7	3			洪水	浅野川・犀川氾濫（大雨）		『史料』(5)633～634頁
			11	22			地震	金沢	元禄大地震　房総半島沖、M８	『史料』(5)640頁

表６　天保期非人小屋入所者数変遷

出典：田中『集成』567～571、573～4、577～8、586 頁、／『史料』⒁

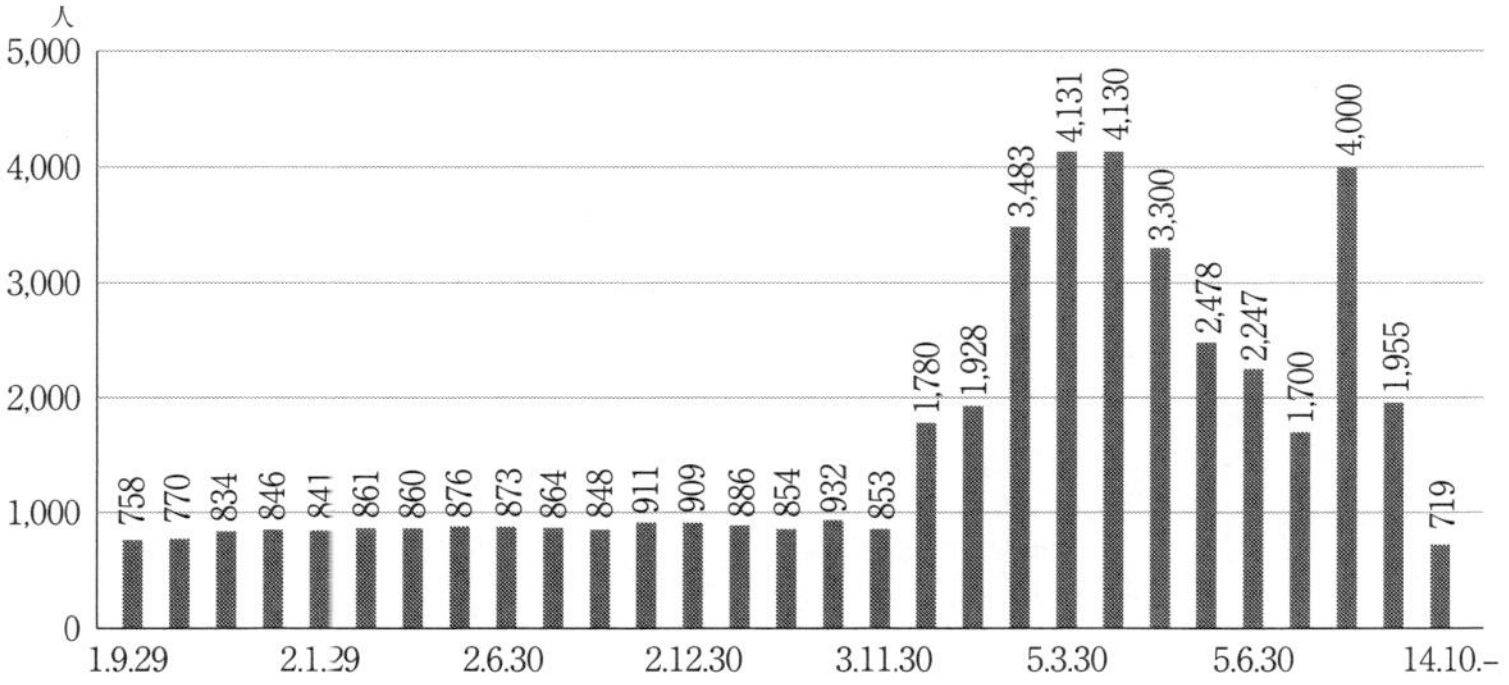

表７　「町格」にみる町人からの寄付

出典：『金澤藩』988～1012頁

日付	寄 付 者	金額・内容	理　　由	出典（史料番号）
10月5日	金浦町山田屋　嘉兵衛	米１石	為御冥加	209
	材木町二丁目柄崎屋　太兵衛	米１石	為御冥加	209
10月7日	肝煎　権太郎	銀20目	為御冥加	210
	材木町七丁目長田屋　嘉兵衛	米１石	為御冥加	210
12月16日	肝煎　喜兵衛	銀１枚	為御冥加	288
12月20日	中買肝煎	九六銀3枚	（御救方え加入　のみ）	302
	諸江屋　和右衛門	銀２枚	（御救方え加入　のみ）	302
12月25日	酢屋　長次郎	銀300目	（御救方え加入　のみ）	290
12月26日	鳶屋　源兵衛	銀150目	（御救方え加入　のみ）	290
12月28日	津幡屋　佐吉蔵	五石・文銀860目	（御救方え加入　のみ）	291
	中買肝煎　義助 同　　　　三郎右衛門	銀30目	（御救方え加入　のみ）	293
	横目肝煎　重助	銀１枚	（御救方え加入　のみ）	298
	同　　　　弥五郎	米5斗	（御救方え加入　のみ）	298
	鶴来屋　円右衛門	銀２貫目	為御冥加	303
	千代屋　久平	銀１貫500目	為御冥加	303
	松任屋　清兵衛	銀１貫目	為御冥加	303
	竹橋屋　作兵衛	銀800目	為御冥加	303
	大正寺屋　五兵衛	銀800目	為御冥加	303
	越中屋　喜左衛門	銀500目	為御冥加	303
	山崎屋　彦四郎	銀800目為	御冥加	303
	越中屋　次左衛門	銀300目	為御冥加	303
	富田屋　長兵衛	銀300目	為御冥加	303
	富津屋　七左衛門	銀300目	為御冥加	303
	田井屋　清兵衛	銀300目為	御冥加	303

表8　災害・救恤年表（天保）①

年代（月日は旧暦）					藩			備　考
和暦	干支	西暦	月	日	困窮者・食料対策	災　害	その他	出　典
天保1	庚寅	1830	2	11			金銀貨の公定相場を廃止、両貨を併用した上納を禁止	『史料』（14）7頁
			3	11			借知　今後五ヵ年	『史料』（14）10頁
				28			用銀 5年で計5000貫	寺島蔵人、民間の怨嗟を記録『史料』（14）14頁
			閏3	11	三味線演奏者を瞽女・座頭に限定			障害者の生活手段の保護の側面 『史料』（14）18頁
			12	－	助小屋 運用厳格化、申請・許可の濫発・安易な入所を戒める。			「助小屋」と記す。 『史料』（14）87頁
				3			加賀（石川郡金沢町）不穏（米価高騰） 米商人石黒屋助作・岡屋弥兵衛が一般民衆を煽動	『史料』（14）64頁、75頁
				19			加賀（石川郡湯湧）不穏（凶作） 3日に続き、十間町千代屋久平（50銅）＋1軒（酒かす）	『史料』（14）75頁
				25	酒造制限（2/3）			『史料』（14）78頁
天保2	辛卯	1831	1	23		火事　金沢浅野川川下おんぼ町ほぼ全焼 町火消消火に協力せず→今後横目の命令によって協力 4.14再度出火、おんぼ町・穢多町消失		「おんぼ＝隠坊＝穢多の俗称」の註。文政7年5月藤内頭上申では「陰坊＝埋葬に関わる者の総称」『史料』（14）95頁、110頁 124頁はおんぼ町とえた町併記
			2	11			銀仲預手形通用期限5年延長	『史料』（14）100頁

年代（月日は旧暦）					藩			備考
和暦	干支	西暦	月	日	困窮者・食料対策	災害	その他	出典
天保2	辛卯	1831	3	10			斉泰　重臣への銀子貸付決定 他国・町人からの借り入れは負担が大	重臣からの利子を資金に『史料』（14）108頁
			4	18			倹約令　藩役所	『史料』（14）127頁
			6	24	非人小屋 90歳に達した収容者の米支給＋2合5勺			『史料』（14）138頁
			7	4		火事　金沢高儀町 焼失130軒		『史料』（14）140頁
天保3	壬辰	1832	2	23		火事　金沢上堤町 被災約80軒		『史料』（14）199頁
			3	10		地震		『史料』（14）206頁
				11		雹　金沢 2月から低温傾向		『史料』（14）206頁
			4	29		火事　金沢下堤町 焼失10軒余		『史料』（14）211頁
			6	18			倹約令　国許	『史料』（14）226頁
				24			倹約令　江戸	設備維持・交流等『史料』（14）227頁
			7	22		火事　石川郡大野町 380軒中310建余焼失		『史料』（14）234頁
			8	1			銀仲預手形　発行高の1/3を正金銀と交換、残りは以後5年間通用させることを決定 8.14　金銀の交換比率決定 11.16　両替商預りの手形の交換開始	『史料』（14）236頁　以降、手形消却の実務取扱いが決められていく　239頁、276頁

表８　災害・救恤年表（天保）②

年代（月日は旧暦）					藩			備　考
和暦	干支	西暦	月	日	困窮者・食料対策	災　害	その他	出　典
天保3	壬辰	1832	閏11	1			倹約令 　親類縁者・支配以外の賀状返礼省略	『史料』（14）278頁
			12	−			金沢近郊の百姓、城下で乱暴	『史料』（14）288頁
				7			財政再建　重臣らの余剰金を町会所に貸与	『史料』（14）281頁
				14			倹約　御用部屋衆への紋服支給廃止	『史料』（14）283頁
				20			加賀（石川郡金沢町）不穏（凶作）	『史料』（14）288頁
				24			倹約　藩主の国向御次入用半減（以後3年間）	『史料』（１４）284頁
天保4	癸巳	1833	1	25			倹約　年寄衆の料紙筆墨支給廃止	『史料』（14）297頁
天保飢饉後半各地で打毀し			3	1			放火・盗難被害多発	
				24			改組 　郡・改作両奉行→郡奉行専務・改作方専務	『史料』（14）321頁
			4	−		旱魃　〜5月中旬		『史料』（14）341頁
				9		地震　金沢		被害記載なし 『史料』（14）329頁
				12		火事　能美郡小松 　被災約1000軒 　死者2名		『史料』（14）329頁 再建時には建築を強固にするよう指示（348頁）
				25			手形 　銀仲預り手形・両替印紙の引換所設置、手形通用期限延長	『史料』（14）337頁
			5	−			米価高騰対策 　蔵宿印紙米保有商人に売却を指示	『史料』（14）347頁

年代（月日は旧暦）					藩			備　考
和暦	干支	西暦	月	日	困窮者・食料対策	災　害	その他	出　典
天保4	癸巳	1833	6	－	御救普請（武士町・本町、道路） 米価上昇・賃金引下げ→日用取等困窮	天候不順　7月中まで雨天・低温		『史料』（14）348頁
			8	－			米価暴騰	『史料』（14）355頁
				4	備荒貯蓄 収納米中２～3000石を籾納			『史料』（14）351頁
			10	－	非人小屋 飢民多数流入、非人小屋入所希望者３州で数千人。小屋増設するも狭隘。 施粥 武士・町人・寺社			『史料』（14）369頁
				9	酒造制限（1/3）			『史料』（14）359頁
				10	食糧流通量確保 藩外移出禁止			11.19　再度禁令発布『史料』（14）360頁、376頁
				26	輪島への御救 御救米支給300石、貸米251石	地震津波　鳳至郡輪島 流失等372軒 死者・行方不明者47人		『史料』（14）362頁
			11	－	食料節約　粥食推奨			『史料』（14）379頁
			12	－	・窮民餓死者多数 ・諸郡　当年の籾の貯蔵不可につき、米で代替申請			『史料』（14）386頁
				7			能登（鹿島郡能登部）商家強迫（米価高騰）	『史料』（14）381頁
				14			郡方米の横流し疑惑発覚、厳重注意	『史料』（14）382頁

表8　災害・救恤年表（天保）③

年代（月日は旧暦）					藩			備　考
和暦	干支	西暦	月	日	困窮者・食料対策	災　害	その他	出　典
天保4	癸巳	1833	12	18			能登口郡　飢餓 惣年寄等→能州郡奉行 天候不順不作、不景気により工芸手間賃下落、村内で互助に務めてはいるが永続は困難	「乞食次第増長、施人は相減致方無之…飢におよび候段村役人中より嘆出、打明不申顕候得共、飢死に相成候者も有之躰相見」『史料』（14）383頁
				30	非人小屋 飢人増加、増設検討			『史料』（14）385頁
天保5	甲午	1834	1	−			米・食料価格高騰	『史料』（14）402頁
			2	−	・乞食の村内対処、村外者立入禁止 ・藤内頭　従来の散乞食への対処を上申		・諸郡惣年寄に当年の耕作を奨励せしむ ・米の横流しの通報奨励	『史料』（14）417頁〜
				10			領内の窮状を江戸に報告 朝散大夫本多政和	『史料』（14）405頁
				20		火事　鳳至郡輪島町 焼失家屋等約1200軒		『史料』（14）410頁
				28	施粥 御救米・非人小屋入所対象外の者 粥米1694石中、200石は銀払、雑穀購入費→雑穀粥の配給			『史料』（14）411頁
			3	11	米施行 金沢神護寺、20石（武家提供）、11〜13日。白米5合/人			本町（2）門前（1）地子（17）計17町に4000枚の札を等分で配布し、引き換える『史料』（14）422頁
				23	本多播磨　年寄からの銀子の献納を提案			『史料』（14）425頁

年代（月日は旧暦）					藩			備　考
和暦	干支	西暦	月	日	困窮者・食料対策	災　害	その他	出　典
天保5	甲午	1834	4	－			救援要請→郡奉行　能登口郡、非人小屋収容・御救米支給	「極困窮者」22853人計上『史料』（14）445頁
				24		郡方で疫病流行　5.9　医師派遣		『史料』（14）440頁、460頁
			5	11	非人小屋　収容後の死者多数、保護の徹底を指示、算用場			疫病死多数→5.17祈祷『史料』（14）464頁、467頁
				15	寄付　重臣、金・米			『史料』（14）465頁
				－	代用食支給　能登島、こぬか	疫病　飢饉による食糧事情の悪化・防衛体力の低下の認識		運搬失敗で腐敗『島もの語り』『史料』（14）471頁「貧人小屋」と表記。
			6	－		低温、長梅雨		『島もの語り』137～152頁
				10			借り上げ銀（7.20　特に困窮している者は上申・審査をへて免除）	『史料』（14）478頁、483頁
			7	－	酒造制限１/3		米価低下⇐豊作	12.10布達の幕令では2/3『史料』（14）484頁、523頁
			9	6		火事　石川郡本吉　焼失1400軒余		『史料』（14）496頁
			10	－	備荒貯蓄指示（20000石）			『史料』（14）506頁
			11	13		火事　金沢新町　新町～橋爪まで焼失		家屋数不明『史料』（14）516頁
			12	19			増借知期限延長を決定	『史料』（14）525頁

表8　災害・救恤年表（天保）④

年代（月日は旧暦）					藩			備　考
和暦	干支	西暦	月	日	困窮者・食料対策	災　害	その他	出　典
天保5	甲午	1834	12	28			・藩財政困窮につき、諸士の役料知借上を命じる ・諸郡惣年寄・年寄並、蓄米に尽力したことをもって賞与	『史料』（14）527・529頁
天保6 算用場上申　1971貫700目の赤字	乙未	1835	–	–	領内13箇所に備荒倉設置			砺波郡六家・池尻、新川郡三日市・泊・滑川、能美郡小松、石川郡松任、河北郡津幡、口郡大町、奥郡宇出津、射水郡下村・小杉・加納　『史料』（14）635頁
			1	20			・倹約励行 ・江戸詰諸士に倹約の諭示	『史料』（14）534頁
			2	–			物価統制 　算用聞役に諸物価の調査を指示	『史料』（14）557頁
			3	11		火事　金沢横安江町 　武家町・寺町、焼失939軒		『史料』（14）560頁
			4	29		火事　金沢堀川町 　3.11焼け残りも焼失		放火の風聞あり 『史料』（14）569頁
			5	19	借知免除 　火災被災者諸士以下、一期限			『史料』（14）572頁
			6	–	引き免復旧延期			『史料』（14）583頁
			閏7	4	備荒貯蓄増量 　囲 籾2500石 → 10000石 　算用場→郡奉行			『史料』（14）592頁
			冬			天候不順 　暖冬、立春後に大雪		「遂に申年不熟の兆を致せり」 『史料』（14）634頁

年代（月日は旧暦）					藩			備　考
和暦	干支	西暦	月	日	困窮者・食料対策	災　害	その他	出　典
天保7	丙申	1836	1	−	営農指導 下肥高騰→干鰯等に代替 改作方→諸郡			『史料』（14）638頁
			2	16			財政改革構想 税収の範囲内の藩財政運営	『史料』（14）640頁
				23		火事　鳳至郡輪島町 焼失520軒余		『史料』（14）643頁
			3	−			・百姓に衣食住の簡素化を命令 ・虚無僧・浪人の村への立ち入りを禁止	『史料』（14）654頁〜
				9			節約　家中	『史料』（14）651頁
			4	14			収納米皆済の惣年寄・年寄並みへの褒賞規定	『史料』（14）657頁
			5	17		洪水　犀川 氾濫にはいたらず		『史料』（14）665頁
			6	1		霰 不作予想、他国も同様、以後も天候不順継続		「天保飢饉前後日記」
				6			打ちこわし　犀川川上新町笠舞屋	『史料』（14）678頁「珍事留書」「丙申救荒録」
				−		・洪水　越中庄川、田辺安左衛門を被害調査に派遣 ・長雨	領内に5年間の用銀上納を命令	災害：「天保飢饉前後日記」、『史料』（14）679頁 用銀：『史料』（14）675頁
			7	−			米価高騰	『史料』（14）685頁
				11			加賀（石川郡宮越町）不穏（米価高騰）＝銭屋五兵衛	『史料』（14）680頁
				24			見立ての誤魔化しを禁止→農民	未熟な稲を刈り取って天候不順による凶作を訴える 『史料』（14）681頁

表8　災害・救恤年表（天保）⑤

年代（月日は旧暦）					藩			備　考
和暦	干支	西暦	月	日	困窮者・食料対策	災　害	その他	出　典
天保7	丙申	1836	7	30			加賀（石川郡高浜村）打ちこわし（凶作、米価高騰）	『史料』（14）682頁、紺屋三郎兵衛
			8	－	米価引き下げ 米屋に補助金支給	冷夏、降霰		『史料』（14）695頁～
				1			加賀（能美郡小松）打ちこわし 批屋4軒、町年寄1軒（米価高騰）	『史料』（14）685頁 10/13、7/30・8/1両日の騒擾の鎮圧の功労者に賞与（714頁）
				4	食糧確保 ・余分の米・籾を貯えている者に売り出させる ・領外移出禁止			『史料』（14）688頁
				13		暴風雨 火事（能美）、洪水（小矢部川） 鳧島米蔵、民家700軒被災		内訳は不明『史料』（14）692頁
				15			食料品の領外移出禁止	『史料』（14）693頁
			9	－	酒造制限（例年の1/3）、菓子類等嗜好品製造禁止（主食代わりになるものは除く）		幕府に凶作を申告 長雨、冷夏、虫害、洪水	諸物価含む、『史料』（14）708頁～
				6	麦の作付け推奨		宮腰室屋三郎兵衛を斬刑 米穀の買占め・移出	麦作：『史料』（14）700頁 室屋：『史料』（14）699頁、「天保飢饉前後日記」
				12			非常用米穀不足発覚	『史料』（14）702頁
			10	－	囲籾量削減	不作確定 米の移出制限		囲籾：『史料』（14）717頁 移出制限：「天保飢饉前後日記」
				2			越中（砺波郡般若組）不穏（凶作）	

年代（月日は旧暦）					藩			備考
和暦	干支	西暦	月	日	困窮者・食料対策	災害	その他	出典
天保7	丙申	1836	10	12	収納米取扱い・困窮者対策について訓諭（惣年寄）			『史料』（14）713頁
				19		降雪	諸国不作につき、食品は不足・高値	『史料』（14）715頁
			11	－	米価高騰により、菓子の製造禁止（主食代わりになるものを除く）		金沢で職にあるものの会合自粛	『史料』（14）744頁
				2			凶作に付き収納米基準緩和	『史料』（14）722頁
				4			寺島蔵人能登島配流	『史料』（14）724頁
				11	密造酒摘発、大衆免乗光寺で困窮者に支給 食料節約、私的援助、解雇禁止（家中）			「天保飢饉前後日記」 『史料』（14）731頁
				12	諸郡引免代用捨米高・変地償米高決定、 ただし藩財政状況逼迫→村内互助と抱合			『史料』（14）734頁
				14	諸郡に貸米		酒造解禁（但し、藩が売却した米の量を上限とする）	「天保飢饉前後日記」、『史料』（14）742頁
				16	給人収納不足高を御召米とする			『史料』（14）738頁
				27	米ぬかの調理法広報（小松儒者湯浅寛）			『史料』（14）741頁
				28	酒造一部解禁			『史料』（14）742頁
			12	－	餓死者多数 「町・在とも難渋…貧人御助小屋願之者莫大」		越中（砺波郡）不穏（小作料引き下げ）	『史料』（14）753頁

表8　災害・救恤年表（天保）⑥

年代（月日は旧暦）					藩			備　考
和暦	干支	西暦	月	日	困窮者・食料対策	災　害	その他	出　典
天保8	丁酉	1837	−	−	川除普請 軽キ者、50日、麦。　参加者2000人/日			「天保飢饉前後日記」
			1	13	諸士から銀子献納			『史料』（14）754頁 43人が銀5匁ずつ寄付
				27	困窮者対策会議（斉泰→老臣）			『史料』（14）756頁
19日　大塩平八郎の乱 21日　米価下落に転じる			2	−	代用食（ぬか）の集積状況確認		米価騰貴	米価･代用食:『史料』(14) 775頁 買出し:「天保飢饉前後日記」
				8			米穀移出禁令違反者の密告を奨励	『史料』（14）759頁
				10	町・在の用銀免除、飢人の救助に廻す			『史料』（14）759頁
				13	「軽キ者」御救			「天保飢饉前後日記」
				15		火事　石川郡鶴来 180軒余焼失、備蓄食糧にも被害		『史料』（14）761頁
				17	改作奉行・郡奉行を領内に派遣、荒政実施			『史料』（14）762頁
				20	・夫食御貸米 ・村方での窮民保護（城下での浮浪防止）			『史料』（14）768頁
			3	−	米作を督励			『史料』（14）783頁
				8			財政再建策の上申	『史料』（14）776頁
				10	家中主人持ち以外の者は住居の貸主が扶助することを定める 年寄→定番頭			『史料』（14）778頁
				15		火事　金沢公儀町 100軒余焼失・潰家		『史料』（14）780頁

年代（月日は旧暦）					藩			備　考
和暦	干支	西暦	月	日	困窮者・食料対策	災　害	その他	出　典
天保8	丁酉	1837	3	22	救恤用の米穀の買い入れに財力のあるものが加わるよう申渡し（算用場）			『史料』（14）781頁
				26	麦の収穫を確実に行い、秋までの食料として行き渡らせるよう申渡し（改作奉行→諸郡惣年寄・年寄並）			『史料』（14）782頁
			4	－	米穀の貯蔵分を売却するよう申触、違反者の密告を奨励			『史料』（14）787頁
				13	代用食（とらせの根）の調理法を広報			『史料』（14）785頁
			5	－	・役人・肝煎による検分開始 極難渋者に食料・金銭支給（町会所）。 ・行き倒れ人の非人小屋入所手続き改正 ・救民にリョウブ支給		・城下米価154文、白米は販売せず、黒米も5合の販売制限 ・「行倒人多し」 ・家中から飯米借り上げ	500文、男：米1.5合大豆2合/女：米1合大豆1.5合→米1合チョウボ（乾燥）1升→米1合麦2合（麦収穫後）「天保飢饉前後日記」 非人小屋：担当足軽の発見・収容を待たず、各人が発見次第に非人小屋に通報、小屋から人員を派遣『史料』（14）792頁
				8			7月以降飯米借上げ 御歩以上諸士	『史料』（14）788頁
				18	川上芝居小屋役者、市川八百蔵が「軽き者」2000人に銭を支給（50文/人） 疫病死した妻の追善供養			「天保飢饉前後日記」
				20			銀手形取り付け騒動	「天保飢饉前後日記」
				30	米穀の貯蓄分の売出しを督励			『史料』（14）791頁

表８　災害・救恤年表（天保）⑦

年代（月日は旧暦）					藩			備考
和暦	干支	西暦	月	日	困窮者・食料対策	災害	その他	出典
天保8 生田万の乱 越後柏崎、陣屋を襲撃⇐米払底、対処要求 双方に死者10、負傷者30人	丁酉	1837	6	−	・農民に大豆配給（新潟産） 御救普請実施 堀浚渫、2000人/日、費用銀100貫目余		・大豆を米の代替品として販売、代用食（定法・ジョウボ）の調理法を布達 ・加賀（河北郡上田名）不穏（小作料引き下げ） ・家中に半知予告	「定法」＝リョウブか？ 「天保飢饉前後日記」 御救普請：『史料』（14）800頁 生田万：「天保飢饉前後日記」
				21			半知借上げ（200石以上諸士）	『史料』（14）793頁
			7	−	困窮者に麦を支給		半知令による失業者の保護算用場	麦の配給：『史料』（14）819頁 失業者：『史料』（14）820頁
				2			米価下落 230目/石 →140目/石	「天保飢饉前後日記」
				6	徳政（借財無利息、支払済の利息は元本に充当） 質は元本の1/10で請け出し			『史料』（14）801頁
				12			倹約令	『史料』（14）805頁
				17			百姓の切高回復	『史料』（14）807頁
				18			百姓の救恤への依存を戒める	『史料』（14）807頁
				28	家中諸士の撫育 斉泰→老臣		作物の盗難に対する注意喚起	撫育：『史料』（14）815頁 盗難：『史料』（14）817頁
			8	10			半知実施	「天保飢饉前後日記」
				19	酒造制限（3分の一）			『史料』（14）824頁
			9	−			・新穀節約と食用作物栽培 改作奉行→諸郡惣年寄・年寄並 ・米穀を使う菓子の製造解禁	『史料』（14）836頁

年代（月日は旧暦）					藩			備　考
和暦	干支	西暦	月	日	困窮者・食料対策	災　害	その他	出　典
天保8	丁酉	1837	9	8	非人小屋収容者の出所帰村を促進 算用場奉行→郡奉行			『史料』（14）828頁
				11		暴風雨　加賀・越中 作物・家屋に被害大		数量は不明『史料』（14）829頁
			10	−			米価下落 100文/升→89文/升	『史料』（14）841頁
				2	施政方針の訓諭 斉泰→老臣 救民の褒賞、今後も懈怠せぬよう申し渡す・金沢周辺の治安・諸士のモラルに留意			『史料』（14）838頁
			11	−	領内浮浪者の救済の建議 旧里での就職を推奨（旧所の支配人が世話）、不可能な場合は申告を受けて藩が対処			『史料』（14）854頁
				8			救民に施与を行った者を表彰	『史料』（14）845頁
天保9	戊戌	1838	3	16			江戸城西の丸造営の下命、金子15万3750両献上	「天保飢饉前後日記」
			4	−			①斉泰、算用場奉行・老臣の労を賞す ②半知借上げ	①『石川県史』709頁 ②「天保飢饉前後日記」
				3		火事　河北郡沖村 焼失20軒（30軒中）		『史料』（14）876頁
				11			7年の荒政の功績者に賞与	『史料』（14）880頁
				25	米以外の食料品移出解禁			『史料』（14）884頁

表8　災害・救恤年表（天保）⑧

年代（月日は旧暦）					藩			備　考
和暦	干支	西暦	月	日	困窮者・食料対策	災　害	その他	出　典
天保9	戊戌	1838	閏4	−	山方難渋者の労働力不足の耕作地移住を検討			『史料』（14）910頁
				2			半知借上げ	『史料』（14）885、891頁
				3			倹約令	『史料』（14）892頁 前後して江戸・国許ともに倹約の指示
			5	−		冷夏		『石川県史』709頁
			6	4		天候不順		『史料』（4）930頁
			7	−		非人小屋収容者から死者多数		『石川県史』709頁、「寒気に堪えずして綿衣を被る」
				13			犀川川上芝居小屋興行禁止・取り壊し	『史料』（14）938頁
				22			100歳以上の高齢者に金品下賜	『史料』（14）942頁
			8	25			・加賀（石川郡）・越中（新川郡）愁訴（減租）	
			9	−	困窮による浮浪者の本籍召還・就業を督励 非人小屋は老人・幼少・病人が原則			『史料』（14）969頁
				29	救小屋増設計画策定			『史料』（14）962頁
			10	−	【藩】貧民の収容施設増設（妙義芝居小屋跡、田井新町、浅野町中島）、御救小屋と称し、同心二人を専従とする。 【民】小立野町人による施行		能登口郡細民に松前輸出用筵の製造を指示	救恤：『県史』（2）709頁 筵：『史料』（14）980頁
				3			不作により、収納米の基準緩和を指示	『史料』（14）970頁

年代（月日は旧暦）					藩			備　考
和暦	干支	西暦	月	日	困窮者・食料対策	災　害	その他	出　典
天保9	戊戌	1838	10	10	作柄不良、手づくり酒の製造禁止（改作奉行→能登口郡惣年寄・年寄並）			『史料』（14）973頁
				19	酒造量制限（1/3）			『史料』（14）975頁
			11	12			治安維持 町方で徘徊・強請行為をはたらく浪人の取り締まり	『史料』（14）984頁
			12	−			荒政に尽力した郡奉行・改作奉行・遠所町奉行に賞賜。	「文化より弘化まで日記」（『石川県史』2編709頁）、「綿津屋政右衛門日記」（田中1995、687頁）
天保10	己亥	1839	−				米穀価格高騰	「天保飢饉前後日記」『石川県史』2編709頁
			1	4	夫食御貸米			『史料』（15）2頁
				17			米価高直、米切手所有者に売却を指示	『史料』（15）5頁
			5	−			飢饉で生じた空家の管理について十村より意見聴取	『史料』（15）56頁
			7	−		盆以降虫害発生		「天保飢饉前後日記」、『史料』（15）74、79頁
			9	12	酒造制限（1/3）			『史料』（15）88頁
				24	諸郡の乞食について村内で対処するよう指示 算用場→改作奉行			『史料』（15）92頁、他村に出さず、他村から入れない
			12	11	貸銀（諸士）			「天保飢饉前後日記」、『史料』（15）106頁
				13			川上御救小屋　積雪で倒壊 重傷者3名ほか負傷者あり	『史料』（15）108頁　降雪は多くなかったと記録

表8　災害・救恤年表（天保）⑨

年代（月日は旧暦）					藩			備　考
和暦	干支	西暦	月	日	困窮者・食料対策	災　害	その他	出　典
天保11	庚子	1840	1	－			節約令	「天保飢饉前後日記」
赤字高64,151石『史料』(15) 211頁			4	20			非人小屋の名称について意見上申　奥村丹後→前田美作	『史料』(15) 137頁
			5	－		虫害の予防策を広報		『史料』(15) 150頁
			6	－			半知借上げ	「天保飢饉前後日記」
				5			非人小屋に収容された出牢者は別棟を新設・収容	『史料』(15) 154頁
			7	－			村方雑税の徴収方法を規定　雑税に「乞食等宿米并物貰いとらせ銭」「困窮人救方」含む	『史料』(15) 171頁
			8	14	困窮者対策　身寄りがあるものの非人小屋入所は緊急避難であることを諸郡に再通知			『史料』(15) 184頁